구독

좋아요

알림설정까지

구독, 좋아요,
알림설정까지

지은이　정연욱

2021년 10월 25일 초판 1쇄 발행

책임편집　김창한
기획편집　선완규 김창한 윤혜인
디자인　형태와내용사이

펴낸곳　천년의상상
등록　2012년 2월 14일 제2020-000078호
전화　031-8004-0272
이메일　imagine1000@naver.com
블로그　blog.naver.com/imagine1000

ISBN　979-11-90413-31-2 03300

이 도서는 한국출판문화산업진흥원의 ‘2021년 출판콘텐츠 창작 지원 사업’의 일환으로
국민체육진흥기금을 지원받아 제작되었습니다.

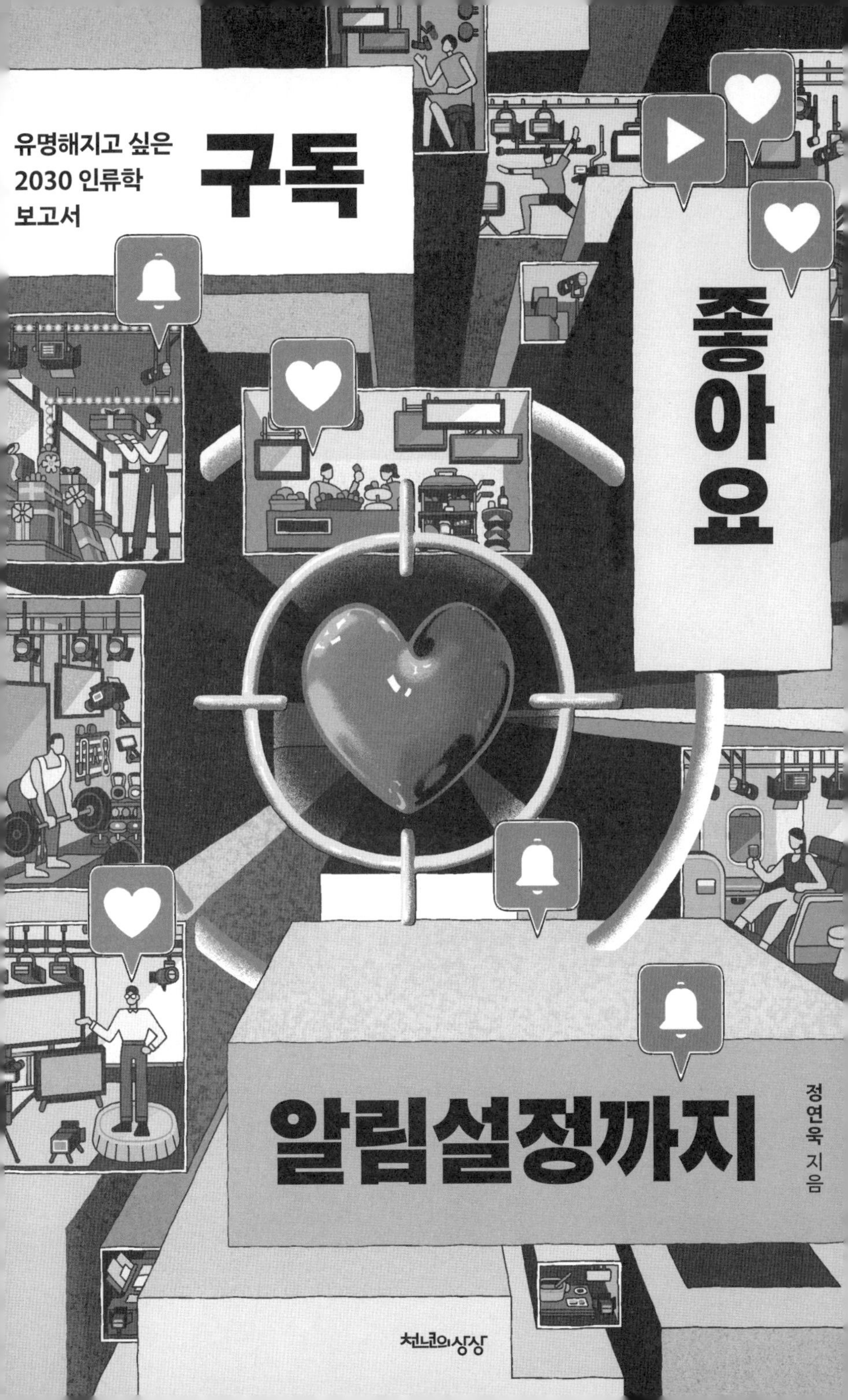
유명해지고 싶은
2030 인류학
보고서
구독
좋아요
알림설정까지
정연욱 지음
천년의상상

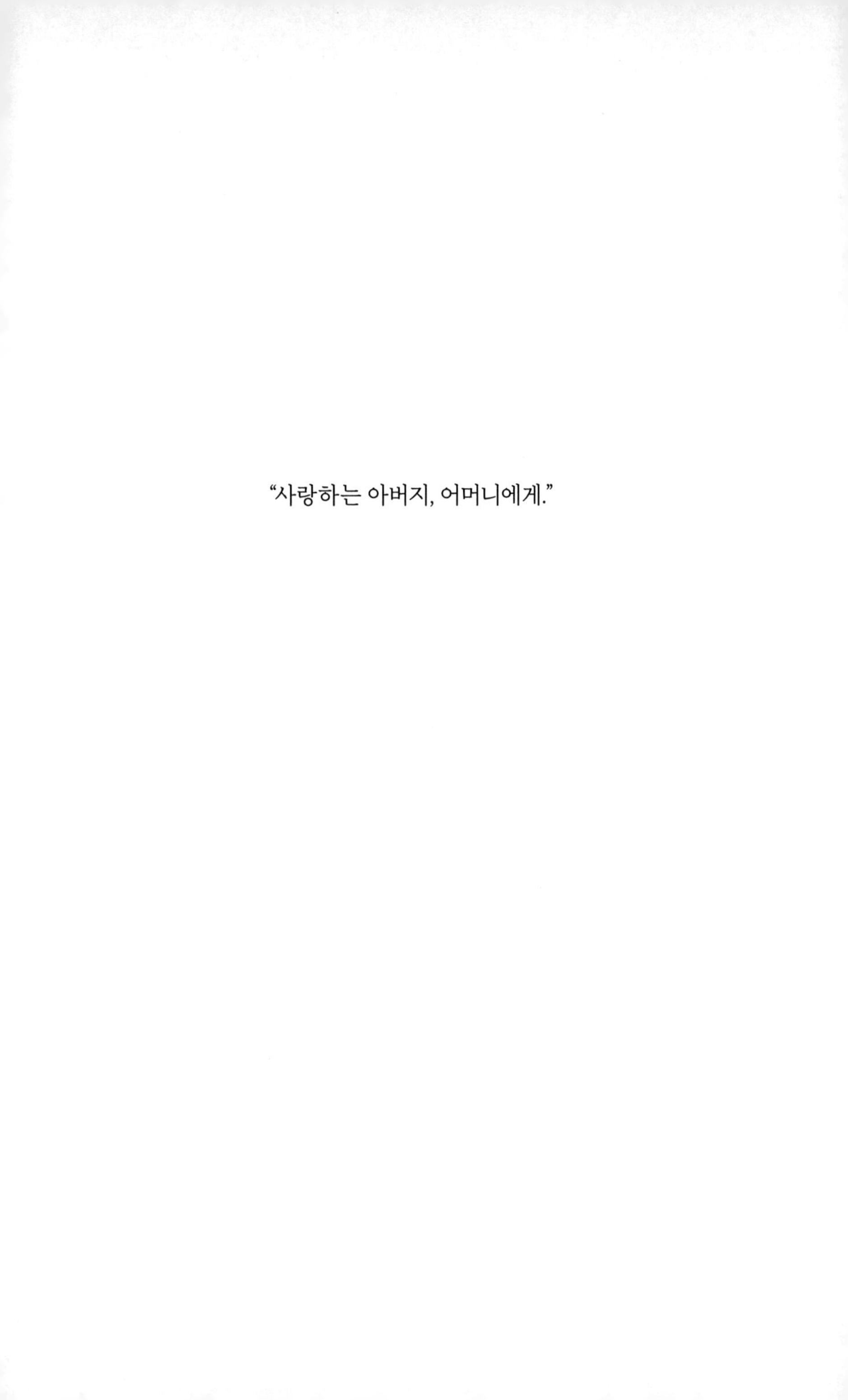

"사랑하는 아버지, 어머니에게."

| 일러두기

이 책은 연세대 문화인류학과 대학원 '질적 연구방법론' 수업 과제로 제출한 「인스타그램의 사용자 유형별 연구」라는 소논문에서 출발하였다. 물질파, 육체파, 정신파 각 유형별 등장인물들은 인플루언서 및 전문가 300여 명과 나눈 인터뷰 내용을 종합해서 재구성한 가공의 인물이다. 하지만 모두 객관적 사실에 기반하였으며 과장과 편견이 개입하지 않도록 경계하면서 서술하였다.

들어가며

이 시대의 성공, 유명세의 모든 것

"구독, 좋아요, 알림설정까지, 잊지 마세요!"

한 유튜버가 숨 가쁜 목소리로, 시청자들에게 신신당부한다.

'좋아요'는 사랑이다. '구독'은 인정이다. '알림설정'은 약속이다.

지금 성공으로 가는 가장 확실한 경로는 무엇일까? 바로 유명해지면 된다. 유명한 사람을 가리켜, '성공한 삶'이라고 부른다. "그 사람은 성공했어"와 같은 평가는 유명한 사람이라는 뜻이다. 남들 모르게 묵묵히 일하는 사람을 가리켜, 성공했다고 떠받들지는 않는다. 그건 과거 은둔형 장인 같은 이야기다. 중학교 국어 교과서에나 나올법한 말이다. 요즘 주목받는 사람은 따로 있다. 유튜브 구독자, 인스타그램 팔로워를 많이 가진 사람들이다. 그들에게 성공했다는 말을 아끼지 않는다. 네이버와 구글에 이름을 검색하면, 사진과 함께 상단에 노출되는 사람이 성공한 사람이다. 성공과 유명세는 하나의 몸이다.

"아무도 모르는 억만장자보다 누구나 다 아는 백만장자가 더 낫다"라는 인플루언서의 말은 이러한 세태를 보란 듯이 증명한다. "등 굽은 서울대 의대생보다 어깨 넓고 인스타 팔로워 많은 내가 더 낫다"라고 당당하게 말하는 체대생도 마찬가지다. 서울대가 무슨 소용 있겠냐 싶은 거다. 난 어깨도 넓고 인스타 팔로워도 10만이 넘는데. 그의 거침없는 표현에 되레 주눅이 든다. 이처럼 유명한 삶은 성공에 근접하고 있음을 말해준다. 아주 영민한 내비게이션 같다고 할까? 성공이라는 최종 목적지에 도달하기 위한 확실한 경로가 바로 유명세이다. 사람들의 반응도 확실하다. 주변에서 좋다고 난리다. 자연스레 돈과 명예를 얻을 수 있다. 당장 오늘 월급이 오르지는 않더라도, 찬란한 미래를 약속하는 '코인'이다. 게다가 앞으로의 가치가 더 중요하다. 유명세는 지금 가라앉고 있는 슬픈 현실을 탈피하기 위한 생명줄이다.

원시 시대 벽화, 지금은 인스타, 유튜브에 올려요~

● ● ●

원시 시대에는 사냥 잘하는 사람이 성공한 사람이었다. 그때는 몸이 날렵하고, 수렵에 능한 사람이 최고였다. 식량의 양이 성공의 기준이었다. 그것을 어디에서 알 수 있나? 그들이 남긴 동굴 벽화에서 원시인들의 욕망을 짐작할 수 있다. 벽면을 가득 채운 그림에서 그 욕망의 크기를 유추한다. 내일 당장 먹고 싶은 '식량들의 모습'에서 당대 욕망의 특성과 마주한다.

그렇다면, 오늘날 사람들의 욕망은 어디에서 확인할 수 있나? 바로 인터넷이다. IT 강국인 한국에서는 이러한 욕망을 쉽사리 접할 수 있다. 인터넷에 자신의 욕망을 표출하는데 주저함이 없다. 특정 대상을 가지고 싶거나, 주목받기 원하는 사람들의 '욕망 콘텐츠'는 인터넷에 넘쳐난다. 사람들은 인스타그램, 유튜브, 틱톡 등에서 자신의 욕망을 검색해서 확인한다. 얼마나 비슷하고 얼마나 다른지 꼼꼼하게 분석한다. 비슷한 듯하면서 다른 욕망의 면면들을 훔쳐보며 가다듬는다.

이 책은 오늘날의 동굴 벽화에 해당하는, '시대의 욕망'을 담기 위한 현장 탐방기다. 왜 사람들은 디저트 사진을 올리는가? 왜 사람들은 명품 가방 언박싱과 수입차 시승기를 올리는가? 그 욕망에는 무엇보다 인정받기를 원하는 심리가 깔려있다. 인스타그램에서 주목받지 못하면, 참을 수 없다는 한 대학생의 호소는 그 욕망의 강렬함을 잘 보여준다.

인정을 얻기 위한 세 가지 전략

●●●

인정을 얻기 위한 욕망의 생김새는 비슷하다. 공통 유형과 뿌리를 공유한다. 백 명이면, 백 명 다 다르지 않다. 오늘날 대표적인 방법은 크게 세 가지다. 첫째, 물질적인 부를 과시한다. 이들은 비싼 소비 현장으로 우리를 데려간다. 자본주의 시대, 가장 능력 있는 사람 중 한 명이라고 자신을 소개한다. 이 책은 이들을 가리켜, '물질파'라고 부른다. 둘째, 육체적 매력을 과시한다. 이들은 자신이 가진 신체 자본을 중요한 자산으로 여긴다. 큰 키, 멋진 몸매, 성적 매력을 통해서 큰 인기를 누린다. 이들을 가리켜, '육체파'라고 부른다. 마지막으로 정신적인 측면, 예를 들어, 지식과 정보, 인사이트 등 지적인 면을 과시한다. 이들은 '정신파'이다. 물질적인 부나 신체 매력 대신 지적 능력을 과시하면서 인정과 주목을 얻고자 한다. 이것이 세상 사람들에게 자신을 드러내는 세 가지 전략이다.

물질파, "나는 부자다, 고로 존재한다"

●●●

"세상에서 가장 질리지 않는 자랑이 돈 자랑이다." 물질파의 본질을 쉽게 요약한 문장이다. 인류가 탄생한 이래, 부를 과시하는 것은 시대와 문명을 막론하고 늘 있었다. 청동기 시대 고인돌부터 절대왕정의 화려한 궁전과 의상까지. 돈 자랑만큼 모든 인류가 사랑한 것은 없으리라. 이건 동서양 차이가 없다. 인간은 태초부터 부를 전시하고픈 DNA를 가졌을 것만 같다. 부의 자랑은 현대로 넘어와서는 슈퍼카, 고가 미술품, 아찔한 건축물로 바뀠다. 이러한 자랑 릴레이는 계속된다. 구경하는 사람도 눈요기로 즐긴다.

부유한 억만장자의 라이프스타일은 미국판 '연예가 중계'에서 자주 나오는 소재다. 재벌 3세의 삶은 한국 TV 드라마에서도 종종 등장한다. 듣도 보도 못한 유럽 럭셔리 브랜드를 읊으면서 전 국민에게 화려한 삶의 단면을 슬그머니 흘린다. 그렇게 사는 게 럭셔리하게 사는 거라고 알려준다. 사람들도 단순히 구경만 하지 않는다. 네이버 녹색 창에, 생소한 브랜드 이름을 검색하며, 학습에 몰입한다. 학습 능력과 경제적인 여유를 갖춘 소수는 자랑 대열에 합류한다. 자신도 TV에 나오는 배우들 못지않다고 강조한다. 이 정도는 누리며 산다고 항변한다. 그들은 말한다. "나는 부자다, 고로 존재한다."

온라인은 과시의 쇼케이스다. 인터뷰 결과도 이를 증명한다. 사람들은 부를 선물처럼 여긴다. 마치 크리스마스나 생일에 받는 선물처럼 말이다. 다만 이 선물은 내가 나에게 주는 선물이다. 눈

찡긋하면서 카메라를 향해 던지는 다소 낯간지러운 그 말, "나에게 주는 선물~." 그들의 말처럼, 스스로를 어여삐 여기지 않으면 아무도 나를 소중하게 대하지 않을지도 모른다. 그래서 수백만 원에 달하는 애플 맥북과 수천만 원 하는 에르메스 버킨백을 보란 듯이 자랑하며, 제품을 개시한다. 사람들은 연신 댓글을 남기면서 관심을 보인다. 구경하는 사람들도 하나의 눈요기, 엔터테인먼트로 여긴다. 남들이 소비하는 모습에서 식견을 얻기도 하고 대리만족을 느낀다. 모두가 부자가 될 수 없는 시대, 이들을 구경하는 것은 자신의 가난을 잊게 하는 마취제가 된다.

사람들은 그들이 가진 부가 벌어서 얻은 것인지, 부모로부터 상속받은 것인지 상관없다. 실제로는 가난한 데, 부자인 척했다는 구구절절한 사연 따위도 관심 없다. 그저 표면적으로 보이는 부분에만 집중할 뿐이다. 비싼 명품 사진을 연달아 올리면, 사람들은 그가 부유한 사람이라고 여긴다. 이렇게 얻은 주변의 인정과 관심은 '돈으로' 유명세를 살 수 있다는 인식을 심어준다. 오늘날, 사랑은 돈으로 살 수 없지만, 인정과 관심은 돈으로 살 수 있다.

육체파, "좋은 몸은 신이 준 선물 같아요"

● ● ●

육체파는 몸과 얼굴, 전반적인 외형을 강조한다. 온라인에 자신이 얼마나 매력적인 육체를 가졌는지 연신 자랑한다. 얼굴과 몸을 주로 드러낸다. 이들은 얼굴을 화면에 크게 채우기도 한다. 신체 노출도 빼놓을 수 없다. 그들이 말하길, 노출이 많으면 많을수록, '좋아요'를 많이 얻고, 댓글도 많이 달린다고 한다. "잘생긴 사람일수록 짧은 머리가 좋고, 몸이 좋은 사람일수록 벗어야 한다." 이들에게 노출은 숙명이다.

그렇다고 매번 헐벗을 수는 없는 노릇이다. 자칫 이상한 사람으로 비칠 수 있다. 대신 그들은 전략적으로 운동하는 모습을 담는다. 그러면 몸 전체를 화면에 자연스레 잡을 수 있다. '자연스럽게' 강조가 들어간다. 마치 올림픽 경기 선수들처럼 말이다. 시각적으로 더욱 도드라지니, 매력도 상승한다. 잘생긴 사람이 겸손하게 행동하면, 얼굴 믿고 설치는 것보다 훨씬 더 호감을 얻는다. 그리고 인스타그램과 유튜브는 이를 포착하는데 탁월하다. 호감 강화에 최적화된 플랫폼이다.

온라인에선 외모 평가를 수월하게 받아들인다는 의견도 있다. 오프라인에선 대놓고 몸매를 평가하지는 않는다. 그랬다간 상대에게 실례가 될 수 있다. 정치적으로 공정하지 않은 발언으로 비칠 수도 있다. 의식적으로 외모 평가를 조심하는 사람일지라도 온라인에서는 대범해진다. 좋은 몸매에 주저 없이 관심을 표현한다. SNS에선 솔직하고 직접적인 말들이 오간다. 상호작용이 활발하다. 아름다운 몸에 대해 구체적인 찬사가 이어진다. 이렇게 주고받는 메시지와 댓글로 공감대를 만든다. 육체의 전시와 품평회가 자연스럽게 이어진다. 여기서 누군가 말한다. "좋은 몸은 신이 준 선물 같아요~."

육체파에 속하는 사람들은 연예인이거나 연예인 지망생이 많다. 과거에는 연예인이 되기 위해서 연예기획사를 거치는 것이 필수 코스였다. 이제는 다르다. 온라인에서 먼저 주목받으며 활동한 후 연예기획사 러브콜을 받는다. 온라인 구독자 수, 팔로워 수는 대중 인기도를 보여주는 정량적인 근거다. 과거 업계 프로듀서들은 인재를 직접 발굴했다. 압구정 로데오 거리 또는 홍대 앞에서 '될성부른 떡잎'을 포착했다는 말들 있지 않은가. 그건 다 옛날 이야기다. 이제는 전 국민이 참여한다. 어디에서? 인터넷에서. 실시간 '좋아요-투표'로 차세대 스타를 선발한다. 참여형 랭킹 업데이트가 하루도 쉬지 않고 계속된다. 그러니 온라인은 성공을 향한 인정 투쟁의 최전선이다. 그렇게 꼭대기에 오르고, 스타성을 검증받으면, 연예계 진출은 현실이 된다. 꿈은 이루어진다. 기회를 쟁취한 소수는 팬들에게 감사의 인사를 남긴다. "여러분 사랑해요~ ♥"

정신파, "Stay hungry, Stay foolish"

● ● ●

자각의 순간은 불쑥 찾아온다. 정신파의 정체성이 찾아오는 시점은 중학교 다닐 무렵이란다. 자신의 외모가 매력적이지 않음을 깨닫는 순간, 거울을 보며 깊은 한숨을 내쉰다. 내가 가지고 있지 않은 것이 무엇인지 처음으로 마주한다. 그렇게 시간이 흘러, 사회생활을 시작한다. 왜 사람들이 "돈, 돈"하는지 배운다. 세상은 돈 많고, 잘생기고 예쁜 사람들에게는 너무나 '아름다운 세상'이지만, 그렇지 않은 사람에게는 냉혹한 '배틀 그라운드'다. 거기에 외모만 믿고 전혀 노력하지 않을 것만 같은 일부 남녀들의 몰지각한 행동에 화가 난다. 하지만 무조건 망하라는 법은 없다. 기회의 문이 살짝 열리기도 한다. 부자와 미남미녀들이 범접하지 못한 공간도 있다. 그러니 여기에 깃발을 꽂으면 인생은 수월해진다. 개념 없는 부자, 미남미녀들이 절대로 할 수 없는 역할을 맡는다. 그 역할이란 바로 지적인 해설가. 새로운 발상과 번뜩이는 혜안으로 무장하여, 지식인이라는 타이틀을 손에 넣고 유명세에 박차를 가한다.

그래서 대문호의 작품은 아니지만, 어제 본 영화, 오늘 읽은 책, 내일 관람할 전시회도 좋은 콘텐츠가 된다. 정신파는 콘텐츠로 유명해지길 원한다. 이 시대 배고픈 소크라테스가 되겠다고 자처한다. '한국인 사르트르'라는 감투를 쓰기 위한 투쟁을 시작한다. 내부 경쟁도 치열하다. 물론, 이들은 물질적인 부나 육체적인 측면을 내세우는 이들과는 다르다. 소프트웨어, 즉 지식이나 정보에 집중한다. 앞선 두 가지 자본에 접근하기 어려운 사람들의 궁여지책처럼 보이기도 한다. 하지만 인본주의에 입각, 세상은 다양한 매력과 재능을 가진 사람들의 집합체 아니던가? 여기 우리 사회의 다양성 증진을 위해 노력하는 사람들이 있다.

게다가 돈 많고 몸 자랑하는 사람들은 그 자체로 완결된 사람들이다. 이미 행복한 사람들이다. 하지만 정신파는 결핍에서부터 출발한 매서운 반골들이다. 단단한 정신으로 무장하여, 세상의 인정을 받아내고야 말겠다는 의지를 내보인다. 그래서 정신파는 세상에는 많은 의미가 있으며, 그런 의미가 제자리를 찾지 못했다고 주장한다. 딱히 돈이 되는 일은 아니지만, '의미의 위치 재조정'에 목숨을 건다. 누구는 우주선을 만들고, 누구는 인공지능 로봇을 만들지만, 여전히 세상 누군가는 새로운 의미를 만들어야 한다. 의미를 되새기는 것, 비평에는 지적인 역량이 필요하다. 흘러간 내용도 들춰보고, 숨겨진 내용도 파고든다. 집요함과 성찰이 요구된다. 여기엔 큰돈도, 매력적인 외모도 필요 없다. 지적인 관심과 해석만으로 주목을 받는다.

게다가 자신의 삶에 의미를 부여하는 일이기도 하다. 의미부여는 유쾌하고 즐거운 마음으로 행할 수 없다. 정신파들은 대체로 비관적이고 비판적이다. 그들의 사전에는 '행복한 비평가'란 존재하지 않는다. 매사에 만족한 사람은 결핍을 모른다. 결핍을 모르면, 정신적 의미를 헤아릴 수 없다. 스티브 잡스의 "Stay hungry, Stay foolish"가 괜한 말이 아니다. 그것이 가장 뚜렷한 차별점이다. 스티브 잡스는 세상을 떠났지만, 그의 말은 이 시대 정신파들의 살아있는 철학이다. 그들의 행동 강령이자 무엇과도 바꿀 수 없는 정체성이다.

굵지 않은 장밋빛 로또

● ● ●

이 책은 유명세를 쟁취하려는 젊은 사람들의 이야기다. 총 16개월간 인플루언서 325명을 만나서 인터뷰를 진행했다. 이들은 최소 2천 명 이상의 팔로워와 구독자 수를 보유한 사람들이다. 팔로워 수는 많지 않으나, 전업으로 콘텐츠를 만들며, 사람들의 반응을 주시하는 사람들 역시 인터뷰하였다. 그들과 함께 움직이며, 그들의 콘텐츠 기획 및 제작 현장을 지켜봤다. 참여 관찰과 심층 인터뷰 결과, 그들은 성공하고 말겠다는 뜨거운 열망을 품고 있었다. 그리고 유명세는 이러한 희망을 실현해줄 믿는 구석이다. 그 열망이 마냥 좋은 것만은 아니다. 그들의 삶에도 그림자는 존재한다. 예를 들어, 늘 긴장의 끈을 놓지 못한 채 살면서 주변인들의 질투와 시기에 힘들어하기도 한다.

하지만 겉으로 드러나는 '장밋빛 필터' 효과 때문일까? 그들은 불특정 다수의 역할 모델이다. 그들을 지켜보니 나도 유명해지고 싶은 마음이 일렁인다. 유명세는 많은 돈과 명예를 약속하며, 그들의 콘텐츠가 가시적인 증거다. 토익 시험이 한국 사회 공인 영어 성적인 것처럼, 유명세는 사회 공인 성공 코스다. "나도 할 수 있겠는데?"와 같은 말을 중얼거리는 순간, 당신도 유명세를 갈망하는지 모른다. '유명세의 씨앗'에 해당하는 콘텐츠는 나의 출세를 위한 도구다. 그리고 성공을 거머쥐는 집단적 믿음이다.

이렇게 유명세는 '긁지 않은 로또'다. 노동 소득으로 어찌할 수 없는, 이 지루한 현실로부터 탈출할 수 있는 거의 유일한 대안이다. 이 책은 그런 환상을 만들고 공유하는 그들과 우리의 이야기다. 구체적인 질문은 다음과 같다. 이들이 느끼는 유명세의 의미는 무엇인지?, 어떻게 IT 기술을 활용해 사람들 시선을 끌어내는지?, 그들은 정말 노력 끝에 원하는 것을 얻었는지?, 유명세가 가져올 긍정적인 측면과 부정적인 측면은 무엇인지를 묻고 해답을 구하려 했다.

그리고 이 모든 질문을 하나로 압축하면, 다음과 같다. "정말 유명해지면, '장밋빛 인생'이 펼쳐져, 구질구질한 과거와 영영 이별할 수 있나요?" 가장 궁극의 핵심이다. 한번 사는 인생 잘 좀 살아보겠다고 노력하는데, 유명세가 좋은 대안이 될 수 있는지 확인해봐야 한다. 정말 '기회의 문'은 열리는가? 꿈은 이루어질 수 있는가? 유명세는 인생의 실존적 의미와 세속적 쾌락이 결합한 뜨거운 화두다.

'왜' 사냐고 물으면, '남들 보란 듯이' 잘 살고 싶다고 대답하는 게 합리적인 현대인이다. 이렇게 생활 밀착형 주제를 심오한 이론이나 과거 어르신들의 잠언으로는 설명할 수 없다. 그건 마치 "착하게 살면, 하늘이 자연스레 알아볼 것이다" 내지는 "진심은 결국 통하기 마련이다" 같은 말이다. 친절한데 무책임하고 한없이 공허하다. 욕망은 당장 지면을 뚫고 분출할 것 같은 뜨거운 마그마 같다. 여기에 정화수 떠 놓고 "화이팅~" 같은 말로 열기를 식힐 수는 없다. 세상은 바뀌고, 사람들 욕망도 그에 맞춰 변한다. 이 책은 그 변화의 속도를 따라간다. 오늘날, 유명세가 미치는 삶의 변화를 소개한다. 그 모습은 좋은 모습도 있고, 나쁜 모습도 있다. 때로는 시작은 장밋빛이었다가 막판에 흙빛이 되기도 한다. 오늘날 유명세의 '완전체'를 분석했다. 이 책은 편견 없고 솔직한 유명세에 대한 젊은 욕망의 기록이다.

차례

정신파

구독

좋아요

알림설정까지

물질파

정호는 종종 충성 테스트라는 것을 한다. 페이스북에다가 "지금 여의도 창고에서 한우 먹을 사람, 선착순 3명!" 같은 글을 올린다. 이게 웬 떡이냐 싶어서, 많은 사람이 댓글을 단다. "우왕, 맛나겠당. 뿌잉뿌잉, 저도 사주세요.", "제가 지금 홍대인데, 바로 한강 건너갑니다." 그는 흐뭇하다. 그깟 한우가 뭐라고, 저렇게 난리인가. 그는 거기서 돈의 힘을 체감한다. 이것도 습관이 되니 재미가 붙었다. "조선호텔 스시조 갑니다. 선착순 3명!" 정호의 페이스북에는 '핫딜'을 기대하는 사람들로 연일 장사진이다.

소비평론가,
그의 혀는 특별하다
- 김현식(28세, 용산구 한남동)

그는 신라호텔에 오면 마음이 편해진다. 차분한 조명, 안온한 분위기, 특별히 화려한 것은 없지만, 그래서 더욱 마음이 편안하다. 과시하지 않는 럭셔리랄까? 지나치게 화려한 것은 천박함을 가리기 위한 위장처럼 느껴진다. 93년생 김현식은 이곳 망고 빙수를 좋아한다. 자신을 '망고 빙수 8년차'라고 소개한다. 무슨 빙수 먹는데, 연차 타령인가 싶지만, 그만큼 이곳 빙수와의 인연이 깊다는 강조다. 옛날부터 이곳 빙수에 익숙하고, 그래서 최근 막 먹기 시작한 사람들과 차원이 다르다. 현재 망고 빙수 가격은 6만 4천 원, 그가 처음 먹기 시작했을 때보다 2배 이상 올랐다. 그런데도 사람들은 물밀듯이 몰려온다. 주말에 한 번 먹으려고, 2시간 넘게 기다린 적도 있다. 그만의 조용하고 한적한 아지트가 다수에 의해서 점령당하는 기분이다.

지나친 대중화, 그가 싫어하는 것이다. 결국, 질적 저하를 가져온다고 믿는다. 호텔 측은 내심 사람이 붐비는 것을 좋아할 테다. 하지만 한적한 분위기를 즐기고픈 고객 입장에서는 불편하다. 특히 오래된 팬으로서, 그는 이런 유난스러운 반응이 싫다. 빙수 먹으러 왔는지, 사진 찍으러 왔는지 헷갈릴 정도로 사진 3백 장씩 찍는 애들이 있다. 사람들이 빙수 먹고 있는데, 그 옆에서 인스타 라이브니 뭐니 하면서, 시끄럽게 구는 애들도 있다. 너무 철딱서니 없다. 현식은 혀끝을 차면서 말한다. "무슨 시골 장터도 아니고, 정신없는 곳은 딱 질색." 그는 넌더리난다는 듯, 고개를 세차게 흔든다.

취향은 까다로울수록 좋다

● ● ●

현식은 가난이 구조적 문제라는 데 동의하고, 사회적인 차원에서 해결해야 한다고 생각한다. 하지만 그건 학교에서나 배우는 이야기. 그는 일상에서 접하는 불편함을, 가지지 못한 자들의 '선을 넘은 행동' 때문이라고 여기는 경향이 있다. 특히 자신보다 없어 보이는 이들이 자기 놀이터에 침범하는 순간, 공격적으로 변한다. 신라호텔 망고 빙수 역시 과거에는 맛도 좋았고, 그걸 먹으면서 좋은 시간을 보낼 수 있었다. 그런데 지금은 다르다. 그의 표현에 따르면, "개나 소나 다 먹는 빙수"가 되어 버렸다. 최근 들어 망고 당도도 일관성이 없어졌다. 주방에서 빙수를 급하게 만드느라, 맛의 편차가 커졌다고 전문가답게 평한다. 점원들의 응대나, 서비스도 예전 같지 않다. 사람들이 떼지어 찾아오고, 그에 상응하는 질적 기준을 고수하지 않으면, 곧 동네 빵집 '파리바게뜨 빙수'처럼 될 것 같다. 매사 한국어와 영어를 섞어 쓰는 그는 빙수 한 숟가락을 입에 넣으며, 중얼거린다. "맛이 다운그레이드Downgraded 되었어." 그는 미간을 찌푸리며, 본인 인스타그램에 한 줄 글귀를 남긴다. "Tasteless! 신라호텔, so 실망, #Tasteless #핵실망 "

그는 그냥 평범한 회사원이지만, 부유한 가정에서 태어나고 자라다 보니, 씀씀이가 크다. 월급은 용돈 삼아 쓰는데 그것도 매번 부족하다. 돈은 집에서 가져다 쓴다. 그렇게 돈을 써서 무엇을 하는가? 바로 소비평론을 한다. 어디서 협찬을 받거나, 뒷광고가 아닌 자신의 돈으로 누리는 소비를 차곡차곡 기록한다. 쉽게 말해, '소비 일기'다. 현식은 소비 일기를 주로 네이버 블로그에 올린다. 그는 자신의 블로그 소개 글에 다음과 같이 적어놓았다. '취향은 까다로울수록 좋다.' 자신의 취향에 대한 확신이 있고, 그것을 인터넷에 올리면서 사람들 반응을 지켜본다.

고기를 먹어보지 않고, 어떻게 맛을 알 수 있겠는가? 그의 지론이다. 먹어보지 못한 고기 맛을 상상하면서, 그것이 좋다, 나쁘다고 이야기하는 것은 어불성설이다. 모태솔로이면서, 남들에게 연애 상담하는 것과 같다. 그는 경험하지 않은 채, 창작하는 사람들을 싫어한다. 자신이 가진 극히 일부 경험을 가지고 전체인 것처럼 이야기하는 인간들을 경멸한다. 그는 자신이 가진 물적 토대를 바탕으로, 객관적이고 정확한 비평을 작성한다. 누구에게도 협찬이나, 물질적 지원을 바라지 않는다. 부모님 카드를 제외하고 말이다. 그리고 그 소비의 결과, 경험의 총체를 블로그에 올리면, 사람들은 반응한다. 댓글들이 고개를 든다.

"대단하세요, 역시 믿고 보는 포스팅,
다음에는 파크 하얏트도 리뷰해주세요."
"반얀트리는 음식이 어떤가요?"
"오늘도 하나 배웠습니다! 역시 최오!"
"그렇다면 신라호텔 망고 빙수 대안은 어디 있을까요?"

빙수의 대안을 찾으려는 사람도 있다. 참 신기해, 그는 혀끝을 찬다. 하지만 사람들 반응에서 자신의 말과 생각에 힘이 실리고 있음을 느끼는 기분은 나쁘지 않다. 자신이 뭔가 유명한 사람이 된 것 같다. 이것이 성공 아닐까?

숙주나물 볶음은 원래 짜다

● ● ●

맛집에 대한 현식의 신념은 돌덩이 같다. 전문적 관점에서, 아닌 건 아니다. 주변에서 칼 같다고 한다. 이를테면, 예전에 무슨 음식 평론가가 했던 "떡볶이는 맛없는 음식이다"라는 해석과 비슷하다. 그 말에는, 맛없는 음식에 대한 정의와 입장이 있다. 남들은 그것을 보고 잘난 척한다고 하지만, 그는 그 음식 평론가가 틀린 소리 한 것은 아니라고 생각한다. 단, 그렇게 말해놓고선 어디 떡볶이 광고 모델로 활동한 것은 난센스다. 참으로 웃긴다. 자신의 전문 식견을 고작 모델료와 바꿔치기하다니. 역시 물적 토대가 빈약하면, 독립적인 목소리를 낼 수 없다는 소신을 다시 한번 확인한다. 진정한 비평가는 그래서 부자여야 한다. 누구에게 협찬받고, 공짜 좋아하고, 툭하면, "이거 해주세요" 같은 말을 하는 인간들, 그는 천박하게 바라본다.

그런 그가 최근 태국 음식점에 갔다. 여자친구랑 이것저것 시켜서 비둘기 모이 먹듯이 콕콕 찍어, 비평 대상을 음미 중이었다. 그런데 옆 테이블에서 한 손님이 "숙주나물 볶음이 너무 짜다"며 점원에게 항의하고 있었다. 소비평론가 김현식은 숙주나물 볶음은 원래 짜게 먹는 것이고, 태국에서는 그렇게 먹는다고 알고 있다. 파스타도 마찬가지다. 이탈리아 현지에서는 짜게 먹는다. 한국에서 그렇게 짜게 만들면 사람들이 싫어하니 염도를 조절한 것이다. 그는 이탈리아에서도, 태국에서도 많이 먹어봐서 잘 알고 있다. 거기서 먹어본 적이 없는 사람들, 즉 현지에 대한 이해가 없고, 그냥 촌스러운 맛에 길들여진 사람의 불합리한 문제 제기라는 생각이 들었다. 게다가 그는 여기 태국 음식점을 좋아한다. 자신의 맛집이 어느 못생긴 아저씨의 컴프레인 때문에 수세에 몰리는 것 같아 기분이 나빴다.

그래서 집에 돌아가자마자, '숙주나물 볶음은 원래 짜다'라는 제목으로 장문의 글을 올렸다. "음식에 돌덩이가 나온 것도 아닌데, 다시 만들어 달라고 한 것은 진상 아니냐?" 그런 내용이었다. 그러자 누가 댓글을 달았다. "이 세상에 원래 짠 게 어디 있나요? 숙주나물이 무슨 바닷물인가요? 각자의 입맛은 주관적이고, 그것에 대한 해석이나 관점은 각자의 몫이죠. 그 손님이 고혈압 환자일 수도 있고요. 손님이 점원에게 맛에 대한 피드백을 주는 건 자연스러운 행동입니다."

자신의 지배적인 정설, 엘리트 관점에 반기를 드는 접근에 그는 말문이 막혔다. 여러 번 읽어보니, 틀린 이야기 같지는 않았다. 저 문장에는 맛에 대한 수평적이고 주관적 해석이 있었다. 유식한 말로 포스트모던한 해석이다. 그는 기분이 개운치 않았다. 틀린 말이면 댓글로 물어뜯고 싶었는데, 그가 한 말은 일리가 있었다. 그러니 뭐라 대꾸할지 확신이 서지 않았다. 저 댓글은 사실 좀 더 심층적인 내용을 파고든다. 정녕 맛이 수평적이고, 주관적 성질이라면, 과연 시간과 돈을 들여서, 평론 같은 게 필요하기나 할까? 그 댓글에 그는 생각이 많아졌다.

너희들, 이런 건 못 해봤지?

● ● ●

이제는 유튜브 시대, 블로그로는 부족하다. 그는 유튜브 채널을 열고 영상으로 대중과 소통하기를 꿈꾼다. 항공에 관심 많은 그는 퍼스트 클래스 리뷰 영상을 올린다. 딱히 방문할 이유가 없는 곳이라도, 항공사 퍼스트 클래스가 운항하면 그는 그곳을 다녀온다. 퍼스트 클래스 자체가 목적지보다 더 중요한 목적이다. 이렇게 진입장벽을 확 높여서, 일반인들이 쉽게 접근하지 못하는 내용을 담는다. 이건 지난번 "숙주나물 볶음은 원래 짜다"는 것과 관련이 깊다. 누구나 다 할 수 있는 대중적인 평론은 의미가 없다. 설사 효용이 있다 한들, 그다지 건질 게 없고, 욕만 먹는다. 왜냐? 힘의 역전이 일어나고 있는 탓이다. 이제 대중적 관점에서 엘리트적인 해석을 무시하면, 그게 쿨한 게 된다. "숙주나물이 바닷물이냐?"같은 질문이 그러하다. 거기에는 대중적인 힘, 사람들의 인정이 있다. 그걸 무시하면 꼰대가 된다. 떡볶이가 맛없는 음식이라고 말하면, 떡볶이를 계속 먹는 사람들은 뭐가 되는가? 그는 그런 노선을 가고 싶지 않다.

단, 아주 진입장벽이 높은 대상을 경험하고 그것을 알려야겠다고 다짐했다. 아주 소수에게만 허락된 경험을 이야기하면, 앞서 말한 잡음이 발생하지 않는다. 진입장벽이 높아야 한다. 개나 소나 내 놀이터를 침범해, 뛰어놀고 망치는 모습을 더이상 눈 뜨고 봐줄 수는 없다. 그는 그렇게 입술을 질끈 깨물고, 영상을 찍는다. 그의 주제는 최고급 호텔 스위트룸, 퍼스트 클래스 경험이다. 넷플릭스에서 〈에밀리, 파리에 가다〉가 인기를 끌고 있다. 오케이, 다음 목적지는 파리다. 뉴욕은 지나치게 대중적이고, 런던은 점점 쇠퇴하고 있다. 가장 귀족적인, 럭셔리의 수도, 파리가 적절하다. 이미 그의 카드는 한도를 초과한 상태라, 부모님 카드의 도움을 빌려, 대한항공 퍼스트 클래스를 예약했다. 으리으리한 호텔도 빠질 수 없다. 사람들이 쉽게 예약 못 한다는 이유만으로, 그는 냉큼 포시즌 호텔로 정했다. 그는 예약 완료 화면을 바라보며, 만족스레 실실 웃는다.

그의 콘텐츠 핵심은 '너희들 이런 거 못 해봤지?'이다. 남들을 확 기죽이면서, 자신의 소비에 절대적인 의미를 부여한다. 대중적일 수 없는 영역을 이야기하니, 숙주나물류의 딴지도 걸 수 없다. 그렇게 그는 퍼스트 클래스에 대자로 누워서 와인과 샴페인을 병째로 마셨다. 메뉴를 상세하게 찍어서 유튜브에 올린다. 와인에 대한 식견 역시 현식이 자신 있는 분야다. 퍼스트 클래스에서 나오는 닭백숙은 고기 식감도 다르다. 유난히 쫄깃쫄깃하다. 그는 신이 나서 마이크를 가까이 가져다 대고, 말한다. "아주 닭고기의 점성이 쥬이시Juicy해요." 맛있다는 말이다.

파리에 도착해서는 미친 쇼핑을 시작한다. 그렇다고 매장에서 물건 사는 모습만 줄창 촬영하고 그러면 촌스럽다. 자칫 어글리 코리안이 되는 수가 있다. 그런 건 파리에 큰맘 먹고 오는 촌스러운 사람들이나 하는 짓이다. 대신 명품 가게 점원들이 제품을 소개하는 내용을 열심히 영상에 담았다. 사실 그는 제품 정보와 의미를 얻는 데도 관심이 많다. 그래야 이야기가 풍성해진다.

돌아온 호텔 침대에서 언박싱 영상을 촬영했다. 하얀 침대 시트 위에 올린 오렌지 빛깔 에르메스 박스가 선명하다. 사람들은 이걸 보며, 얼마나 부러워할까? 어떻게 하면 그 부러움을 극대화할까? 호텔을 나온 그는 한국 사람들이 좀처럼 안 간다는 피카소 미술관에도 방문, 자신의 독보적 취향을 과시한다. 오르세 미술관 같은 곳만 가는 촌스러운 관광객들이랑 나는 다르다는 것을 세상에 알리고 싶다. 그렇게 현대 미술 대가의 작품을 음미한 후, 파리 마레 지구에 위치한 한 카페에 앉는다. 야외 테이블에 앉아, 홀짝홀짝 커피를 마시며, 문득 한국에 있는 시청자들을 떠올린다. 커피 맛이 유난히 신선하다. 어디 커피지? 갑자기 유럽사람이 된 기분이다.

숏텅가이, 퍼스트 클래스 타셨네요?

● ● ●

파리 콘텐츠는 한꺼번에 다 올리면 아까우니, 여러 번으로 나눠서 올릴 것이다. 찍은 영상을 다시 확인하니, 와인과 샴페인을 들이켜서 얼굴이 시뻘겋다. 마이크를 입에 가까이 대어서, 비행기 소음은 생각보다 적게 들린다. 퍼스트 클래스라서 그런가? 이제 그는 퍼스트 클래스 아니면 못 탈 것 같다고 너스레를 떤다. 이렇게 기록하고, 촬영하면, 그때의 여운을 오랫동안 느낄 수 있다. 촬영한 분량이 많았다. 지나치게 좀 말을 많이 한 것도 같다. 하지만 이 모든 요소가 사람들의 부러움을 극대화해줄 것이라 믿어 의심치 않는다. 편집은 거의 새벽에 되어서야 끝났다. 사람들은 이걸 보며 얼마나 부러워할까? 일등석에서 먹은 샴페인을 생각하면 아직도 침이 고인다. 영상 속의 그가 이야기한다. "죽었던 혀를 살리는 느낌이었어요." 영상을 올리고 그는 잠자리에 든다. 내일 폭발적인 조회수 증가와 사람들이 올릴 댓글을 기대하면서.

아침에 늦잠 자는 바람에, 급하게 출근했다. 점심시간이 되자 좀 여유가 생겼다. 이제 사람들 반응을 볼 차례다. 유튜브 계정에 들어가서 올라온 댓글을 확인한다. 그런데 예상했던 반응과 다르다. 혀에 대한 감각은 그가 스스로 자랑스러워하는 부분이다. 혀의 감각, 취향, 높은 기준에 대해 칭송하는 댓글이 달릴 줄 알았다. "역시, 대단하세요, 대한민국 취향 넘버원, 역시 고급스럽고 귀족적!" 이런 댓글 말이다. 그런데 반응이 이상한 곳에 불붙었다. 혀의 감각이 아니라, 혀의 길이에 대해서 사람들이 떠든다. 심지어 댓글 맨 위에 올라왔다. "너의 혀는 짧다" 류의 글이 꼬리를 물고 늘어졌다. 짧은 혀에 대한 댓글은 여러 갈래로 나뉘는데, 가장 일반적인 반응이 "혀가 짧으니 발음이 이상하다"였다. 또는 좀 완곡하게, "앞으로 말로 설명하는 부분은 다른 사람에게 의뢰하세요"라는 정중하지만 할 말 다 하는 댓글도 있었다. 특히 이런 댓글은 그를 충격에 빠뜨렸다.

"아주 tha각tha각하면서, 바thak바thak한
프레thi한 thik감이
샌프란thithe코에서 먹던 맛"

"일부러 저렇게 하는 건가? 엘레강스한데 웃겨 ㅋㅋㅋ"
"앙드레 선생님 아드님이신가, 숏텅가이 퍼스트 클래스 타셨네요? 우헤헤"

현식이 예상했던 반응과 너무 달라서 처음에는 당혹스러웠다. 이러한 댓글과 악플 들을 삭제할까 싶었다. 퍼스트 클래스 근처에도 못 가봤으니, 저렇게 깎아내리려고 악플을 단 것 같다. 악플을 모기약 뿌리듯 삭제할까? 그는 살짝 고민이 되었다. 그런데 '약 뿌리기'가 그렇게 쿨해 보이지는 않았다. 그건 최초 목적과 관련 있다. 그는 사람들로부터 인정과 관심을 받고 싶다. 그중에는 일부 악플도 있다. 악플은 성공에 의도치 않은 부산물이다. 차라리 아무런 댓글이 없는 것보다는 낫다. 그리고 악플에 대해 너무 연연하면, 정말 큰 목표를 그르칠 수 있다. 중요한 것은 나의 소비평론이 대중적으로 큰 영향을 발휘하는 것이니까. 그래도 그들이 나를 부러워할 것이라고 짐작한다. 그러니 대중의 반응 중에서 좋은 것만 골라 먹겠다는 태도는 사실 소인배나 하는 짓이다. 그는 그렇게 장시간 고민에 빠졌다. 그리고 삭제하는 대신, 그는 그 악플에 '좋아요'를 눌렀다. 대승적인 인정이자, 포스트모던한 콘텐츠 제작자의 관대함을 보여주고 싶었다.

내 발음이 정말 이상한가 싶어서 다시 영상을 귀 기울여 들어보니 조금 이상하긴 했다. 그건 팩트다. 그런데 여태껏 아무도 그에게 대놓고, "너, 혀가 짧다"고 이야기한 사람은 없었다. 이건 대중들, 즉 예의를 굳이 차릴 필요가 없는 사람들이 하는 직설화법이다. 그들은 그저 생각나는 것, 느끼는 것을 거르지 않고, 그대로 이야기한다. 거기에는 어떤 진실이 있다. 소비평론가로 이름을 날린 그가, 혀 길이가 짧다는 말에 순간 위축이 된다. 자신은 감각을 이야기하고 싶었는데, 사람들은 길이를 이야기한다. 그는 짧은 한숨을 쉬고, 유튜브 창을 닫는다. 그리고 크롬에서 구글 창을 열고, 검색어를 입력한다. '혀 연장 수술'.

인증해주기 전까지는 아무것도 아니다

인증은 자신의 신분을 증명하기 위한 광범위한 활동이다. 특히 온라인에서 자신의 ID를 입력하거나 서비스에 가입할 때, 본인임을 증명하는 활동을 가리켜, 인증이라고 한다. 절차는 간단하고, 담백하다. 그런데 SNS에서 주로 쓰이는 인증샷은 조금 다른 의미다. 인증샷은 내가 특정한 행위와 소유를 했음을 다른 사람들에게 인정받는 행위다. 좀 더 많은 사람의 주목과 관심을 끌기 위한 행동이다. 그러므로 사람들의 인정을 획득하지 못하는 인증샷은 애처롭다. 내가 다른 사람들에게 인증을 받기 전에는 큰 의미가 없는 대상으로 여겨질 수 있다. 인증샷을 즐겨 찍는다는 물질파의 한 인터뷰 참여자는 "인증샷은 나를 위한 것이 아니라, 다른 사람이 저를 인정해주는 것"이라고 요약한다. 그런데 다른 사람의 시선을 의식한 나머지, 자신의 관점은 사그라들고, 보는 사람의 관점에 자신을 끼어맞춘다는 지적도 있다. 자존감이 낮아지는 것 같다는 의견도 있었다.

흥미로운 점은 이런 집단적 관찰과 인정의 문화에 부유한 사람도 영향을 받아, 기꺼이 자신을 인증하려고 노력한다는 것이다.

앞서 서술한 내용 역시, 남부러울 것 없는 사람이 타인의 관심을 얻으려 노력하고, 그러한 과정에서 경험하는 복잡한 심리를 보여준다. 부의 정도와 상관없이, 이제 인증샷은 자신을 증명하는 사회적 이벤트가 되었다. 부유한 사람도 보편적인 인정 욕구를 느끼고, 이를 달성하기 위해서 다양한 활동을 감행한다. 특히 물질파의 경우, 많은 사람이 좋아하는 비싼 제품들을 구매하고 사용하면서, 사람들에게 주목받는다. 즉 인증이라는 보편적인 이벤트를 따르면서도 자신의 물질적인 부를 과시하는 경우다.

언박싱은 속도가 생명

'언박싱unboxing'이 대표적인 인증 행위다. 새로 산 제품의 포장을 열고, 사용하는 모습을 영상에 담아서 인터넷에 올린다. 세상 사람들을 향해, "나, 이거 샀습니다"라고 선언하는 것이다. 동네방네 다 자랑하고 싶은데, '신제품 사용기'라는 말은 너무 무난하고 겸손하다. 그래서 사람들은 그냥 영어 그대로 언박싱이라는 말을 쓴다. 핵심은 자랑이다. 그 자랑은 신속하고 빨라야 한다. 특히 신제품일수록, 가장 먼저 올라오는 동영상에 대한 평가가 좋은 편이고, 조회수가 높다. 신형 아이폰 같은 언박싱 주요 콘텐츠들은 속도가 생명이다. 그만큼 많은 사람이 그러한 제품을 기다리고 있다는 말이기도 하다. 언박싱 영상을 자주 올리는 유튜버는 “언박싱은 속도전”이라고 짤막하게 요약했다. 남들 다 올리고 올리는 영상은 의미가 없다고 한다. 그의 구독자는 100만 명이 넘는다.

많은 사람이 본 언박싱 콘텐츠가 좋은 콘텐츠다. 언박싱을 보면서 영상이 전하는 요지에 얼마나 동의했는지, 그리고 그것을 얼마나 많이 공유했는지가 좋은 영상의 세부 기준이다. 그것이 콘텐츠의 경제적 가치다. 실제로 제품 판매에 큰 영향을 미칠 만큼, 언박싱 콘텐츠의 영향력은 점차 커지고 있다. 예를 들어, 아이폰 내지는 갤럭시 신제품이 출시되는 시점에, 유명 IT 유튜버들의 검색어 순위가 급격히 상승한다. 구글 트렌드에 따르면, 아이폰을 검색하면, 유명 유튜버 이름들이 관련 검색어로 높은 순위를 차지한다. 제품을 검색하는 사람 중 많은 이들이 유튜버의 리뷰, 언박싱 콘텐츠를 찾고 있음을 보여주는 수치다. 많은 사람이 유튜버 언박싱 영상을 보고 제품 구매를 고려하겠다는 의도를 엿볼 수 있다. 그래서 기업들도 신제품 출시 이전에 유튜버들에게 제품 리뷰와 언박싱을 먼저 의뢰하기도 한다.

에이미가 간절히 원하는 레디백

- 박희진(30세, 일산동구 장항동)

"저를 에이미라고 불러주세요." 그녀는 처음 보는 사람들에게 자신을 "에이미"라고 소개한다. 그녀에게는 박희진이라는 한국어 이름이 있지만, 에이미라고 불러 달라고 당부한다. 왠지 에이미라고 하면, 원하는 이미지에 부합하는 듯해서 기분이 좋다. 그래서 그녀는 인스타그램과 유튜브에서 에이미로 통한다. 회사에서 누가 박희진이라고 부르면, 간혹 못 알아들을 때도 있다. 그녀에게 박희진은 멀고, 에이미는 가깝다.

어릴 적 읽은 동화, 『빨간 머리 앤』에는 이런 대목이 나온다. 주인공 앤은 장소나 사람 이름이 마음에 들지 않으면 바꿔버린다고. 그녀는 그 심정을 누구보다도 잘 이해한다. 대상을 다시 정의

하고 작명할 때 느끼는 희열을. 그 환희는 마치 삶을 변화시킬 수 있는 초능력이랄까. 에이미도 그런 초능력을 갖고 싶다.

그녀는 문득 현재 삶을 바꿀 수 있는 조그만 균열을 발견했다. 바로 인스타그램이다. 그 균열에 그녀는 있는 힘껏 바람을 불어넣는다. 그렇게 부풀려진 공간에서 그녀가 원하는 삶을 살고 싶다. 91년생 여성, 에이미는 보편적인 삶의 중요성을 강조한다. 크게 무언가 빠지지 않는, 결핍이 없는 삶을 지향한다. 매번 친구들 앞에서, 자신은 소박한 사람이라고 강조한다. 좀 더 나아가, 그녀는 과하게 부를 전시하는 행동은 천하다고 생각한다. 검소한 대학교수 아버지 밑에서 자라서, 물질에 대한 과도한 전시를 천박하다고 여긴다.

친구들과 커피를 마시면서 그녀는 말한다. "야, 인스타에 에르메스 언박싱한다고 침대에 쫙 까는 애들, 좀 그렇지 않니?" 사실 그녀도 에르메스에 환장하지만, 좀 더 은근하게 드러내고 싶어 한다. 에르메스를 열댓 명이나 되는 아이돌 그룹 컴백 무대처럼 우르르 꺼내 보이는 방식이 마음에 들지 않는다. 물질에 대한 욕망이 전혀 없다면 거짓말이다. 안 그래도 재테크 능력 빵점인 교수 아빠가 잠원동 아파트 팔고, 일산에 집을 사는 바람에 망했다. 앞으로 우리 집은 절대 강남 근처도 갈 수 없을 것이다. 그래서 아빠가 작명해준, 박희진이라는 이름이 더욱 마음에 안 든다.

“그렇게 커머셜하지 않으면서도 유니크해요”

● ● ●

그녀는 평균을 훨씬 상회하는 삶의 방식을 평균이라고 생각한다. 그리고 그 평균에 부합하지 않는 자신의 모습을 볼 때마다 우울해진다. 가족 중에 아픈 사람 없고, 본인도 대기업 다니는 직장인으로 어려움 없이 산다. 하지만 끊임없이 결핍을 느낀다. 그 결핍을 느끼는 계기는 잘나가는 주변 친구들과의 비교다. 잠원동에서 같이 중·고등학교에 다니고, 그중 여럿은 신촌에 있는 같은 대학교로 진학했다. 그런데 지금은 대치동, 한남동, 최소 옥수동 신축 아파트에 사는 오랜 친구들을 보면 배가 아프다.

이 모든 문제의 근원은 황금알 낳는 거위 같은 잠원동 아파트를 팔고 한적한 일산으로 이사 간 교수 아빠 때문이다. 그녀는 결심한다. 온라인에서 에이미로 자신의 삶을 바로 잡겠다고. 그늘과 실패의 기운을 떨쳐버리겠다고. 그녀는 입술을 깨물고 오늘도 카메라 버튼을 누른다. 이렇게 그녀는 브이로그 21번째 에피소드를 시작한다. 에이미라는 이름으로, 그녀는 성공한 삶을 살고 있다는 느낌을 만끽하고 싶다. ‘내 삶의 주인공은 나야!’ 같은 유행가 가사가 떠오른다. 관심을 받는 건 주인공이지, 조연이나 엑스트라가 아니다.

그녀는 에르메스 가방을 쌓아놓고 보란 듯이 전시할 재력은 없다. 궁하면 통한다고, 소소한 측면으로 구독자와 팔로워를 공략해야겠다고 마음먹었다. "천편일률적인 부의 숭상은 집어치워라"고 내지르고 싶지만, 사실 그건 대외용이다. 돈이 있었으면, 그녀도 그렇게 했을 것이다. 대신 차선을 택한다. 남들과 다른 선택적인 노출을 전략적으로 기획한다. 그녀는 도산공원 인근 레스토랑, 고급스럽고 가볍지 않은 액세서리, 이탈리아 피렌체 향수 브랜드 등으로 승부를 건다. 그녀는 카메라를 바라보며, 말한다. "이 향수는 그렇게 커머셜하지 않으면서도 유니크해요." 사람들이 자신을 그렇게 봐달라는 말처럼 들린다.

지성이면 감천이라는 말처럼, 그녀의 콘텐츠에 많은 사람이 반응해 온다. "에이미 님, 그 제품 어느 브랜드 건가요? 너무 말씀도 조리 있고, 외모도 럭셜하세요. 부럽부럽." 이제는 몇몇 브랜드에서도 연락 오기 시작한다. 브랜드로부터 돈을 받고 광고 영상도 찍는다. 하단에 살짝 광고라는 문구를 넣는다. 나름 대학교수 딸인데, 너무 장사꾼처럼 보일까 봐 염려도 되었지만, 크게 신경 쓰지 않기로 했다. 그녀의 가족들은 그녀가 온라인 활동에 여념이 없는 걸 잘 모른다. 그녀도 주변 사람들에게 알리지 않았다. 행여나 누가 찾아와서, "야, 박희진, 너 완전히 용 되었더라" 같이 깨는 발언을 하면 곤란하다. 지금 이 소중한 경험과 주변의 인정이 너무 기쁘고 값지다. 잃고 싶지 않다.

작은 성공을 거둔 사람이 큰 성공을 이룬다는 말이 있다. 그녀는 어쩌면 그 말을 스스로 증명하고 있는지 모른다. 일감들이 그녀를 계속 찾는다. 일감이란, 더 비싼, 더 고급 브랜드의 광고 제안이다. 그리고 이런 제안들이 그녀를 에이미로 살게끔 하는 물적, 심적 원천이다. 유명 브랜드들이 그녀를 지목하고, 그 브랜드를 통해서 그녀의 영향력은 커진다. 대중적인 인기가 커질수록 더 비싸고 좋은 브랜드와 함께 일을 할 수 있다. 그녀는 이것을 가리켜, 선순환 구조라고 했다.

에이미로 사는 것이 잘 풀리는 것 같으니, 삶에 자신감도 생기고, 너그러워진다. 아침 먹으면서, 종종 듣는 아빠의 영양가 없는 설교도 이제 농담으로 받아쳐 줄 정도의 관대함이 생겼다. 화가 많이 사라졌다. 분노하는 박희진이 친절한 에이미로 바뀌었다. 자신도 놀랐다. 한 차례 설교 세례를 받고 일산 집을 나서면서 엘리베이터 거울을 바라보며 중얼거린다. "내 삶의 주인공은 나야." 대놓고 말하긴 낯뜨거운 유행가 가사도 직접 경험하면 의미가 남다르다. 아직 그녀가 어마어마한 큰 성공을 경험한 것은 아니지만, 자신이 이룬 성취를 보아, 대충 성공이 어떤 느낌일지는 알 것 같았다. 삶에 대해서 여유가 생기면, 공격성이 사그라든다. 한남동 더힐THE HILL 사는 사람들이 제일 친절하다는 친구의 말이 이제 이해가 된다.

인정 투쟁을 위한 배급 행렬

• • •

이렇게 행복해진 에이미의 삶에 긴장감을 드리우는 게 있으니 바로 그것은 스타벅스 서머 레디백. 처음 보는 순간 갖고 싶다는 마음이 일렁이기 시작했다. 레디백을 반드시 구해서, 인스타와 유튜브에 올리겠다고 다짐했다. 희소성이 있는 대상은 언제나 좋은 콘텐츠가 된다. 그간의 경험으로 잘 알고 있다.

스타벅스는 경험 마케팅의 선두주자다. 에르메스 레벨은 전혀 아니지만, 트렌드를 선도하고 대중의 눈높이를 상향시켰다는 평가를 받는다. 스타벅스가 출시한 레디백은 귀여운 베이비 핑크와 고급스러운 다크 그린, 2가지 색상이다. 17잔에다가 미션 음료라고 얼음이 갈린 음료를 3잔 마시면, 백 하나를 받는다. 얼추 커피값만 최소 7만 원 정도 든다. 하지만 그깟 7만 원이 문제랴. 치솟는 조회수, 폭증하는 관심, 트렌드를 앞서간다는 주변의 인정까지. 그녀에게 이것을 모두 환산하면 최소 10배, 70만 원 가치가 넘는다.

아니나 다를까, 여의도의 한 직장인이 커피 300잔 사서, 레디백을 쓸어갔다고 하는데, 그 정도로 할 자신은 없다. 300잔 사서 지나가는 나그네들에게 줬다는데, 그건 좀 웃긴다고 생각했다. 저렇게까지 아등바등하면서 백을 챙겨야 하나? 마음속 깊은 곳에서 다시 교수 딸로서의 정체성이 꿈틀거린다. 이놈의 인텔리 딸 정체성은 어찌할 수 없다. 하지만 생각해보면 그게 가장 확실한 방법이었다. 레디백 자체를 구할 수 없으니 말이다. 입도선매라는 말이 있지 않은가. 남들이 쉬이 가지지 못하는 경험을 얻기 위해서는 과감하게 '선빵'을 날려야 했다.

그러지 못해서, 에이미는 새벽 5시 반에 일어났다. 매장문 열기도 전에 줄을 서야 한다. 한국인들은 하나에 꽂히면 미친 듯이 쏠리는 성향이 있다. 회사 앞 스타벅스에서 줄을 서는데, 이게 뭐 하는 짓인가 싶지만 그래도 원하는 것을 얻기 위해서 이 정도는 감내해야 한다. 매장문이 열리고, 사람들이 웅성거린다. 점원이 민첩하게 움직인다. 점원들로서는 이것들은 뭐 하는 사람들인가 싶겠지? 처지 바꿔 생각해봐도 웃기는 일이 아닐 수 없다. 그녀는 씁쓸하게 웃는다.

사람들은 딱히 필요도 없어 뵈는 가방을 얻으려고, 새벽부터 줄을 길게 선다. 과거 어려웠던 시절에는 생존을 위해 식량 배급 받으려고 줄을 섰다면, 지금은 주변의 인정을 얻기 위해 배급 행렬에 동참한다. 그게 뭐라고, 이렇게 난리를 치나 싶은 거다. 오늘은 그래도 받을 수 있으려나 싶었는데, 바로 앞에서 오늘 입고된 레디백이 전량 소진되었다고 점원이 말한다. 그녀는 순간 어이가 없어서, 점원에게 묻는다. "또 안 들어오나요?", "죄송합니다. 고객님, 당분간 입고 계획은 없습니다. 혹시 모르니 어플리케이션 공지 확인 부탁드립니다." 직원이 적당히 무심하고, 적당히 감정을 담아서 말한다. 바로 자신 앞에서 끊기다니, 열패감에 몸이 부르르 떨린다. 문득 그녀는 세상에는 딱히 의미 없는 것에 목숨 거는 사람들이 많다고 느낀다. 자신도 그런 사람 중 하나다.

마이 라이프 이즈
퍼펙트?

아니 대한민국에 앤드류가 이렇게 많았나? 제시카와 켈리도 종종 만난다. 그들은 한국계 미국인은 아니다. 미국에서 오래 산 것도 아니다. 하지만 영어 이름이 주는 생경함과 감흥에 취해있다. 캘리포니아 오렌지의 시큼함이 느껴질 것만 같다. 영어 이름을 쓴다는 무슨 판교의 IT 기업에서 일하는 사람들인가? 누가 묻는다. "셀린느, 오늘 브런치 어때요?" 어쩌면 그들은 너무 넷플릭스를 많이 봤는지 모른다. 온라인 애칭이나 계정으로 시작한 이름을 일상에서 그대로 가져다 쓴다. 오프라인의 남루함을 제거하고 새롭게 태어난 자아다. 온라인은 그들이 원하는 '자기 주도적 정체성'의 최전선이다. 보기 좋고 듣기 좋은 것만 접하고 싶은 것이 인지상정. 그렇게 온라인과 오프라인의 삶, 그사이 경계가 허물어진다.

이들은 온라인을 오프라인의 아쉬움을 해결하기 위한 '또 다른 삶'이라 여긴다. 심층 인터뷰에서도, 온라인을 오프라인의 결핍을 보상하기 위한 공간이라고 답했다. 또한, 온라인 경험이 오프라인 경험보다 열등하다고 여기지 않는다. 흔히들 온라인 경험을 가짜 내지는 현실성이 부족한 것으로 여기는 경향이 있는데, 이러한 인식은 상대적으로 나이 많은 사람들의 오래된 관점이다. 그런데 문제는 온라인과 오프라인의 커다란 격차다. 차이가 벌어질수록 자아 분열을 경험한다. '인지상정'이 자아 분열이 되기도 한다. 온라인에 구매한 물건, 물질적인 풍요로움을 과시하는 사람들 역시, 실생활에서는 그렇게 부유하지 않는 사례도 많았다. 남들 앞에서는 화려한 삶을 살고 싶은데, 알고 보니 카드빚에 시달린다는 슬픈 이야기다.

행복해야만 하는 사람들의 브이로그

브이로그에 대한 최근의 인기 역시, 앞서 언급한 온라인과 오프라인의 관계로 해석할 수 있다. 사람들은 오프라인에서 느끼는 결핍을 보상하기 위한 공간으로, 온라인을 활용한다. "적어도 온라인에서는 꿀릴 것이 없다." 그러니 오프라인의 후줄근한 모습은 다 삭제하고, 보여주고 싶은 밝은 부분만 잔뜩 채운다. 실제로 브이로그를 올리는 사람들은 편집 과정에서 행여나 평범하거나 부족해 보일 수 있는 부분을 많이 덜어낸다고 답했다. 촬영 과정에서 그런 모습이 담겨도, 최종 버전에는 보여주지 않는다. "그건 너무 현실적이잖아요." 그들에게 현실의 비루함은 말끔히 사라져야 할 대상인지 모른다. 그렇게 행복한 모습을 올려서 그들이 얻고자 하는 것은 관심과 인정이다. 내가 이렇게 잘살고 있으며, 열심히 살고 있고, 행복한 삶을 살고 있다고 강조한다. 특히 물질파에서는 이러한 관심과 인정이 소비 경험으로 나타난다. 남들이 쉽게 할 수 없는, 희소성이 있는 소비일수록, 그 가치는 상승한다. 내가 원하는 모습에, 내가 원하는 내용에, 내가 원하는 관계와 이상적인 모습을 담는다. 그렇게 완벽한 삶은 완성된다. 남들 안 보는 곳에서 카드값으로 눈물을 흘릴지언정 말이다.

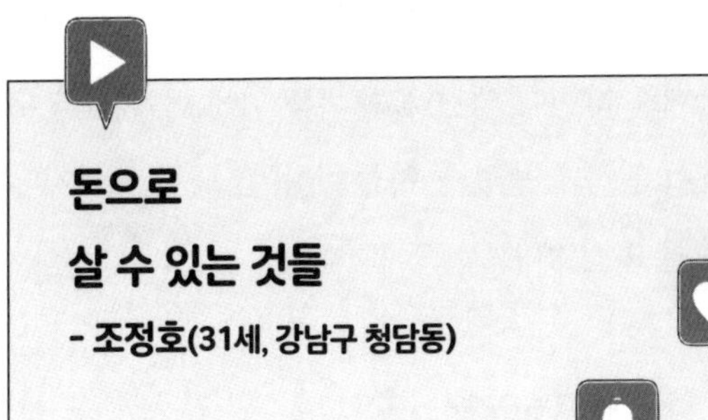

돈으로 살 수 있는 것들

- 조정호(31세, 강남구 청담동)

"아들, 눈만 살짝 하자. 응?" 그렇게 엄마는 그에게 쌍꺼풀 수술을 강권한다. 정호가 군대 전역하고 복학을 앞둔 시점이었다. 엄마는 이참에 아들의 변신을 기획하며, 성형 수술의 장점을 나열했다. "너, 새로운 삶을 사는 거야, 완전히." 새로운 삶이라는 엄마의 설득에 그는 넘어갔다. 그리고 수술대에 누웠다. 그런데 불행하게도, 의사 선생님이 수술 중 잠깐 졸았나? 그의 쌍꺼풀 수술은 대실패로 끝났다. 남들은 아무렇지도 않게 잘 끝나는 쌍꺼풀 수술인데, 유독 그에게는 커다란 시련이 되었다. 수술 후, 눈을 감아도 쌍꺼풀 라인이 보일 정도로 티가 많이 났다. 남자 쌍꺼풀 수술은 은은하게, 안 한 것처럼 하는 게 핵심이라고 들었다. 그런데 그의 경우는 정반대였다. 너무 확실하게, 의욕 넘치는 쌍꺼풀 라인이 생겼다. 눈꺼풀 위에 남들 보란 듯이 강한 실밥 자국이 진하게 생겼다. 하늘이시여? 나를 버리시옵니까? 그는 목놓아 울고 싶었다.

발리우드 배우 얼굴, 방년 66세?

● ● ●

의사가 비포 애프터 사진을 나란히 보여준다. 애프터 사진은 '나, 쌍꺼풀 했습니다'라고 선언하는 눈매다. 요즘 60대 정치인들도 노화로 눈 근육이 늘어지는 것을 막기 위해 쌍꺼풀 수술을 한다. 그의 눈매가 그들과 비슷했다. 스물두 살 대학생 눈매가 갑자기 60대 지역구 국회의원처럼 되었다. 성형외과 집도의도 내심 미안한 듯, 말끝을 흐렸다. "시간이 지나면 자연스러워집니다." 면피성 발언이었다. 자신도 이런 결과가 나올 줄 몰랐다는 당혹스러운 얼굴이었다. 마치 프랑켄슈타인 박사가 자신이 만든 괴물을 보는 눈빛이랄까. 그는 그 자리를 얼른 박차고 일어나고 싶었다. 주변 사람들은 그의 눈을 보고 말을 삼키거나, 그의 시선을 피하곤 했다. 아주 가끔 진짜 친한 친구들이 "그 성형외과 의사 고소해라, 거의 의료사고 수준인데" 이런 말을 내뱉기도 했다. 그는 충격을 받고, 식음을 전폐하고 집에 틀어박혀 지냈다.

그러던 어느 날, 이왕 이렇게 된 거, 아예 코도 성형하자는 생각이 그의 머리를 스쳤다. 아들의 예상치 못한 제안에 엄마는 "그래 하는 거, 확실하게, 엄마는 우리 아들 응원한다!"라며 그의 결심에 힘을 실어주었다. 마치 대홍수가 났는데, 높은 아파트를 건설해서 꼭대기에서 살면 괜찮지 않겠냐는 발상이었다. 눈도 의욕적으로 고쳤으니, 코도 확실하게 의욕적으로 세웠다. 그의 코는 개선되었다. 그런데 눈도 하고, 코도 하니, 사람의 인상이 지나치게 부자연스럽고 균형이 맞지 않았다. 발리우드 영화에 나오는 인도 남자처럼 보였다. 물론 이름 모를 인도 배우처럼 자연스럽지는 않았다. 그들은 그렇게 태어난 것이고, 그는 한국 의료진의 도움으로 그런 모습이 되었다. 만들어진 인도 배우 얼굴, 지역구 국회의원 방년 66세의 눈매. 그를 괴롭히는 말들이다. 남들이 자신의 얼굴을 보면 다 그렇게 이야기하는 것만 같았다. 한동안 실내에서도 선글라스를 끼고 다녔다. 그는 술만 마시면 성형외과 집도의를 욕했다. 이 상황이 너무 화가 났다.

그는 이제 남의 말을 곧이곧대로 듣는 스물두 살 대학생이 아니다. 나이를 먹고 시간이 흘러 그는 어엿한 여의도 금융맨이 되었다. 이제 서른하나가 되는 그는 자신만만한 애널리스트다. 실력은 배신하지 않는다는 말이 그의 좌우명이다. 그가 매수하는 주식은 골라서 대박 나는 미친 신기를 발휘했다. 그가 추천하는 종목은 무조건 빨간 불이다. 성형외과 의사가 그에게 시련을 주었지만, 그는 능력으로 극복했다. 여전히 의욕적인 눈매와 부자연스러운 얼굴은 사람들을 놀라게 했지만, 능력으로 그런 단점을 상쇄시켰다. 그의 연봉은 계속 치솟았다. 그는 이제는 성형외과 의사를 원망하지 않는다. 대신 주변에 웃으며 이야기한다. "절대로 신사역 ○○○ 성형외과 의사한테는 수술받지 마."

조선호텔 스시조, 선착순 3명!

● ● ●

정호는 종종 충성 테스트라는 것을 한다. 페이스북에다가 "지금 여의도 창고에서 한우 먹을 사람, 선착순 3명!" 같은 글을 올린다. 이게 웬 떡이냐 싶어서, 많은 사람이 댓글을 단다. "우왕, 맛나겠당. 뿌잉뿌잉, 저도 사주세요", "제가 지금 홍대인데, 바로 한강 건너갑니다" 류의 댓글들이 굴비 달리듯 달린다. 그는 흐뭇하다. 그깟 한우가 뭐라고, 저렇게 사람들이 난리인가. 그는 거기서 어떤 돈의 힘을 체감한다. 이것도 습관이 되니 재미가 붙었다. 그는 사람들을 종종 모은다. "조선호텔 스시조 갑니다. 선착순 3명!" 그의 페이스북에는 '핫딜'을 기대하는 사람들로 연일 장사진이다. 내일은 뭐가 올라오나, 그의 친구들은 매일매일 궁금하다. 공짜로 스시 먹는 게 뭐가 대단하다고 사람들은 저렇게 난리인가? 그는 코웃음을 친다. 부자는 사람을 움직일 수 있다는 것을 배운다. 자신의 페이스북에 '좋아요'를 많이 누르거나, 자신의 말에 성의있게 답하는 사람들을 위주로 그날 공짜 저녁 멤버를 선정한다.

그는 평상시에 셀카로 얼굴을 대문짝만하게 올리는데, 자신의 셀카 사진에 화답하는 친구들을 잘 기억해놓는다. 수술의 여파로 부자연스럽기는 하지만, 그것을 알고도 좋게 이야기해주는 친구들이 고맙다. “완전 얼굴 존잘”, “잘생김이 아주 어나더 레벨”, “한국 대표 미남”, “능력도 좋으신데 외모는 판타스틱~” 그런 말들이 진심이 아니라는 것을 대충 알지만, 그래도 그는 내심 즐겁다. 받아주는 친구들이 있어서 세상은 살만하다. 그는 자신의 셀카에 가장 긍정적으로 반응하는 친구들을 조선호텔 뷔페에 데려갈 생각이다. 일종의 포상이다. 따뜻한 말 한마디가 세상을 더 아름답게 만든다.

#차스타그램 is my life!

● ● ●

그는 차를 좋아한다. 능력이 좋고 돈이 많으니, 차를 자주 바꾼다. 그를 거쳐 간 차들도 다양하다. 벤츠, 포르쉐, 페라리도 타봤다. 싫증이 나면 금세 바꾼다. 이렇게 좋은 차를 타면, 여성을 만나기 쉽다. 한번은 남산 하얏트에서 소개팅한 적이 있다. 그녀는 그에 대한 반응이 좀 별로였다. 정호는 그녀가 마음에 들었다. 그는 화려한 여성을 좋아한다. 그래서 헤어질 때, 그녀를 바래다주겠다고 했다. 흰색 포르쉐 키를 손에 쥐고 문을 열자, 여성 측의 소리 없는 동요가 느껴졌다. 자연스럽게 다음 만남으로 이어지고,

얼마 후 그 둘은 포르쉐를 타고 강릉에 갔다. 뻥 뚫린 영동 고속도로에서 그는 빵빵한 스피커의 도움을 빌려, 볼륨을 높인다. 영 프랑코의 'Fallin' Apart'를 들으며 고속도로 옆으로 이어진 농가를 빠르게 지나친다. 이 청량함과 속도감. 포르쉐의 힘이다.

만약 자신이 국산 차, 이를테면 그랜저 같은 차 타고 나왔으면 남산 하얏트 커피에서 끝났을 것이다. 더는 그녀를 볼 수 없었을 테다. 포르쉐였기에 강릉에서 회도 먹고 소주도 마시며, 행복한 시간을 보냈다. 그는 이제 여성들이 남성만큼 차에 대해 관심이 많고, 그것이 남성을 평가하는 지표가 될 수 있음을 경험했다. 그리고 그가 차를 바꾸는 것만큼 만나는 여성도 자주 바뀐다. 사람들은 그 모습에 놀란다. "요즘 여자들은 발리우드 영화에 나오는 인도 배우 같은 남자를 좋아하나?" 내지는 "아침 드라마 남자 주인공 같은 인위적인 이목구비가 다시 뜨고 있나? 그게 요즘 트렌드인가?" 그의 친구들은 수군덕거리며, 내심 부러워한다.

차에 대한 그의 애정은 #차스타그램으로 이어진다. 인스타그램에 차를 올린다. 해시태그도 잊지 않는다. 그 해시태그가 많은 사람을 끌어온다. 벌떼같이 반응한다. "너무 멋져요. 이게 그 신모델이군요? 저도 타고 싶은 모델이었어요. 승차감 좀 리뷰해주세요." 다들 아우성친다. 승차감에 대한 자세한 리뷰, 이런 것은 해주고 싶지 않다. 그냥 내가 이 차를 소유하고 있으며, 운전 중이라는 사실을 알리고 싶을 뿐이다. 외모가 부자연스럽고 스물두 살 때 의료사고 수준의 시련을 겪었음에도 내가 잘나가고 있음을 세상에 널리 알리고 싶다. 차스타그램은 그의 능력을 증명하는 가장 확실한 지표다. 이제 누구도 발리우드, 만 66세 국회의원 눈매 같다고 말하지 않는다.

내가 돈이 없고, 능력이 없었으면 어땠을까? 그는 고개를 세차게 젓는다. 생각만 해도 끔찍하다. 쌍꺼풀 수술로 주저앉을 뻔한 삶이 다시 일어나, 차스타그램으로 새로운 삶을 산다. 엄마가 예전에 이야기한 '새로운 삶'이란, 이런 것일지 몰라. 그는 집에서 위스키를 홀짝이며, 인스타그램을 연다. 오늘 기준으로, 그에게는 97,212명의 팔로워가 있다. 그는 불친절하다. 팔로워들과 거의 소통하지 않는다. 그런데도 팔로워는 매일 증가 추세다. 차에 관한 관심으로 뭉친 사람들이다. 97,212명도 그에게 충성을 맹세한 거나 다름없다. 오히려 오프라인 친구들보다 더 믿을 수 있는 사람들이다. 아무런 대가를 원하지 않고 화답하는 사람들이다. 아무도 내 얼굴을 보고 발리우드 운운하지 않는다. "인도 남자, 한국에서 외제 차 탄다고요?" 같은 댓글을 달지 않는다. 생각난 김에 그는 내일 새로 뽑은 벤틀리 언박싱, 최초 시승기를 촬영해서 올릴 생각이다. 사람들 반응이 벌써 궁금해진다. 벤틀리라고, 만져는 봤니?

구멍 뚫린 충성 테스트

● ● ●

정호는 오늘 기분이 안 좋다. 충성 테스트에서 1등 하는 친구가 그를 험담하고 돌아다닌다는 제보를 들어서다. 앞에서는 온갖 좋은 소리 늘어놓더니 뒤에서는 "돈밖에 모르는 발리우드, 지역구 국회의원 하다가 국무총리 하실 분" 같은 말을 했단다. "여자들은 그를 만나는 것이 아니라, 그의 차를 만나는 것이다" 같은 모욕적인 이야기도 했단다. 그는 그에게 수차례 맛있는 것을 대접했다. 인간적으로 큰 배신감을 느꼈다. 충성 테스트에 구멍이 생겼다. 그런 식의 핫딜 이벤트에 인간적인 믿음을 주지 말았어야 했다. 한우가 뭐라고, 스시가 뭐라고. 인간들은 그렇게 얄팍한 것에 반응하고 어떤 위안을 얻는다. 그 위안을 이용해서 계속 단물을 빠는 사람들이 있다. 그는 인간사 어떤 어두운 면을 발견한 것 같았다.

그렇게 침대에 누워, 뱅앤드올룹슨 스피커를 매만진다. 존 콜트레인의 'Body and Soul'을 듣는다. 이 세상에 사람 몸과 마음 이상 중요한 게 있다면, 어쩌면 돈일 것이다. 몸과 마음만으로 완전하다고, 충분하다고 이야기하는 사람들은 가난한 자들이다. 아니면 거짓말을 하고 있거나. 흔히들 말하는 가난한 연인들의 사랑 이야기. 혹은 가난한 7남매의 우애 같은 이야기 있지 않은가? 그는 그런 내용에 질린다. 돈이 없으면, 몸과 마음이고 아무것도 할 수 없다. 그렇다고 돈을 너무 강조하면, 나머지 둘은 어그러질지 모른다. 몸과 마음에 가장 긍정적으로 기여하는 부의 적정 수준에 대해서 슬쩍 고민해봤다. 이렇게 평상시에 전혀 생각하지 않던 생각이 스친다. 무기력함이 조금 몰려온다. 그는 침대에서 몸을 일으켜, 휴대폰에 손을 뻗는다. 평상시 하던 대로, 사진과 함께 해시태그를 열심히 단다. #신차시승기 #벤틀리 2021 #차스타그램

너의 친밀함은 얼마니?

일부 물질파들은 돈으로 관계를 얻으려 한다. 돈으로 정신적인 지지를 얻거나 사회적 관계를 형성할 수 있다고 생각한다. 돈이면 못 하는 게 없다고 믿는다. 그러면서도 이들은 사람을 그다지 신뢰하지 않으며, 깊은 관계를 피한다. 그들은 돈으로 거의 모든 문제를 해결할 수 있다고 믿는다. 하지만, 지나치게 깊어지면, 돈으로 얻은 관계의 불완전성을 경험하는 듯하다. 부유한 사업가 A는 자신의 한 지인을 가리켜, "맛있는 것 사주고, 좋은 곳 데려다주고, 많은 기회를 줬는데, 알고 보니 먹튀 사기꾼 캐릭터"였단다. 돈이 가진 매력으로 많은 사람을 끌어올 수 있지만, 그들을 모

두 다 신뢰할 수 없고, 일반적인 친밀함과는 결이 다르다고 지적한다. 그래서 친밀함을 돈 주고 사는 것에 대해서, "어느 정도까지는 괜찮지만, 그 이상을 기대하면 곤란하다"라고 평가한다.

그런데도 이런 유형의 사람들은 돈으로 사람들 관심이나 주목, 인정이나 지지를 원한다. 평범한 사람들만큼이나 그들도 자신의 존재를 부각하고 싶어 한다. 여기서 경제적인 여유가 그들의 소망을 실현하는 데 도움을 준다. 하지만 앞서 언급했듯이, 여기에 인간적인 친밀함이나 진정성을 기대하는 순간, 관계는 틀어지고 망가지는 양상을 띤다. 그들은 남들보다 자신이 "실탄이 많다"고 자랑한다. 온라인에서 사람들의 관심을 얻는 것은 자본의 힘이라고 요약한다. "돈을 많이 쓰면, 바로 티가 난다"고 덧붙인다. 하지만 이렇게 해서 얻은 관심과 주목을 인간적인 친밀함으로 볼 것인지는 다소 개인마다 차이가 있으며, 부정적인 반응도 적지 않다.

돈이 많아야
그 한계를 알 수 있다?

마지막으로, 돈에 대한 이들의 인식도 흥미롭다. 돈이 많으면 편리하고 좋지만, 모든 문제를 해결하는 완벽한 솔루션이라고 여기지는 않는다. 강남에 빌딩을 여러 채 소유한 부모를 둔 B는 "돈은 인간 문제의 90%를 해결해준다"라고 강조한다. 하지만 "나머지 10%는 돈과 크게 관계없거나, 자신이 알아서 해결해야 하는 문제"라고 덧붙인다. 이처럼 그들은 돈의 한계에 대해서 일반적인 사람들보다 더욱 체감하고 있었다. 돈이 많으면 사람들의 관심을 얻을 수 있다. 하지만 이러한 즐거움에도 공허함이 있고, 그 공허함은 돈으로 어떻게 해결할 수 없음을 경험하기도 한다. 가난한 사람의 심리적 고통에 대해서는 많이들 알고 있으나, 부자가 겪는 공허함은 상대적으로 덜 알려졌다. 부자들도 마냥 행복하지만은 않고, 때로는 평범한 사람들 이상으로 관계에 어려움을 느낄 때도 있다. 어쩌면 먼저 돈이 많아야, 부자가 경험하는 공허함, 돈으로 해결되지 않는 삶의 문제 10%를 이해할 수 있을지 모른다. 그들은 돈으로 살 수 없는 것들도 더 강렬하게 경험한다. 그게 바로 돈의 힘이다.

순도 100% 인싸의 핫플 사냥

- 이지민(26세, 서대문구 홍제동)

요즘 그녀가 빠져있는 것이 바로 인싸력 빙고다. 사람들에게 인기있는, 관심의 중심에 있는 사람을 인사이더insider, 줄여서 '인싸'라고 부른다. 이들에게서 관찰되는 특징을 빙고로 만들었는데, SNS에서 큰 인기를 끌었다. 올해로 스물다섯 살, 이지민은 이러한 빙고가 주는 잔재미를 좋아한다. 그녀가 느끼기에, 중요한 건 인싸가 아니라 빙고인 것 같다. 해당 내용을 가장 많이 달성, 유사한 특성이 많으면 게임에 이긴다. 그녀는 게임이 좋다, 승부욕이 강하다. 그녀는 원하는 것을 얻기 위해 죽도록 노력한다. 인싸력을 대표하는 말 중에서 그녀에게 솔깃한 내용은 이런 것들이다. 1) 현재 자신의 셀카를 카톡 프사로 설정했다. 2) 나 자신이 부끄럽지 않고 당당하다. 3) SNS 3가지 이상을 한다. 그녀는 중얼거린다. "이거 완전히 내 이야기잖아."

굿바이 바비큐 치킨, 헬로우 핫플!

● ● ●

대학만 입학하면, 불행 끝 행복 시작인 줄 알았는데, 더 큰 시련이 기다리고 있었다. 바로 취업. 좋은 대학교 나오면 인생 그냥 풀릴 줄 알았는데, 개뿔! 취업은 입시보다 10배는 어려웠다. 이지민은 그래도 대학교 1학년 때부터 취업 준비를 해서 조기 스펙 쌓기에 성공한 경우다. 방학 때마다 대기업 인·적성 문제를 쌓아놓고 풀었다. 그녀는 취업 준비를 하나의 게임으로 여겼다. 앞에 놓인 난관을 해결하는 시뮬레이션 게임 주인공인 것처럼 행동했다. 아침에 일어나면, 학교에 가고, 오후에는 스터디를 하고, 저녁에는 과외 가서 돈을 모았다. 돈이 있어야 인·적성 문제집을 살 수 있기 때문이다. 자신을 게임 주인공으로 여기면, 이 과정이 좀 덜 고생스럽게 느껴졌다. 타고난 승부욕도 작용했다. 그렇게 2년간의 취업 준비 끝에 그녀는 남들이 가고 싶은 기업에 합격했다. 엄마에게 전화하는 순간, 눈물이 주르르 흘렀다. "엄마, 나 이겼어." 취업이라는 거대한 골리앗과 싸워서 이긴 다윗의 눈물이었다. 그녀의 앞길에 버티고 있던, 흉측한 괴물 같은 취업을 격파하고, 신촌 스타벅스 3층에서 연신 통곡했다.

좋은 회사에 가니 월급도 괜찮은 편이고, 이것저것 할 수 있는 것도 많았다. 대학 생활 전부를 취업에 저당 잡힌 지민은 이제 좀 누리고 살고 싶다는 욕심도 생겼다. 남들 버거킹 가서 프리미엄 와퍼 세트 먹을 때, 그녀는 제일 저렴한 바비큐 킹치킨버거를 먹고 다녔다. 친구들이 혹시나 물으면, "나, 바비큐 좋아해. 소스가 특별하거든." 묻지도 않았는데 아무렇지 않다는 듯이 대답했다. 이제 그 시대는 끝났다. 월급을 갖고 누리고 살아야겠다. 굿바이 바비큐 치킨, 헬로우 핫플! 그녀는 엑셀 파일로 핫플을 정리해, 핫플 사냥에 나섰다. 그녀는 이제 인싸가 되었다. 돈도 있겠다, 카드도 있겠다, 남들보다 좋은 직장도 들어갔으니, 의욕도 남달랐다. 성수동부터 시작한다. 한남동, 을지로, 서촌을 거쳐 연남동에 깃발을 꽂는다. 토요일에는 강북, 일요일에는 강남이다. 요즘은 강북이 강세다. 그녀는 오늘도 정복욕에 불탄다.

이왕 하는 거 제대로 하련다. 그녀는 나홀로 핫플 탐방도 감행한다. 돈도 적게 들고 땡큐다. 단, 인스타그램에 남겨놓는다. 세상 사람들에게 자신의 방문을 알려야 하기 때문이다. 그녀의 인스타그램 계정은 핫플 탐험기다. 사진을 아주 잘 찍지는 못하지만, 핵심적인 비주얼 중심으로 크게 박아 넣는다. 그녀는 맛에 대한 평가, 왜 이 집이 맛집인지에 대한 이유를 자세하게 설명한다. 주로 인스타그램이 느낌 중심 인상 비평이지만, 그녀는 그런 방식의 평가에는 별 관심이 없다. 흔들리고 뿌연 사진, 일기장에나 쓸

법한 독백은 사양한다. 그건 그냥 그림일기나 다름없다. 그에 비해 그녀는 왜 맛있는지, 이 가격이 합당한지, 점원 응대는 적절했는지. 일목요연하게 정리한다. 그녀는 힙스터라기보다, 기혼 여성 미스터리 쇼퍼에 가깝다. 분석적이고, 객관적이다. 매사를 게임처럼, 난관 극복의 대상으로 여기는 그녀다운 태도다.

게임의 규칙이 바뀌고 있다

● ● ●

사람들의 반응도 재밌다. 크게 연연하지 않지만, 그들이 주는 새로운 관점도 흥미롭다. 굳이 반박하는 댓글을 달지는 않는다. 그간 내용을 살펴보면, 그녀와 남들이 다른 점은 평가 기준 차이다. 그녀는 무조건 맛이 중요하다고 생각한다. 핫플의 최근 정의와 기준은 맛보다는 외형이다. 예쁘면 '장땡'이다. 보기 좋으면, 맛이 별로여도 관대하게 넘어간다. 사장님들도 이러한 사실을 잘 안다. 인스타그램에 올려놓았을 때, 이게 얼마나 사람들을 혹하게 만드나, 이것이 중요한 기준이다. 외형이 예쁘고 깜찍한 것도 좋지만, 그래도 맛이 우선이지 않나? 지민은 고개를 갸웃거린다. 우리 시대 핫플의 지배적인 문화가 맛보다는 외형이라는 사실에 조금 씁쓸하다. 하지만 대세 문화 추종자이자, 맛집 여신으로서 그냥 넘어간다. 그녀의 표현에 따르면, 이제 '게임의 규칙이 바뀌고 있다.'

그런 그녀가 가장 좋아하는 식당은 편하게 먹을 수 있는 프랑스 음식점이다. Le Quartier Latin. 이곳은 신촌 창천교회 근처 이면 도로 옆 건물 2층에 있다. 소르본 대학 인근 파리 라탱 지구에서 이름을 가져왔다고 한다. 사장님은 어릴 적 프랑스로 입양된 한국계 프랑스인이다. 한국어가 어눌한데, 그녀가 가면 이것저것 이야기를 해줬다. 음식 관련한 여러 정보를 알려줬는데, 사실 들어도 그녀는 잘 모르는 내용이 대부분이었다. 그녀는 그냥 고개를 끄덕였다. 프랑스 음식점이라고 청량한 샹송이 나오지는 않았고, 니나 시몬, 마일스 데이비스 음악이 잔잔하게 흘러나왔다. 조금 무겁고 어두운 분위기랄까. 가볍거나 깜찍 발랄 스타일은 아니었다.

이제 지민은 본격적으로 분석에 나선다. 흔히들 말하는 외형, 데코레이션은 요즘 '인싸 갬성'으로 볼 때, 거의 B 마이너스다. 하지만 그 맛, 입 안에서 녹는 키슈와 바삭한 크루아상, 그리고 어니언 수프는 A 플러스다. 게다가 대학가 근처라서 가격도 저렴했다. 가성비가 확실했다. 이 가격에 이런 퀄리티의 프랑스 음식을 맛볼 수 있다니. 먹으면서 그녀는 자신의 허벅지를 쳤다. 특히 추운 날, 골목길이 내려다보이는 2층 창가 자리에서 수프를 호호 불어 마시면, 너무 행복했다. 어니언 수프가 이렇게 맛있어도 되나 싶었다. 그녀는 가게가 잘되었으면 하는 마음에 인스타에 포스팅을 여럿 올렸다. 하지만 반응은 시큰둥했다. 하트 모양의 '좋아요' 숫자도 적게 나오고, 사람들 반응도 미적지근했다. 사람들은 묻는다. "이게 뭔가요?" 아마도 외형이 그리 예쁘지 않아서 그런가. 그들의 반응도 어느 정도 일리가 있었다. 분명히 이곳은 요즘 '갬성'이 아니다.

아직 한국에서는 프랑스 음식을 파인 다이닝처럼 으리으리한 호텔 레스토랑처럼 생각하는 경향이 있다. 안타깝지만, 이 레스토랑은 매번 자리가 비어있었다. 게임으로 치자면, 대중적인 인기가 없는 매니아 게임이랄까. 대중적인 관심과 흥미가 '인싸'의 척도라는 것을 알기에, 그녀도 점점 이곳에 대한 관심이 식어갔다. 조금 더 걸어가면 홍대, 연남동에 핫플이 들풀처럼 자라는데, 그곳에 가서 인기 비결을 담아내기도 바빴다. 핫플이라는 거대한 문화 현상을 실시간으로 정복하지 못해, 뒤처지면 어쩌나 하는 조바심이 생겼다. 돈도 있겠다, 시간도 있겠다, 곧 회사에서 보너스도 나오겠다. 학교 다닐 때, 구석에서 먹던 버거킹 바비큐 킹치킨버거 시절로 돌아가고 싶지 않았다. 사람들에게 인기를 끌지 못하는 '라탱 지구'가 안타깝지만, 어쩔 수 없다. 난 핫플에 살고 핫플에 죽는다. 이것이 인싸 본능이다. 그녀는 이왕 하는 게임, 1위 핵인싸 게임을 하고 싶다. 오늘도 서울 어딘가에는 핫플이 열리고, 손님을 맞는다. 그녀는 그 현장에 가고 싶다. 핫플의 정중앙, 트렌드의 정점을 밟고 싶다. 난 핫하니까. 난 인싸니까.

라탱지구, 망했어요

● ● ●

학교 친구들이랑 만날 때는 신촌에서 보는 게 편하다. 집에서는 멀지만, 신촌에 오면, 옛날 생각도 나고 대학 다닐 때로 돌아간 것 같다. 그래서 예전에 그 음식점, '라탱 지구'에 가서 어니언 수프를 먹고 싶었다. 친구들에게도 말해놓았다. 그렇게 찾아간 그곳은 엉뚱한 스터디 카페로 바뀌어 있었다. '라탱 지구'는 망한 것이다. 검붉은 인테리어로, 프랑스 느낌을 물씬 풍기던 그 공간은 이제 밝은 하늘색 톤으로 바뀌었다. 학생들이 삼삼오오 공부하고 있었다. 그들이 보는 책을 슬쩍 보니 공무원 시험, 공기업 준비 한국사 능력 시험 문제집이다. 순간 헛걸음한 친구에게도 미안해진다.

지민은 스터디 카페 점원에게 다가가 묻는다. "여기 원래 프랑스 음식점 아니었나요?", "네, 그 사장님, 프랑스로 돌아갔어요." 점원이 말을 잇는다. "장사가 잘 안되었거든요, 어쩔 수 없죠." 점원은 어깨를 으쓱하며 입을 쭉 내민다. 난들 어쩌겠냐는 표정이다. 그녀는 예전에 저기 보이는 창가에 앉아서 어니언 수프를 먹던 기억이 났다. 그렇게 오늘도 한 사업장이 망했다. 옆에서 배고픈 친구가 묻는다. "우리 그냥, 요 근처 아웃백 갈까? 옛날 기분도 낼 겸.", "응 그래." 그녀는 친구에게 미안한 마음에, 슬쩍 미소 지으며, 스터디 카페로 바뀐 공간을 잠시 바라봤다. 결국, 신촌은 라탱 지구가 아니고, 맛집이라고 무조건 핫플은 아니었다. 문득 그

검은 머리 프랑스인 사장님이 떠올랐다. 그는 무슨 생각을 하면서, 프랑스로 돌아갔을까?

맥북과 디저트의 공통점

일반적으로 물건을 구매할 때, 사서 무엇을 하겠다는 목적이 있다. 그 목적을 달성하기 위한 적절한 수단을 구매한다. 예를 들어, 찌는 듯이 무더운 날씨에 마시는 아이스아메리카노가 그러하고, 미친 듯이 추운 한파에 입는 롱패딩이 그러하다. 무엇인가를 피하거나 얻고자 하는 목적이 있는 것이다.

그런데 목적 자체가 수단이 되기도 한다. 20대 직장인 남성 A는 맥북 구매 자체를 하나의 목적으로, 깊은 생각 없이 덜컥 구매했다. 남들은 맥북을 영상 편집을 위해서 구매하지만, 그는 특별히 그런 필요도 느끼지 못했다. 그런 그가 맥북을 사서, 근처 스타벅스에 앉아서 제품을 개봉했다. 영롱한 사과 마크 불빛과 깨끗한 화면이 시선을 사로잡는다. 그는 카페에서 맥북으로 작업하고 있으면, 왠지 세련된 전문직에 종사하는 사람이라는 느낌을 줄 것만 같았다. 그는 요즘 영상 편집을 배운다. 맥북을 샀으니, 뭐라도 해야 할 것 같아서 시작했단다. 세련된 전문직 느낌도 어디까지나 느낌이지, 구체적으로 이걸 왜 샀는지 막막했다. 그래서 남들이 많이 한다는 영상 편집을 시작했다. 맥북을 구매할 때는 전혀 필요를 느끼지 않았는데, 지금은 영상 편집에 큰 재미를 느낀다.

"맥북을 매일 살 수 없잖아요?"

카페에 넘쳐나는 예쁜 디저트의 인기도 이러한 맥북 구매와 다를 바 없다. 바로 사진을 찍고 인터넷에 올리기 위함이다. 많은 인터뷰 참여자는 카페를 단순히 커피를 마시기 위해서, 혹은 디저트를 먹기 위해서 가는 것은 아니라고 말했다. 그들은 인스타그램에 올릴 사진을 찍기 위해 방문한다며, 때로는 그것이 더 중요한 목적이라고 강조했다. 작은 주먹만 한 케이크에 만원 가까운 돈을 내기도 한다. 그리고 그렇게 올린 사진은 '작은 맥북'이 되어 사람들에게 만족감을 준다. 맥북을 쓰는 사람이 세련된 전문직에서 일하는 사람 같은 인상을 주는 것처럼, 디저트는 그만큼 취향과 감각이 세련된 사람이라는 인상을 선사한다. 이처럼 디저트 문화는 커피 문화와 함께 최근 젊은층에서 급증하는 먹거리 문화다. 디저트를 유난히 좋아해서 이용하기보다 습관적으로 점심 또는 저녁 외의 별도의 끼니처럼 여긴다. 과거 떡볶이와 어묵을 먹는 스낵문화와 유사하다. 과거와는 달리, 더 고급을 지향하며, 사람들의 시선을 의식하고 온라인에 남긴다는 차이점이 있다. 이러한 디저트 문화는 일종의 간식 고급화, 이벤트화이다.

한 달에 30만 원 이상을 커피와 디저트에 소비한다는 30대 직장인 B는 요즘 사람들이 주로 찾는 디저트가 무엇인지 날마다 주시한다. 인스타그램에 올라오는 사진들 위주로, 그리고 본인이 직접 해시태그 검색을 통해서 찾아본다. 최근에 뜨는 디저트는 무엇인지, 그는 눈에 불을 켜고, 추적한다. 요즘 인기 많은 곳은 어디며, 거기서 주로 판매하는 것은 무엇인지 직접 방문해서 사진으로 남긴다. 남들이 좋다고 하면, 자신도 직접 방문해서 해당 사진을 올려야, 직성이 풀린다고 했다. 주변의 다른 사람들이 나보다 먼저 그곳에 방문하면, 왠지 뒤처지는 느낌이라고 털어놓았다. 속삭이듯이 한 인터뷰 참여자가 낮은 목소리로 말한다. “핫플레이스, 놓치지 않을 거예요.”

숨은 카페 찾기,
해봤니?

이러한 유행은 최근 젊은층에 인기를 얻고 있는 ‘숨은 카페 찾기’ 문화와도 깊은 관련이 있다. 잘 알려지지 않은 구석진 카페라든지 남들이 잘 가지 않는 카페를 방문해서 디저트를 먹는다. 디저트 섭취가 숨은 카페를 찾아가는 여정의 종착점이다. 카페 사장님들도 이러한 사실을 잘 알고 있다. 역시 보기 예쁘고 멋져야 한다는 것이 그들의 중론이다. 손님이 올린 "예쁜 디저트 사진이 다른 손님을 불러들이는 좋은 콘텐츠"가 되기 때문이다. 아무리 맛이 좋아도, 인스타그램에서 화제가 되지 않으면, '말짱 꽝'이라는 의견도 있었다. 맛의 장인보다는 SNS 마케팅 장인이 더 대접받는 시대다.

약수역 인근에 카페를 찾은 20대 C는 "요즘 이 근처에 뜨는 카페가 많아서 원정 왔다"라고 말했다. 그리고 그는 "사람들이 잘 모르는 곳을 먼저 방문한 것에 만족감을 느낀다"고 덧붙였다. 강남역이나 신촌같이 널리 알려진 지역에는 스타벅스처럼 예상 가능한 곳을 주로 찾는다. 하지만 주택가 깊숙한 곳, 잘 알려지지 않은 공간에서는 아기자기한 맛에 디저트랑 커피를 주문하고 사진을 찍어 올린다. 이처럼 요즘에는 카페 방문이 단순히 당분 및 카페인 섭취만이 아니라, 사람들의 관심을 직접 확인하려는 경험으로 이해해야 한다. 그러니 보기 좋은 디저트가 맛이 좋은 디저트보다 더 중요할 수 있다. 인터뷰를 정리하면, 단순한 맛의 경험보다는 내가 이러한 곳을 방문해서 누렸다는 인정 경험이 더욱 높은 평가를 받는 듯하다.

'왕자와 거지' 실사판,
그의 은밀한 #flex
- 최동건(28세, 강남구 논현동)

엄마는 훌쩍거리고, 아빠는 말이 없다. 아들이 사는 서울 집을 보고 분위기는 싸늘해졌다. 논현동 빌라 원룸에 사는 동건은 고개를 갸웃거린다. 다 사람 사는 곳이다. 보증금 3천만 원에 월세 60만 원으로, 강남 근방에서 얻을 수 있는 괜찮은 원룸이다. 물론 90년대 초반 건물이라 낡고, 환기가 잘 안 되어서, 계란 후라이라도 해 먹으면, 집 안 전체에 기름 냄새가 빠지지 않는다. 화장실도 샤워하면, 물이 잘 내려가지 않아 살짝 장마철 하수구 상태가 된다. 안 그래도 비좁은 집에 세 명이 앉으니 무릎이 닿을 지경이다.

"야, 아빠가 이 근방 아파트 하나 해줄게, 뭐 이런 거지 굴 같은 곳에서 사냐?", "동건아, 우리가 돈이 없니? 뭐가 없니? 우리 아들 이런 곳에서 잔다고 생각하면, 이 엄마는 매일 잠이 안 온다." 스물여덟 최동건은 쭈뼛쭈뼛하면서도 당차게 말했다. "당분간은 여기서 살아보고, 나중에 제가 정말 필요하면 말씀드릴게요, 다 인생 경험이에요. 회사 친구들은 다 이런 곳에서 살아요." 그는 벌써 부모님 신세를 지기는 싫다. 나중에 도움받더라도 지금 당장은 아니다. 괜히 이곳까지 올라와서 티 내면서 살기는 싫다.

동건이의 '체험 삶의 현장'

● ● ●

KTX로 서울에서 2시간 정도 내려가는 곳에서 태어나고 자란 동건은 지방 유지의 아들이다. 좀 과장하자면, 그의 집안 땅을 밟지 않고 갈 수 없다는 말이 돌 정도로, 대대로 땅 부잣집이다. 지방에서 자라 그곳에서 학교 다니고, 군대 생활도 인근에서 했다. 토박이 유지 생활을 뒤로하고, 서울에 올라와 잡은 직장은 조그만 이커머스 회사. 월급은 150만 원가량이다. 월세 내고 카드값 빠져나가면 남는 건 없다. 평생 경험해본 적 없는 궁핍함과 쪼들림을 최근 들어 강렬하게 경험하는 중이다. 참고 참다가 정말 급하면, 엄마한테 SOS를 친다. 예전에 쓰던 버릇이 있어서, 소비를 줄이기 쉽지 않다.

지방 본가가 어려운 것도 아닌데, 그는 왜 이렇게 고행을, 아니 '평민 체험'을 자처하는가? 그가 서울의 삶을 동경하기 때문이다. 서울의 화려한 삶, 변화가 많은 삶. 그는 모든 게 빠르게 변하고, 새로운 것이 잇달아 출현하는 속도감을 좋아한다. 새로운 사람과 만나고, 헤어지고, 새로운 제품과 브랜드가 쏟아진다. 인기제품도 2주 지나면, 재고가 쌓인다. 끊임없이 새로운 것을 고민하고, 찍어내야 한다. 이곳에는 화려함과 새로움, 그것을 자연스럽게 받아들이는 세련된 문화가 있다. 그런 문화에 그는 매혹되었다.

동건은 지방에서는 왕자 같은 생활을 영위했다. 커피 한잔 마시러 차 끌고, 해변 보이는 호텔까지 가곤 했다. 그게 멋이라고 여겼다. 쇼핑할 게 있으면, 서울보다는 오사카로 갔다. 빈 캐리어를 들고 가서 한가득 담은 후, 다음 날 돌아왔다. 오사카에 물건이 더 많고, 그곳 지리에 더 익숙하기 때문이다. 하지만 그건 다 철없을 때의 행동. 서울에 올라온 동건은 그저 150만 원 월급 받는 20대 총각일 뿐이다. 갑자기 신분이 하락한 것 같다. 나중에 부모님 사업을 물려받을 때는, 지금 경험이 다 도움 될 것이라 확신한다. 〈체험, 삶의 현장〉 내지는 동화 「왕자와 거지」의 주인공처럼 이 어려움을 극복하겠다고 마음먹는다.

절대 돈 있는 티 내지 말라

● ● ●

아빠는 종종 그에게 절대 돈 있는 것을 드러내지 말라고 했다. 돈 자랑을 한번 시작하면, 인생에 불필요한 구설수, 갈등이 일어난다고 했다. 돈이 많은 척 행세하면, 반드시 사람들이 좀비처럼 몰려온단다. 대개 그들은 급전을 호소한다. 아빠는 "최악은 진짜 가진 것도 없으면서, 괜히 주변에 돈 많다는 '연기'를 하는 것이라며, 제일 비참한 삶"이라고 말했다. 자연스레 그 역시 보고 배운 게 있어 행동거지를 조심했다. 누구와 동행할 때는, '위장용 쏘나타'를 타고 이동했다. 아빠의 철학은 간단하다. 돈이 많으면, 사람들은 어떻게든 이용하려 든다고 했다. 자랑하지 않아도, 돈은 어디로 사라지지 않는다. 하수들만 돈 자랑한다. 그러하니 서울에서 평민 체험도 그 연장 선상이다. "내가 사실은 지방 대부호의 아들입니다"라고 광고하면 여기 나쁜 사람들이 코까지 베어갈지 모른다. 그러니 절대로 있는 집 아들이라고 내색하지 않는다. 그가 가장 좋아하는 커피는 동서식품 카누, 즐겨 먹는 햄버거는 맥도날드 빅맥 런치 세트, 옷은 주로 유니클로 아니면 무신사에서 구매한다.

동건의 노력에도 불구하고 언제든 위기는 찾아온다. 한번은 아무 생각 없이 할아버지가 그에게 선물한 카르티에 탱크 시계를 차고 출근했다. 할아버지가 도쿄 긴자에서 1980년대 즈음에 산 시계인데, 지금도 잘 간다. 그런데 사무실 조명에 반사되어, 은빛으로 반짝이는 시계를 보더니 직장 동료가 금방 알아보는 게 아닌가. 그는 갑자기 환호성을 지르면서, 동건에게 다가왔다. 무슨 숨은 보물을 찾은 것처럼 호들갑을 떨었다. "이 시계는 한국에서 구할 수도 없는데, 이거 진짜 빈티지 아니야?" 그의 열띤 반응에 가짜라고 얼버무렸다. 진품을 가짜라고 하다니, 동건은 약간의 자괴감을 느꼈다.

하지만 동료가 가짜라고 믿는 것 같아서, 한편으로는 안심했다. "야, 이거 대단하네. 진짜 진품이랑 완전 똑같은 S급 짝퉁인데, 대박." 눈을 동그랗게 뜨며 그는 혀를 내둘렀다. 동건은 속으로 생각했다. 당연히 진품이니, 똑같을 수밖에. 사실 동료나 그나 월급 150만 원 언저리 받으며 생활하는데, 무슨 놈의 카르티에 탱크겠냐 싶으니 자연스럽게 짝퉁이라 믿을 수밖에 없다. 동건은 퇴근하는 길에, 스와치 매장에서 가장 무난한 시계를 샀다. 앞으로 이것만 차고 다닐 것이다. 자꾸 이런 일이 생기면 곤란하다. 드러나면 삶이 복잡해진다. 아빠의 가르침이 유독 생각나는 요즘이다. 그의 평민 체험은 점점 긴장감이 흐른다.

카르티에 탱크를 단박에 알아본 동료는 시계에 관심이 많아서, 인스타그램과 유튜브에 시계 관련 콘텐츠를 주로 탐독하곤 했다. 업무 시간에도 대형 모니터에 구독 채널을 보란 듯이 열어놓고 어떤 시계가 더 좋은지 살펴보고 그랬다. 이커머스 업계종사자로서 당연히 이것도 업무의 연장이라고 말했다. 그런 그에게서 재밌는 채널이라고 링크를 받았는데, 동건이 보기엔 가품을 진품이라고 속이는 것 같았다. 동건은 나름 할아버지, 아버지, 어머니를 통해서 비싸다 싶은 시계는 다 차본 부호의 아들. 롤렉스도 여러 개 가지고 있다. 시계 매니아는 아니지만, 무엇이 좋은 것인지는 안다. 그런데 유튜버라는 사람이 그가 보기엔 정교한 가품을 진품인 양 소개하는 모습이 이상했다. 가짜 뉴스와 비슷하다. 게다가 사람들이 믿어준다는 게 더 신기했다. "뿌잉뿌잉, 시계 너무 멋지고, 럭셜하네요." 사람들이 연일 북적인다. 세상에, 저런 엉터리 채널이 인기를 끌다니. 저런 채널 말고, 진짜 엄선된 제품을 고르고 골라서, 내가 소개해도 저것보다는 훨씬 볼만하겠다. 레알 진짜를 있는 그대로 보여주는 거다.

그는 퇴근 후, 편의점에서 산 맥주를 마시며, 인스타그램 계정을 만들었다. 바둑판 같은 인스타그램 화면에, 쉽게 접할 수 없는 빈티지 럭셔리 제품을 가득 채울 계획이다. 그리고 거기에 얽힌 사연을 짤막하게 소개하면 괜찮은 콘텐츠가 되지 않을까? 예전에 아빠가 당부한 게 생각나서 살짝 마음에 걸렸다. 화면에 내 모습은 일절 잡지 않고, 제품에만 집중하도록 사진도 찍고 그러면 괜찮을 거야. 바로 실행에 옮긴다. 계정명은 절제된 빈티지라는 의미로, @understated_vintage01

인생은 한강뷰 아니면 한강물

● ● ●

오늘은 김 차장 집들이하는 날이다. 동건은 근처 백화점 지하

식품관에서 비싸지 않은 화이트와인과 샴페인을 사서, 송파구 어딘가에 있는 그의 집으로 향했다. 김 차장은 마흔을 목전에 둔 성실한 직장인이다. 전직 '패피'답게 패션 감각이 훌륭한, 그에게 삼촌뻘 되는 선배다. 김 차장은 어릴 적부터 화려한 것을 동경해서 서울로 올라왔단다. 회식 때 들은 얘기론, 대학 다니면서 아르바이트를 쉰 적이 한 번도 없었다고 한다. 그게 너무 힘들어서 차라리 먹여주고, 재워주는 군 생활이 행복했었다고. 그리고 10여 년이 훌쩍 넘는 고생 끝에, 송파구에 32평 빌라를 구매했다.

김 차장이 알려준 주소를 찾아가니 대로변에서 조금 더 들어간 곳에 빌라촌이 있었다. 현관문을 여니 전 부치는 냄새가 코를 찌른다. 약속 시각보다 조금 일찍 왔는데도 벌써 왁자지껄한 분위기다. 형수라는 분에게 꾸벅 인사하고, 그는 소파 언저리에 엉거주춤 앉았다. 이케아에서 산듯한 베이지색 소파와 전등, '오늘의 집'에서 구매했을 법한 아이템들이 보였다. 그 역시, '오늘의 집'을 주로 이용하기 때문에 대충 그렇게 보였다. 벽 한편에는 그가 해외 출장을 다니면서 사들인 기념품들을 빼곡하게 전시해놓았다. 그 때문에 집이 다소 협소하게 보였다. 그리고 열린 창문으로 앞쪽 집이 훤히 보이는 구조라서 여름에는 좀 불편하지 않을까 싶었다. 동건은 가만히 앉아있기 좀 계면쩍어 손을 씻고, "혹시 도와드릴 것 있을까요?"라고 물었다. 김 차장은 "이 음식 좀 날라줄래?"라며 호쾌하게 웃으면서 답했다. 그의 얼굴에는 미소가 가득했다.

행복한 얼굴이었다.

김 차장이 10여 년 넘게 직장 생활에서 얻은 공간이 평균적인 소시민의 그것과 거의 유사할 것이다. 방 셋, 화장실 둘. 하나는 옷방, 하나는 작업실, 하나는 침실. 순간 동건은 자신의 서울 자취방이 생각났다. 나도 앞으로 10년을 그처럼 성실하게 일하면, 딱 이 정도 공간을 얻겠지. 아니 그때는 빌라 가격도 올라서, 이 정도 공간도 확보하지 못할 수도 있다. 정말 부모님 도움 없이는 아무것도 할 수 없다. 밥을 먹으면서, 김 차장은 이 집을 얻기까지 우여곡절을 이야기했다. 얘기 중에 누가 "아이 가질 생각은 없냐?"고 물었다. 그러자 그와 그의 아내가 동시에 손사래를 치면서, "지금도 너무 힘들데, 어떻게 애까지 낳아서 길러?"라며 몸서리를 친다. 짓궂은 누군가 "쌍둥이 낳으면 좋다던데?" 하면서 농을 섞는다. 쌍둥이라는 말에 김 차장이 길길이 뛴다. "누구 망하는 거 보고 싶어서 그래?" 저렇게 그가 강하게 거부 반응을 보이는 것은 처음이다. 매사 긍정적이고 활기찬 사람인데.

집들이가 파하고 머리도 잠시 식힐 겸 걷기로 했다. 강렬한 평민 체험의 실사판이었다. 동화 「왕자와 거지」의 왕자가 거지 삼촌 집에 갔을 때 느꼈을 그런 경험이었다. 김 차장이 거지라는 말은 아니지만, 동건에게는 깊은 인상을 남겼다. 그 인상이란 '평균 유지도 어려운 인생'이다. 정말 그처럼 열심히 살아야만, 평균적인 수준이 겨우 가능하다. 금수저가 아니면, 부자 부모가 없으면, 가난으로부터의 도망은 영영 어려울 수 있다. 조금이라도 방심하면, 가난은 언제든 찾아와 어렵게 꾸린 평균적인 삶을 강타한다. 갑자기 집안에 누가 아프거나, 회사가 어려워지거나, 코로나 같은 질병이 유행처럼 찾아오면 말이다. 그래서 일반 사람들에게 가난은 언제든 찾아올 수 있는 재앙이다. 방심하고 있으면 가난이 들이닥친다.

현격히 넓은 집, 쾌적한 공간에서 살고 싶다면, 지방 소도시로 가야 한다. 아니면 전원주택 같은 곳에서 살아야 한다. 전원도시에서 무슨 경제활동을 할 수 있을까? 서울을 떠나면, 기회는 더 쪼그라든다. 그래서 많은 사람들이 서울을 떠나지 못한다. 비좁고 답답한 공간에서 살지만, 이게 현실이다. 버스가 잠원동 근처에 이르자, 한강변을 굽어 바라보는 높은 아파트가 보인다. 고층 아파트에 불이 켜진 것을 보아, 분명 저기에도 사람이 살고 있겠지. 저런 집에서 사는 사람들은 얼마나 부자들일까? '인생은 한강뷰 아니면 한강물'이라는 농담이 생각났다. 그건 농담이라고 흘리기엔 너무나 현실적인 말이다.

위를 쳐다보면 마음만 아프니까요

●●●

사람들은 대부분 자신이 한강뷰를 얻기 어렵다는 것을 자연스레 터득한다. 전국의 모든 학생이 서울대에 갈 수 없는 것처럼 말이다. 그저 열심히 하루하루를 살고, 보람도 느끼지만, 어쩌면 그건 아주 사소한 발전에 지나지 않는다. 전세 역전은 꿈도 꿀 수 없다. 그래서 말인데, 왜 서울 친구들이 비트코인과 주식에 '몰빵' 하는지 알겠다. 그건 퀀텀 점프, 비약적 상승이 불가능한 사람이 할 수 있는 거의 유일한 솔루션이다. 많은 위험을 감수하고 '저질러야 한다.' 이런 삶의 방식에 거부감과 두려움을 느낀다면, 그냥 가지고 있는 것에 만족하면서 하루하루를 보내는 수밖에 없다. 에어 프라이어에 치킨 데워 먹고, 편의점에서 '4캔 만 원'하는 맥주를 마시면서 살아야 한다. 더 높은 곳을 쳐다보지 않아야 한다. 행여라도 쳐다보면 바라보는 자신만 더 괴로워진다. 모름지기 사람은 아래를 봐야 행복하다. 지금 당장은 인생을 배운다는 이유로, 평민 체험을 하고 있지만, 이게 나의 삶으로 영영 굳어진다면, 부모님 도움을 얻을 수 없다면, 내 또래 친구들처럼 나도 평생 '한강물'이다. 생각이 많아지니 배는 부른데, 마음은 무겁다.

동건은 본가에 내려가면 옷을 쓸어 담는다. 그는 거의 매일 옷 대기근에 시달린다. 저렴한 브랜드만으로는 그가 원하는 스타일을 낼 수 없다. 그는 저렴한 옷과 비싼 옷을 섞어 입는데, 저렴한 옷은 차고 넘친다. 화룡점정 같은 포인트를 주기 위해 비싼 럭셔리를 본가에서 조달한다. 누가 진짜냐고 물어보면, 빌려 입었다

내지는 아빠 것이라고 대답한다. 그간 거지 연기로 쌓인 스트레스가 많았다. 금요일 퇴근 후, 빈 캐리어를 가지고 지방 본가로 향했다. 집에는 아무도 없다. 과거 오사카에서 구매한 코트나 재킷, 니트를 닥치는 대로 담았다. 이런 옷 하나 가격이 거의 자신의 한 달 월급이다. 들른 김에 옷장에서 아빠가 젊었을 때 입고, 지금은 입지 않는 80년대 아르마니 재킷도 입어본다. 어깨 패드만 좀 수선하면 지금 입어도 멋스럽다. 넉넉하고, 소재가 두툼하다. 이렇게 좋은 옷들이 많은데, 왜 사람들은 계속 새로운 옷을 만들어서 파는 걸까? 그는 좀처럼 하지 않는 생각을 했다. 쪼들리지만 매달 받는 월급도 새로운 것을 판매해서 얻는 수익이지 않은가. 어쩌면 소비 사회의 숙명이다. 계속 새로운 것을 기획하고 만드는 일. 적은 월급이지만, 그에 대한 수고비나 다름없다. 그러니 사람들이 어느 날 빈티지만 입기로 작정한다면, 패션업계 사람들은 다 굶어 죽는다.

현대판 견물생심, 인스타그램

● ● ●

좁은 서울 원룸에서 지내다가, 본가에 오면 남의 집에 온 느낌이다. 이곳에서 살았나 싶기도 하다. 복층형으로 뻥 뚫린 구조는 근 50년이 넘었는데도 쾌적하다. 여기선 계란 후라이 해도 아무도 모른다. 바비큐 파티 정도를 해야 2층으로 냄새가 올라올 것이다. 아이보리 벽지와 커튼, 높고 넓은 창문도 엄마의 취향이다. 문득 거실 중앙에 놓인 프랑스에서 주문한 아르데코식 검은 테이블과 팔걸이의자에 시선이 갔다. 정확한 가격은 모르지만, 가격이 엄청날 것이다. 프랑스 디자이너가 만들었다고 들었는데, 이름은 잊어버렸다. 파리 오르세 미술관 꼭대기에서 봤던 가구와 생김새가 비슷했다. 같은 작가일까? 갑자기 그는 집에서 무슨 보물을 발견한 느낌이다.

그는 순간, 서울에 사는 김 차장 빌라가 생각났다. 엄청나게 많은, 자질구레한 아이템들로 좁은 공간이 더욱 좁게 느껴졌던 집. 그것들을 다 합쳐서 팔아도 저 1920년대에 프랑스 예술가가 만든 책상만큼도 가격이 나가지 않을 것이다. 도대체 엄마는 어디서 이런 걸 구했지? 엄마가 젊었을 때, 프랑스에 많이 갔나? 돈이 취향을 만드는 것은 아니지만 취향은 돈을 통해서 자란다. 그는 캐리어를 옆에 두고, 갑자기 드러눕는다. 테이블 아래를 기어서 하단을 살펴본다. 왜 엄마는 이런 작품을 집안에 모시고 있다는 걸, 자랑하지 않았지? 동네 가구점에서 산 것처럼 말했다. 지금 온라인에는 자그만 명품 지갑도 플렉스니, 하울링이니, 다들 자지러지는데 말이다. 진짜 부자는 자랑하지 않는다. 작은 부를 맛본 사람만이 연일 난리다. 그런데 가만있자, 근 백 년이 된 가구의 의미를 아는 사람이 온라인에는 있을까?

처음에는 호기심으로 시작했다. 그런데 주변에서 반응이 오니, 굉장한 만족감과 함께 자기 확신이 밀려왔다. 내가 만든 콘텐츠에 사람들이 반응한다니, 기분이 좋다. 비록 서울에서는 궁핍하게 살지만, 집에서 가져온 여러 옷가지와 소품으로 위안을 얻는다. 소비를 관통하는 힘이 바로 취향이다. 취향이 없으면, 소비는 그냥 무분별하고 의미 없는 자기 과시에 지나지 않는다. 소비의 척추에 해당하는 것이 취향이다. 동건은 서울에서 평민 체험 중이지만, 그의 부모님은 매우 부유하다. 그들의 부가 일궈놓은 취향이 바로 럭셔리다. 요즘 그의 또래들이 과시하기 위해 사들이는 중구난방식 명품 구매와는 차원이 다르다.

요즘 그는 자신의 미적 관점에 따라 구성하고 배열하는 즐거움에 신이 났다. 가짜를 진짜인 것처럼 사기치는 콘텐츠와 차원이 다르다. 그렇게 그의 채널 콘텐츠는 다른 채널과 확연히 구분된다고 자신한다. 과시하려는 사람들은 부유한 사람들을 열심히 따라 하려고 한다. 그렇게 따라 하면, 비슷한 인상을 풍길 수 있지만, 새로운 것을 제안할 수도, 깊이 있는 의미를 발굴할 수도 없다. 그래서 온라인에 부를 과시하는 사람 중 진짜 부자는 많지 않으리라. 진짜 부자는 그렇게 과도한 드라마나 주목받기를 원치 않는다.

그의 계정에 사람들이 모이기 시작한다. 그는 이제 수시로 자신의 빈티지 럭셔리 인스타그램 계정을 확인한다. 회의가 재미없으면, 몰래 인스타그램을 켜놓고 사람들 반응을 체크한다. 얼마나 많은 사람이 방문했는지, 누가 댓글을 달았는지, 누가 내 계정을 팔로우했는지 궁금하다. 내 콘텐츠를 팔로우하는 사람들을 타고 들어가서 업계 사람이 있는지도 유심히 살펴본다. 은장 카르티에 탱크가 얼마나 대단한 시계인지 모르겠지만, 사람들이 넋을 잃고 궁금해한다. "이거 혹시 저한테 파시지 않을래요?" 같은 댓글도 달린다. 사람들은 마음에 들면, 덥석 구매하겠다고 성화다. 팔겠다는 말을 한 적도 없는데. 아니, 여기가 '당근 마켓'도 아닌데, 사람들이 인스타에서 물건을 거래하는 게, 그만큼 흔하고 자연스러운 일인가? 그는 사람들의 강한 소유욕을 느낀다. 어쩌면 그것이 자본주의의 심리적 원천이자 엔진이다. 소유욕은 미덕이고 근원이며, 더 큰 부를 얻기 위한 동기부여다. 그는 그렇게 결론을 내렸다.

유럽판 진품명품, "이 제품의 감정가는요?"

● ● ●

"여러분, 제가 오늘 소개해드릴 아이템은요…." 오늘도 한 유튜버가 보란 듯이 명품 아이템을 데스크에 펼친 채 방긋 웃는다. 거의 매일 저렇게 사람들이 새로운 럭셔리 제품이라며 온라인에 올린다. 저 사람은 매일 쇼핑하나? 저런 것을 편의점 맥주 사듯이 자주, 많이 사는 사람들은 도대체 얼마나 부자일까? 과연 그들이 가진 부의 출처는 어디일까? 그런 생각에 동건은 고개를 갸웃거렸다. 그는 이제 다른 사람들이 어떤 콘텐츠를 올리는지 관찰한다. 남들이 어떻게, 무슨 아이템을 가지고 자랑하는지를 알아야 상품성 있는, 경쟁력 있는 콘텐츠를 만들 수 있다.

그는 요즘 콘텐츠 고갈을 겪고 있다. 남들처럼 매일 명품을 소비할 수 있는, 그런 콘텐츠를 만들 수 있는 처지가 아니다. 월급 150만 원으로는 럭셔리는 어불성설. 대신, 그는 지방 본가에서 제품을 '조달한다.' 매일 남들이 럭셔리 아이템을 올리는 것을 보면 부럽기도 하고, 부화도 치민다. 그러다가 본가에 있던 검은 테이블과 팔걸이의자가 떠올랐다. 스마트폰을 뒤져서 지난번에 찍은 사진을 찾아봤다. 에밀 자크 룰만이라는 가구 디자이너가 만든 것이라고 위키피디아에 나온다. 이베이에 찾아보니 누가 그의 작품을 판다고 올린 게 보였다. 1920년대 초엽에 만든 가구라고 추정된단다. 모양새가 집에 있는 것과 비슷하다. 점점 흥미로워진다. 마치 '진품명품 유럽 버전'을 직접 촬영하는 느낌이다. 테이블은 20만 5천 달러, 우리 돈으로 3억 원 밑도는 가격이다. 가죽을 덧댄 팔걸이의자는 10만 달러, 우리 돈으로는 1억 1천만 원 정도 한다. 엄마는 4억이 넘는 금액을 그냥 거실에 내버려 두고 있었단 말인가? 4억 정도면 서울 외곽에 괜찮은 아파트 투룸 정도는 전세로 얻을 수 있다. 그가 주로 인테리어 용품을 사는 '오늘의 집'에서는 괜찮은 의자를 12만 원 정도에 살 수 있다. 그러니까 엄마가

산 의자 하나 가격이 쓸만한 의자 거의 천 개를 살 수 있는 금액이다. 럭셔리의 터무니없는 가격과 자신의 궁핍한 처지 사이에서 그는 약간 혼란스러웠다. 그러다가 분명 이건 좋은 콘텐츠 감이 될 것이라고 확신했다. 4억짜리 가구, 절대 흔치 않은 소재다. 거실에 내버려 둔 보물을 발견한 느낌에 기분이 좋다.

회의 중에 자꾸 전화가 온다. 02-519로 시작하는 번호다. 업체 번호도 아니고, 지인 번호도 아니고, 텔레마케팅 전화도 아니다. 중요한 전화면 다시 걸겠지 싶은 마음에, 그는 인스타그램을 열고, 오늘도 그의 유럽판 진품명품, 빈티지 럭셔리의 '주목할 만한 시선'에 접속했다. 본가 거실에 놓인 팔걸이의자와 테이블에 대한 반응이 폭발적이었다. 사람들이 "이런 가구는 어디에서 살 수 있냐?"며, "진품 맞냐?"며 댓글과 DM으로 요 며칠간 계속 문의해왔다. 뜨거운 반응에 기분이 좋다. 어쩌면 럭셔리의 끝판왕은 라이프 스타일이 고스란히 묻어나는 가구와 인테리어일지 모른다. 진짜 부자들은 자기 집에 초대해서 자랑하지 않는가? 남들은 옷과 신발, 가방 따위로 찔끔찔끔 자랑하지만, 그는 굵직하고, 삶이 묻어나는 아이템을 보란 듯이 보여준다. 다음에 본가에 내려가면, 또 비슷한 물건들을 찾아서, 후속편을 기획할 것이다. 그러다가 아까, 519로 시작하는 번호로 또다시 전화가 왔다. 누군가 싶어 냉큼 받으니, 쾌활한 여자 목소리가 들린다. "안녕하세요,

최동건 씨, 본인 맞으신가요? 여기 강남세무서인데요. 인스타그램에 올리신 고가 가구 관련해서 확인할 내용이 있어서 전화드렸습니다."

사촌이 땅 사면 배 아프지만,
사촌이 가방 사면, 구경할래요

「영화배우 A 씨 스타벅스 건물 3년 만에 매각…46억 차익」. 지난 2021년 5월 6일, 한 일간지에 올라온 기사다. 먼저 대중의 반응은 차가웠다. 댓글에는 커다란 부를 손쉽게 얻은 것에 대한 질시와 박탈감이 강하게 느껴진다. 이 기사에는 댓글 300여 개가 달렸는데, 그 중 '순공감순'으로 정렬하면, 1등 댓글이 다음과 같다. "연기보다 재테크를 잘하네." 한껏 비꼬는 말투다. "연예인들 재산 불리는 기사, 정말 안 보고 싶다. 박탈감이 많이 들어요.", "열심히 일할 맛이 안 나네요. 바보처럼 살고 있다는 생각이.", "이런 건 괜찮고, 서민이 집 한 채 사는 건 때려잡는 정부." 대체로 부정적인 반응이다.

일반 시민이 접근할 수 없는 부동산 건물, 스타벅스 유치, 그리고 매각에서 얻은 큰 차익이라는 높은 진입장벽에 대한 분노가

고스란히 읽힌다. 특히 최근 아파트 가격 급상승으로, 내 집 마련에서 더욱 멀어진 젊은층의 강한 반발심이 엿보인다. '스타벅스, 부동산, 유명인'이라는 삼박자가 맞아떨어져서, 그것에 접근할 수 없는 사람들은 더욱더 박탈감을 크게 느낀다. 앞선 세 가지 요소는 곱하기의 효과가 있다. 우리 시대, 커다란 부를 거둘 수 있는 대표적이고 확실한 세 가지 장치다.

눈요기했다 VS.
일할 맛 안 나네

그런데 새로 산 수입 자동차, 비싼 핸드백, 일등석 경험이 담긴 유튜브 동영상에는 되레 "눈요기했다", "좋은 경험 했다"라는 우호적인 댓글이 다수다. 이런 영상에서 사람들은 질시와 박탈감을 느끼지 않는 것일까? 아니면 단지 표현하지 않을 뿐일까? 연예인의 재산 증식에 대해 유독 강하게 불만을 느끼고, 공정하지 않다는 반응을 보이는 건 어떠한 사회적인 맥락이 있을까? 이 내용의 실체를 파악하고자, 심층 인터뷰와 간단한 실험을 했다. 최근 유행하는 소비 경험을 인스타그램, 유튜브에 올리는 인플루언서 14명을 대상으로 진행했다. 해당 콘텐츠를 올리면, 사람들이 어떻게 반응하는지, 그중 지배적인 반응은 무엇인지, 그리고 제품과 브랜드, 가격에 따라 반응에 차이가 있는지를 물었다.

인터뷰 결과, 사람들에게 친근하게 설명하는 '자랑 콘텐츠'에는 우호적인 댓글이 많이 달린다고 응답했다. 즉 앞선 영화배우에게 보인 강한 질시와 상대적 박탈감을 호소하는 댓글은 많지 않다고 한다. 이처럼 사람들은 다른 누군가의 소비 경험에 대해서는 우호적으로 대하지만, 남들이 큰돈을 벌었다는 대목에는 공격적으로 반응한다. 사촌이 비싼 가방을 사면 열심히 구경하려 들지만, 사촌이 땅을 사서 큰돈을 챙기면, 미친 듯이 배가 아픈 것이다.

이 내용을 검증하기 위해서 실제로 시나리오 기반의 실험을 진행했다. 20대 남녀 53명에게, 두 가지 조건을 부여한 글을 읽게 했다. 커다란 부를 쌓은 사람 이야기, 새로운 자동차를 구매해서 관련 내용을 콘텐츠로 만든 사람 이야기. 각각 다른 조건의 글을 읽게 한 후, 사람들 반응, 적대감, 상대적 박탈감, 질시 정도를 기록했다. 실험 결과, 가설처럼 큰 부를 쌓은 사람에 대해서는 그 과정의 공정성, 형평성, 상대적 박탈감을 남녀 모두 드러냈다. 한 마디로 배가 아프다는 말이다. 그에 비해, 수입 신차시승기에 대해서는 그만한 격렬한 반응을 내보이지는 않았다. 되레, "재미있다, 흥미롭다, 그 차에 관한 관심이 생겼다"와 같은 우호적인 반응이 많았다.

그룹 인터뷰①•
- 물질파

찰리: 한남동 거주. 현재 여러 가지를 한다. 클럽도 운영하고, 레스토랑도 하고, 관심이 생기면 일을 벌이고 본다. 학교는 몇 년 전에 졸업했고, 좋은 음식과 멋진 공간에서 시간을 보내는 걸 좋아한다.

아담: 반포동 거주. 부모님이 했던 사업을 이어받아서 하고 있다. 미국에서 학교 다녔고, 최근엔 결혼 준비 중이다. 좋은 와인 마시는 걸 좋아한다.

사라: 이촌동 거주. 한국에서 대학 졸업 후 대학원을 미국에서 나왔다. 그림 보는 걸 좋아하고, 여러 작품은 직접 사기도 한다. 서울 근교에 말 타러 종

• 소셜 미디어에서 활발하게 활동 중인 인플루언서들과 진행한 물질파, 육체파, 정신파, 세 그룹 인터뷰는 코로나19로 인해 비대면 줌으로 이루어졌다. 이를 바탕으로 인터뷰 내용을 정리하고 재구성하였다. 참여자들 이름은 모두 가명으로 바꿨으며 대화 내용 중 지나친 표현 또는 은어 등을 수정했다. 인터뷰에 참여한 이들은 인터뷰 내용을 책으로 출간하는 데 동의하였다.

종 간다.

캐리: 뉴욕 맨해튼 거주. 여행과 쇼핑을 좋아한다. 뉴욕이랑 근교 별장을 왔다 갔다하면서 지낸다. 배 타는 것도 좋아해서 날씨가 좋으면, 마음 맞는 친구들과 바다에 나간다.

너, 진짜 부자야?

● ● ●

아담: 사람들이 많이 궁금해하는 대목이다. 특히 온라인에서 다들 내가 부자 맞는지 궁금해한다. 어떻게 보면, 그만큼 일상에서 부자를 쉽게 접하지 못한다는 말인 것 같고, 부자가 아닌데, 부자인 것처럼 행세하는 사람이 많은 것 같다. 온라인은 허구나 과장이 많다고 생각하는 것 같다.

찰리: 나도 비슷한 질문을 종종 받는다. 원래 부자가 아닌데, 부자인 척하는 거 아니냐? 그런 내용이다. 그만큼 부러워한다는 의미로 받아들인다. 부의 출처에 대해서 많이들 궁금해한다. "본인이 번 돈 맞나요?" 내지는 "집이 원래 잘사나요?" 같은 질문들. 내가 어디에서 돈을 버는 게 뭐가 중요한가 싶은데, 사람들은 그런 내막을 궁금해한다. 뭔가 파헤치고 싶어 한다. 한번은 "세무조사는 두렵지 않냐?"라는 말도 들었다. 또 "집에서는 이렇게 돈 쓰는 거 아냐?"라고 하는 사람도 있다. 너무 웃겨서 의자에 앉아 있다 뒤로 넘어가는 줄 알았다.

아마도 사람들은 '이렇게 부자일 수는 없다'라는 인식이 있는 것 같다. 그 사람들 속이 쓰린 거다.

사라: 사람들은 부자들을 질투한다. 그래서 그런 질문을 하는 것 같다. 오프라인에서는 얼마나 부자인지, 너 얼마나 부자냐? 이런 질문 잘 안 물어본다. 무례하다고 생각하지 않나? 근데 온라인에서는 '비대면'이니 사람들이 대놓고 물어본다. "집 잘사나요?"처럼 빈정거리면서 물으면 차라리 양반이다. 그러다 부자라는 게 어느 정도 인정되면, 다른 쪽으로 깎아내리려고 한다. 예전에 자꾸 나보고 인스타그램에 얼굴 사진 올려 달라고 하는 사람도 있었다. 나는 인스타에 얼굴 잘 안 올리는데, 집요하게 얼굴 올려 달라고 말한다. 행여나 내가 못생겼으면, 그들에게 위안거리라도 제공하는 건가? 웃긴다.

캐리: 나와 주변 사람들 반응을 보면, 정말 부자라면 그런 사람들의 말에 전혀 개의치 않는다. 킴 카다시안에게 살 빼라고 인스타에 댓글 단들, 그녀가 반응이라도 할까? 가진 자들은 화도 잘 내지 않는다. 화낼 포인트가 잘 없으니까.

왜 부자인데, 초라하게 사나?

● ● ●

찰리: 부자들도 일반 사람들과 크게 다르지 않다. 유명해지고 싶은 마음도 비슷하다. 부모님이 나를 보고, 자꾸 그런 사진 올

리고, 돈 쓰고 다니면 삶이 피곤해질 수 있다고 걱정한다. 그런데 사람들 시선을 받으면, 기분이 좋아진다. 게다가 내가 돈이 없으면 모르겠는데, 남들 시선 신경 쓰면서, 돈 쓰지 말아야 할 이유가 있나? 유튜브나 인스타 보면, 유명해지는 방식은 여럿 있는 것 같다. 그런데 돈 써서 유명해지는 건, 확실히 진입장벽이 있다. 쉽게 말해 확 상승시켜준다. 이 맛에 자꾸 올리고, 사람들 시선도 의식하게 된다.

캐리: 사실 부자라고 뭐 완전히 다른 세계에서 살고, 다른 생각으로 사는 게 아니다. 일반 사람들과 큰 차이 없다. 다들 돈에 관심 많지 않나? 누구나 돈이 제공하는 기회와 가능성에 매혹된다. 여기에 사람들이 확 끌리니 자연스럽게 관심을 주도하게 되고, 그것을 내보이면서 즐기는 면도 있다. 사실 우리 엄마도 너 그런 거 그만 올리라고, 종종 말한다. 엄마로서는 귀찮고 신경 쓰인다는 건데, 나는 즐겁다. 게다가 요즘은 부유함에 대한 평가는 상태가 아니라 행동인 것 같다. 행동으로 보여주지 않으면, 누가 부자인지 잘 모른다. 과거에는 알려지지 않은 부자들이 많았다. 행색은 초라한데, 알고 보니 엄청난 부자였다, 이런 류의 말들이 많지 않았나? 지금은 그런 사람 별로 없다. 이제는 부자인데 숨기는 사람들을 잘 이해 못 한다. 왜 부자인데, 초라하게 사나? 그렇게 살면 뭐가 달라지나? 하루하루가 소중하고 좋은데. 나는 '누리고 살자'

는 주의다. 그거 묵혀 놓고 있으면, 나중에 누가 알아주기나 하나?

사라: 우리도 유명해지고, 관심받고 싶고, 주목받고 싶은 것은 남들이랑 똑같다. 그러니까 더 자주, 돈 많이 쓰는 걸 보여준다. 이런 행동들이 일반 대중에게 큰 영향을 미친다. 그리고 그들이 우리를 따라 하기도 한다. 샤넬 백 하나 샀다고 대문짝만하게 인스타에 올린 대학교 동기 친구를 봤다. 나는 뭐 그게 대단하나 싶지만, 그도 관심을 받고 싶으니 올렸을 것이다. 부자나 일반 사람들이나 비슷하다.

돈이라도 없었다면 얼마나 우울했을까

● ● ●

아담: 부유하다고 인생이 다 행복하고 그런 건 아니다. 되레 사람들이 잘 이해하지 못하는 그런 공허함도 있다. 진짜 이 사람이 내 친구인가, 그런 생각도 많이 든다. 돈 고민을 하지 않을 뿐, 다른 인간적인 고민하는 것은 비슷하다. 어쩌면 더 많이 할 수도 있다.

찰리: 사실 희희낙락하다가 순간 울적해지고 공허할 때가 있다. 온라인에서나 주변 친구들에게 관심을 많이 받고 있지만, 이게 다 무슨 소용인가 싶다. 다 부질없고, 의미 없다고 생각되면, 연락 끊고 잠수탄다.

캐리: 주변에서 그런 친구들이 몇 있다. 돈이 많으니 고민도 없겠다 싶지만, 사실 심리적으로 불안정하고, 평균 이상으로 정신이 왔다 갔다 하는 친구들도 있다. 자꾸 인스타 계정 탈퇴하고 새로 만들기를 반복하기도 한다. 관심은 받고 싶은데, 사람들의 반응이 신경 쓰이고, 여러 가지로 삶이 흔들리니, 소위 '멘탈'도 약해진다. 되레 부유한 사람들이 더 나약하다고 느낄 때도 있다. 작은 자극이나 어려움에도 취약하다.

사라: 나도 비슷한 생각이다. 그런데 돈이 있으면, 우울함을 달래는 방식이 조금 달라지기는 한다. 한번은 너무 우울해서 쇼핑했는데, 집에서 바로 전화가 왔다. 많이 긁어도 집에서는 잘 놀라지 않는데, 그날은 좀 심하긴 했다. 엄마가 걱정하더라. 그나마 돈이 있으니 이런 방식의 해소가 가능하다. 돈이라도 없었다면 삶이 얼마나 우울했을까 그런 생각이 들기도 한다. 돈이 있다고 우울함이 전혀 없지는 않지만, 그걸 풀어가는 방식이 다르다. 그러니 돈 있는 사람이 가진 우울함과 공허함을 일반 사람들이 알 필요가 있을까 싶다. 배부른 사람의 헛소리라고 여기지 않을까? 만약 영국 왕족 아무개가 인스타그램에 "아침에 일어나 보니 얼굴에 여드름이 많이 나서 오늘 기분 망쳤다"라고 말하면, 그걸 우리가 알아야 하나? 같은 반응이 나올 거다. 그런데 또 누군가는 댓글 달겠지. "제가 정말 잘 아는 피부과 의사 있는데, 소개해드릴까요?"

세상은 우리를 욕하면서도 부러워하지

● ● ●

찰리: 세상은 돈 있는 사람을 따라 한다. 그게 많은 사람들 직업이 되기도 한다. 개인적으로 남성 잡지 이런 데 일하는 사람들 참 의미 없다고 생각한다. 그들은 자신이 트렌드를 선도하고 있고, 변화를 주도하고 있다고 생각하는 것 같다. 그쪽 업계에서 일하는 사람들 몇몇과 대화를 나눠보면 그런 인상을 받는다. 사실 그들이 하는 건 그저 우리를 따라 하고, 많은 사람에게 알릴 뿐이다. 정말 변화를 주도하고 트렌드를 이끌어 가는 사람들은 가진 자들이다. 돈이 있으니까 새로운 시도를 쉽게 할 수 있다. 여유가 있으니 옷도 사고, 차도 사고, 좋은 곳으로 놀러 간다. 그런 잡지에서 일하는 사람들은 우리의 삶을 열심히 담을 뿐이다. 좀 더 직접적으로 말해, 그런 사람들은 결국 부자 흉내를 내는 사람들이다. 요즘도 그런 잡지를 보나 싶기도 하다. 인스타를 열면, 더 직접적이고 있는 그대로의 모습을 훨씬 더 잘 볼 수 있는데 말이다. 그리고 정말 부유한 사람들은 그런 남성 잡지류 보지도 않는다. 미용실에서 잠깐 볼 때 아니면, 딱히 볼일이 없다. 결국, 그런 사람들은 돈 없는 사람들이 돈 있는 것처럼 흉내 내도록 바람 잡는 사람일 뿐이다. 좀 심하게 말해서, 어떻게 그게 직업이 될 수 있나? 그게 나는 직업이 아니라 삶인데. 난 그게 웃

긴다.

캐리: 사람들은 우리를 욕하는 것 같지만, 결국 우리를 따라 한다. 그것이 돈의 힘이다. 그게 싫거나 인정 못 하면, 자본주의를 떠나서 어디 무인도나 가야 한다. 지금, 이 시점에서 미국이나 한국 모두, 사람을 움직이는 것은 자본의 힘이다. 그런데 자본은 얼굴이 없으니, 우리같이 돈 있는 사람들을 좇는다. 나는 그것이 꼭 나쁘다고 생각하지 않는다. 그런데 문제는 부에 대한 사람들의 이중적인 태도다. 흔히들 "중요한 것은 눈에 보이지 않는다" 등등의 말을 하는 사람들이 우리를 가장 적대적으로 대한다. 하지만 그렇게 말하는 사람들조차 나를 부러워하는 걸 자주 본다. 부유함을 있는 그대로 인정하지 않고, 학교에서 배운 도덕 기준에 맞춰서 부자를 의식적으로 멸시하려 든다. 차라리 그럴 거면, 왜 우리를 부러워하고 왜 따라 하나? 나는 그런 이중성이 더 이상하다. 사실 그런 모습이 자신들을 더욱 애처롭게 만들 뿐이다. 그들은 가지지 못했으나, 우리를 추종하면서, 학교에서 배운 것으로 세상을 규정한다. 딱하다.

아담: 부유함에 대한 상반된 시각은 있을 수 있다. 하지만 부자가 죄인은 아니다. 우리는 좀 더 많은 것을 가지고 태어난 사람들이다. 그리고 세상을 움직이는 건 결국 돈인 경우가 많다. 그런데 부와 부유한 사람에 대한 편견이 있다. 그 편견은 대

개는 부정적이다. 영화나 소설 등에서 많이 접한다. 그런데 실제, 우리는 그렇게 나쁜 사람들이 아니다.

사라: 부유함은 삶의 조건이라고 아빠가 예전에 말했다. 삶의 조건인데, 훨씬 수월한 조건에서 살고 있다는 것이고, 사람들은 그러한 수월함을 부러워하고 끌려 한다. 그러면서 한편으로는 '돈 있는 사람은 이럴 것이다'라는 망상을 스스로 만들어낸다. 그리고 나는 보지는 않는데, 부자를 다룬 드라마나 영화도 이를 조장한다. 물론 그런 사람들도 있지만, 그것이 전부는 아니다. 생각보다 내가 접하는 부유한 사람들, 나보다 더 잘 사는 사람들 면면을 보면, 생각보다 대단히 평범하다. 그런데 미디어에서는 그러한 평범함에 관심 없고, 대단히 이상한 모습만을 담아낸다. 잊을 만하면, 또라이 재벌 3세 이야기로 사람들 관심을 낚는다. 사실 중요한 건 "재벌 3세는 무조건 또라이다"가 아니라 "돈이 가진 힘이 사람을 어떻게 만드는가?" 이런 질문이 핵심 아닌가? 그런데 그런 내용은 재미가 없으니 이야기하지 않는다. 이 인터뷰를 보는 업계 관계자가 있다면, 부에 대한 왜곡된 편견을 조장하지 말고, 있는 그대로 사실을 알려줬으면 좋겠다. 차라리 가난한 사람이 엄청난 부를 갑자기 얻게 되면 겪는 사회적 위험성과 편견을 강조해달라. 돈 자체는 크게 잘못 없다. 그것에 취한 사람들의 비행과 일탈이 문제다. 그런 말은 쏙 빼놓는다.

test

나도 혹시 물질파?

나는 얼마나 물질 지향적 삶을 살고 있나? 나의 과시에 탄복하는 사람들의 반응에 흐뭇함을 느끼지는 않았나? 그것이 나라는 사람을 말해주는 중요한 지표일까? 스스로에 대한 정확한 진단이 필요하다. 그래서 준비했다. 아래 내용은 물질파 지향성을 테스트할 수 있는 대표적인 내용이다. 물질을 추구하는 성향을 가늠할 수 있는 내용이다. 아래 질문에 대한 대답이 7개 이상 "예"라면, 물질파에 해당한다. 지금 바로 확인해보자.

문항	
1. 호텔 라운지 같은 럭셔리한 공간을 방문하는 것을 좋아한다.	☐
2. 유명한 아무개 누가 종종 방문하는 공간이면, 왠지 나도 가서 직접 확인하고 싶다.	☐
3. 사람들이 핫하다고 하는 공간은 잘 기억해놓았다가 반드시 방문한다.	☐
4. 유튜브나 인스타그램에서 남들이 가는 핫플레이스 경험을 종종 검색한다.	☐
5. 명품 언박싱하는 콘텐츠를 즐겨 본다.	☐
6. 요즘 가장 핫한 명품 브랜드가 무엇인지 알고 있다.	☐
7. 럭셔리 브랜드나 비싼 전자제품 언박싱 콘텐츠를 올린 적 있다.	☐
8. 부유한 사람이 즐기는 문화에 대해서 많이 알고 있다.	☐
9. 주변 친구들이 경제적으로 풍요롭고 잘나가는 편이다.	☐
10. 주로 팔로잉하는 계정이 부유한 사람들이거나 그들이 올리는 콘텐츠를 구독한다.	☐

구독

좋아요

알림설정까지

육체파

“헬무트 뉴튼 스타일로 찍어주세요.” 한나는 바디 프로필 스튜디오 실장에게 말했다. “헬무트 뉴튼이요?” 실장은 무슨 새로 나온 독일 냄비 브랜드 아니냐? 는 표정이었다. 한나는 속으로 한숨을 쉬었다. 바디 프로필 찍는 사람들이 이 정도 견문도 없다니. 그래서인지, 바디 프로필이라고 남들이 찍은 사진을 보면, 무슨 헐벗은 꼬마들 재롱잔치 같았다. 남자들은 다들 오일 1ℓ 정도를 몸에 바른 채, 얼굴 가득 인상 쓰면서 강인한 남성상을 연기한다. 여자들은 무슨 컵케이크 광고 찍는 모델 같다. 이런 수준의 사람들에게 내 뒤태 사진을 의뢰할 수밖에 없는 현실이 슬프다.

내가 바로 애플힙 여신이다

- 강한나(25세, 동작구 사당동)

5월 중순의 상쾌한 목요일 오후.

스물다섯 살 강한나는 지금 파리를 거닐고 있다. 이 무렵 파리는 포근하고 청량하다. 그녀는 파리에서 가장 아름답다고 이름난, 알렉상드르 3세 다리를 건너면서 센 강변을 물끄러미 바라본다. 산뜻한 강바람이 볼을 스치고, 따스한 햇볕이 온몸을 감싼다. 강남역 자라ZARA 매장에서 산 땡처리 원피스가 적절하게 바람에 날린다. 반포 고속버스터미널 지하상가에서 5천 원 주고 산 귀걸이가 찰랑거린다. 나는 지금 파리의 여신이다. 그녀는 강바람을 느끼며, 알 수 없는 해방감을 느낀다.

한나는 파리가 마음에 든다. 특히 이곳 남성들의 관심과 시선이 즐겁다. 다리 하나를 건너는데, 벌써 열댓 명의 시선이 느껴진다. 여기서 아무렇지 않게 무심히 지나가는 게 포인트. 단 하나 문제가 있다면, 길이 울퉁불퉁해서 하이힐 신고 걷기 어렵다는 것 정도. 그래도 내색하지 않고 자연스레 거닌다. 175㎝를 훌쩍 넘는 그녀는 한국에서 주로 단화만 신었다. 키 작은 한국 남성들에 맞추느라, 다소 상체를 숙이는 엉거주춤한 자세가 몸에 배었다. 그런데 이곳은 파리. 어깨를 열고 척추를 편다. 그녀의 무기, 몸매 굴곡이 한껏 살아나기 때문이다. 파리 현지 뭇 남성들의 뜨거운 시선은 서구적 몸매와 동양적 얼굴의 부조화 때문이겠거니 미루어 짐작해본다. 이런 몸매를 가진 동양 여인을 쉽게 보지는 못했을 것이다. 실제 이곳 남자들은 다들 무슨 패션모델이냐고 그녀에게 종종 묻는다. 그런 그녀가 파리에서 가장 먼저 배운 프랑스어 세 마디는 "감사합니다"와 "나는 별로 관심이 없어요", "나는 간호사입니다"라는 말이다.

'파리 대첩' 시즌 2를 위하여

● ● ●

다리를 건너, 좁은 골목으로 걸어가는데, 오늘도 한 프랑스 남성이 그녀 뒤를 달라붙는다. 사진을 찍는 셔터 소리가 들린다. 기분이 좋은 듯하면서도 묘하게 불쾌하다. 왜 이 남성은 내 뒤를 미행하지? 이곳에 이상한 사람들이 많다는 걸 알았지만, 대놓고 저렇게 내 뒤태를 찍어대는 사람이 있을 줄이야. 무슨 변태일지도 몰라. 순간 불안하다. 로댕 미술관 즈음에 이르자, 불안감이 더 커졌다. 그녀는 휙 돌아서, 자기 뒤태 사진을 찍는 남자를 경고의 눈빛으로 쏘아보았다. 짙은 갈색 머리에 검은 선글라스, 청바지를 입은 마르고 키 큰 프랑스 남자였다. 그녀와 시선이 마주치자 그는 알듯 모를 듯한 미소를 지었다. 그런데 그 순간에도 계속 사진을 찍는 것 아닌가? 어라, 이건 뭐지? 나를 무시하나? 키 작고 못생기고 배 나온 나폴레옹 같은 외모였으면 그냥 무시하고 지나쳤을 텐데….

내심 그가 찍은 자신의 사진을 보고 싶기도 했다. 도대체 얼마나 많이 찍은 거야? 어쩌면 유명한 사진작가일지 몰라. 그녀는 용기를 내어 그를 향해 다가갔다. 치근덕거림은 익숙하지만, 이렇게 집요하게 사진 찍는 사람은 처음이다. 이럴 때 프랑스말로 뭐라고 그러지? 그녀는 서울에서 초단기 속성으로 배운 불어 단어들을 열심히 떠올려본다. 몇 걸음 다가가자, 프랑스 남자 특유의 머스크 향수 냄새가 풍겼다. 자신도 모르게 그의 손에 든 DSLR 카메라를 낚아채려고 손을 뻗었다. 그 순간 어디선가 익숙한 알람 소리가 귓전을 때린다. 이게 무슨 소리지?

아침 6시, 여기는 그녀의 동작구 사당동 자취방이다. 아이폰 알람 소리에 깬 한나는 못내 아쉽다. 너무 허망하고 아름다운 꿈이었다. 그녀는 행복한 감상에 빠져 얼굴을 두 손으로 매만지며 잠시 미소를 짓는다. 2년 전 파리에서 있었던 일이 요즘 계속 꿈에 나온다. 그날 일이 살짝 로맨틱 코미디 버전으로 각색되어 꿈속에서 연일 상영 중이다. 세부적인 꿈 내용은 조금씩 다르지만, 핵심은 같다. 바로 '한국 여신 몸매의 파리 여행기'다. 그녀는 코로나 사태가 진정되면, 기필코 파리를 다시 방문하겠다고 마음먹는다. 현지에서 너무 화끈한 반응이었다.

하루빨리 후속편을 찍어야 한다. 그녀는 더욱 준비된 상태로 만들어, 파리를 방문하겠다고 다짐한다. 침대를 박차고 일어나, 한번 더 결의를 세우듯 입술을 깨물고, 스트레칭을 한다. 혹시 자면서 펑펑해졌을지 모르는 엉덩이에 바짝 긴장감을 불어 넣는다. 잠자면서 납작해질까 봐 겁나서, 예전에는 엎어져서 자기도 했다. 요가 매트를 펴고, 간단히 아침운동을 한다. 유튜브에서 본 힙업 동작은 특히 힘주어 10회 반복한다. 몸에서 우두둑 소리가 난다. 기분 좋은 소리다. 스트레칭을 마친 그녀는 이제 출근 준비를 한다.

동해안 절벽과 경주 천마총

● ● ●

"아버님, 힘주세요."

베레모를 쓴 할아버지 환자에게 그녀가 주문한다. 피 검사하려고 주삿바늘 꽂을 정맥을 찾는데 도통 보이지가 않는다. 설령 찾았다 한들, 환자가 팔에 힘을 주지 않으면 피를 뽑기 쉽지 않다.

할아버지는 "끙~" 소리와 함께 힘을 주지만, 여전히 혈관은 오리무중이다. 그녀가 일하는 동네는 은퇴한 노인들이 많이 사는 부촌 아파트 대단지다. 그래서 어려움이 종종 있다. 귀가 잘 안 들리는 어르신들이 많아 소통이 어렵다. 손으로 직접 적어서 하나하나 설명해줘야 한다.

그녀는 일터에서 육체의 노화가 무엇인지를 보고 배운다. 나이가 든다는 것은 서글픈 일이다. 그나마 부자 어르신들이니 돈 쓰는 재미라도 있지, 그렇지 않은 노인들은 얼마나 슬플까. 특히 엉덩이 주사를 놓을 때가 하이라이트다. 노화가 무엇인지를 절감하는 절정 구간이다. 남녀 구분 없이 어르신들이 주뼛주뼛 바지춤을 내리고 내보이는 엉덩이는 완전 납작한 모양이다. 마치 동해 무슨 절벽 같다. 굴곡이라고는 일절 없다. 그 늘어진 표면에 주삿바늘을 살살 넣는다. 그래도 아프다고 난리다. 절벽 같은 엉덩이는 노화의 황량함을 상징한다. 피부에는 커다란 모공이 떡하니 보인다. 검버섯이 피어서 피부 표면이 얼룩덜룩하고 늘어져 있다. 춥고 바람 부는 겨울 바다 같다.

그러던 어느 날, 이 근처에서는 좀처럼 볼 수 없는 한 청년이 나타났다. 큰 키에 주민등록번호로 보아 스물다섯 살 남성이다. 그는 꽉 끼는 청바지나 면바지를 입고 병원에 방문했다. 그는 다리를 꼬고 진료를 기다리는데, 바지가 작아서 발목 위 복사뼈가 훤히 보였다. 마침 오늘은 이 청년이 엉덩이 주사를 맞는 날이다.

그의 엉덩이는 여태껏 보았던 엉덩이들과 차원이 달랐다. 동그랗게 융기한 커다란 언덕 형상이었다. 마치 수학여행 때 경주에서 봤던 봄날의 천마총 고분 같았다. 운동을 열심히 하는 청년 같았다. "따끔합니다." 저렇게 탄탄한데 설마 아프겠어? 힘을 주지 않아도 저렇게 볼록한데. 그녀는 굴곡 언저리에 주삿바늘을 힘껏 밀어 넣었다. 그러자 "악" 외마디 소리를 지르며 청년이 몸을 움찔했다. 조금 세게 넣었나 보다. "어떡하죠, 많이 아프세요?" 그녀는 알코올 솜으로 주사를 깊게 넣은 천마총 4부 능선을 문지른다. 복숭아 같은 엉덩이 표면에 벌써 시퍼런 멍이 생기려고 한다. 청년은 신음을 연발하며, 속옷과 바지춤을 주섬주섬 올린다. 다른 환자였다면, 엄살이겠거니 싶어 그녀는 눈 하나 깜짝하지 않고 주사실을 나갔을 테지만, 이 청년에게는 너무 미안했다. "어떡해, 제가 요 앞 카페에서 아메리카노라도 사드릴까요?"라는 말이 나올 뻔했다. 불주사 때문일까? 그 젊은 환자는 병원에 발길을 끊었다. 그렇게 아팠나? '레어템' 천마총은 그렇게 사라지고, 그녀는 무수한 동해안 절벽을 마주하다가 퇴근했다. 그리고 그녀가 달려간 곳은 필라테스 스튜디오.

앉으나 서나, 엉덩이 생각

● ● ●

병원이랑도 거리가 있고, 집에서도 꽤나 멀리 떨어진 이 스튜디오를 찾는 이유는 여자 선생님의 명성 때문이다. 특히 이 선생님은 몸매의 장점을 극대화시켜주는 탁월한 능력을 겸비하신 분이다. 한나를 처음 봤을 때도, 하체가 서구적이라며 칭찬을 아끼지 않았다. 그녀의 자신감 원천인 엉덩이를 더욱 강력하게 만들고 싶은 마음이 한층 커졌다. 인스타그램에서 유명하신 분이라 등록도 쉽지 않았다. 선생님과 이런저런 이야기를 나눴다. 주로 몸매 개선을 위한 내용들이었다.

어느 날 선생님이 물었다. "왜 이렇게 엉덩이, 하체 운동에 집중하세요? 회원님." 한나는 다소 민망한 듯하지만, 파리에서 있었던 에피소드를 얘기하면서, 그곳에서 얻은 뒤태 자신감을 드러냈다. 그러자 선생님은 진지하게 고개를 끄덕이면서 말했다. "혹시 바디 프로필 사진 찍을 생각은 없으세요?" 파리에 가기 전에 일종의 준비 작업처럼 생각하는 건 어떻겠냐는 조언이었다. 바디 프로필이 뭔지는 알았지만, 그렇게까지 사진을 찍어야 하나 싶었는데, 전적으로 의지하는 선생님이 그렇게 말씀하시니 갑자기 동기부여가 되었다. 옳거니. 파리 시즌2를 준비하기 위한 출사표를 찍어보는 거다. 한나에게 새로운 목표가 생겼다.

"야, 무슨 생각해?" 카페에서 한 친구가 그녀에게 묻는다. 갑자기 정신을 차린 듯, 그녀가 대꾸한다. "아니야, 아무 생각 안 했는데." 미소를 지으며, 화제를 돌린다. 사실 그녀는 계속 엉덩이를 생각하고 있었다. 자신의 엉덩이를 돋보이기 위해서는 남들의 엉덩이를 유심히 관찰해야 한다. 타인의 사례를 적극적으로 참고해야만 차별화가 가능하다. 엉덩이 견문見聞이다. 남녀를 가리지 않고, 될 수 있는 대로 많은 엉덩이를 보고, 그가 어떤 직업을 가졌는지 상상해보곤 한다. 그녀의 관찰에 따르면, 사무직은 상대적으로 평평한 엉덩이를 가지고 있는 것 같다. 나중에라도 남자친구를 사귀면, 지난번 청년같이 천마총 엉덩이 소유자면 좋겠다. 최소한 자신과 비등한 수준이어야 한다. 예전에는 키가 중요했지만, 이제는 엉덩이다. 그녀가 얼굴이나 키를 보지 않겠다는 것은 아니지만, 조금 부족하더라도 엉덩이가 훌륭하면 만날 의향이 있다. 어떤 유쾌한 반전이다. 얼굴은 못생겼는데, 엉덩이가 잘생기면 로맨틱한 해피 엔딩을 기대할 수 있을 것 같다.

만일 엉덩이가 결격이면 단칼에 탈락이다. 자신의 기준을 상대방에게 요구하는 건 자연스럽다. 몸 좋은 남자가 몸 좋은 여자를 좋아하는 것과 같다. 왜 여성이 이런 이야기를 하면, 이상한 여자 취급하는가. 나는 내 욕망의 주체이며, 그 욕망을 위해 노력하는 젊은 여성인데. 게다가 납세의 의무도 성실히 이행하는데. 누가 나의 욕망을 뭐라 할 수 있는가? 그런데 금방 확인할 수 있는 얼굴이나 키와는 달리 엉덩이는 직접 '뚜껑을 열어보기 전까지'는 알 수 없다. 매우 치명적인 단점이다. 초면에 수영복을 입고 만날 수는 없으니 말이다. 그러니 눈빛으로 대상을 열심히 주시할 수밖에 없다. 매의 눈빛으로 사람들의 뒷모습을 관찰한다. 그녀의 눈은 옷을 꿰뚫어 볼 정도가 되었다.

이런 얘기를 행여나 친구들에게 말하면, '밝히는 여자'처럼 비칠 수 있으니 일절 내색하지 않는다. 친구들 만날 때도 몸매 굴곡이 드러나지 않는 어둡고 펑퍼짐한 옷을 주로 입는다. 자랑하는 것처럼 보이고 싶지 않다. 궁금한 점이나, 알고 싶은 건 네이버나 구글 또는 인스타그램을 열심히 찾아본다. 그녀도 엉덩이 전문 인스타그램 계정을 만들었다. 얼굴은 드러내지 않은 채, 뒤태만 담은 사진을 해시태그 없이 올린다. 그래도 기가 막히게 남성들이 찾아온다. 알고리즘 때문일까? 엉덩이 사진을 누른 남성 또는 여성들의 화면에 그녀의 엉덩이도 노출되는 듯했다. 꽃을 찾아 헤매는 벌떼처럼 한나의 인스타그램에 몰려왔다. 댓글로 몸매 칭찬과 함께 대뜸 이렇게 안부 인사를 받은 적도 있다. "아주 환상적이시네요. 요즘 바쁘세요?" 바쁘지 않으면 만나 달라는 이야기인가? "어디서 무엇을 하시는 분이길래, 이런 국가대표급 몸매를. 후덜덜덜." 내가 정말 국가대표급 몸매인가? 고개를 갸웃하면서도 즐겁게 황당하다. 가장 어처구니없는 댓글은 "본인 엉덩이 맞으세요?" 조만간 엉덩이로 유명해진 여인이라는 타이틀이 붙을 것만 같다. 직업을 바꿀 생각은 전혀 없는데, 사람들 반응탓에 고민에 빠진다. 진짜 진심으로 하는 소리인가? 그래서 더욱 파리에 다시 가야겠다는 의지를 다진다. 정말 내가 국가대표급인지, 그곳에서 확인하고 싶다. 나의 가능성을 시험할 곳은 서울이 아닌 파리다. 객관적이면서 동시에 세계적인 기준에서 평가받고 싶다.

재롱잔치는 싫어요~ 헬무트 뉴튼 st.

● ● ●

친구와 헤어져서 교보문고 광화문점에 들렀다. 서점 중앙 평대에 놓인 사진작가들 책이 눈에 들어왔다. 어~, 이게 뭔지? 한 여성이 '바니걸' 옷을 입고 고개를 뒤로 젖힌 채, 담배를 피우는 모습이다. 검은색 토끼 귀가 머리 위로 봉긋 솟아 있다. 그런 그녀 뒤편에는 뉴욕의 검은 마천루가 병풍처럼 을씨년스럽게 서 있다. 이런 사진을 찍는 사람은 누굴까? 사진작가 헬무트 뉴튼 사진집이다. 30% 할인해도, 4만 원이 넘는 가격이었다. 그래도 엉덩이 연구에 적합한 책 같아서 구매했다. 집에 와서 책을 열어보니, 표지는 애교 수준이었고, 야한 사진들이 즐비했다. 엉덩이 연구만이 아닌, 인간의 욕망을 사진으로 보여주는 작가 같았다. 게다가 그의 모델들은 몸에 탄탄한 긴장감이 흐르고 있었다. 그녀가 환자들에게 주사를 놓을 때, 매번 하는 그 말 "힘주세요" 같은 주문을 사진작가도 모델에게 수없이 했을 것 같다.

갑자기 헬무트 뉴튼을 너무도 잘 이해할 수 있을 것 같았다. 모델들은 하나같이 탄탄해서 주삿바늘도 구부릴 것 같은 피부 표면을 가졌다. 그리고 자신의 육체를 당당히 내보이는 어떤 자신감이 인상적이었다. 한치의 부끄러움이나 망설임이 없다. 특히 그는 사진 전반에 음영을 주어, 화면에 입체감을 불어넣었다. 화들짝 놀라게 하는 달걀귀신 같은 얼굴 사진은 없었다. 그래서 더 현실적이고 거친 느낌이었다. 결과적으로 그의 사진은 대단히 현실적이지만 일상에서 쉽게 접할 수 없는 성적 환상 같다. 간담을 서늘하게 만드는 에로티시즘이랄까? 그러니 위대한 사진작가겠지? 한나는 사진에 대해서 모르지만, 헬무트 뉴튼이 말하고자 하는 어떤 철학 정도는 이해할 것 같았다. 육체와 욕망도 시간에 결국 패배하고, 아름다움도 그저 순간이다. 그 순간을 담아내기란, 사진이 제일 좋겠지. 그녀는 그렇게 결론을 내리고, 앞으로 찍을 바디 프로필은 헬무트 뉴튼이 찍는 사진이었으면 좋겠다고 다짐한다.

"헬무트 뉴튼 스타일로 찍어주세요." 그녀는 바디 프로필 스튜디오 실장이라는 사람에게 그렇게 말했다. 사진작가와 대면하기 전에 만나는 사람이 실장이다. 일종의 대리인 역할을 한다. "헬무트 뉴튼이요?" 스튜디오 실장이 되물었다. 무슨 새로 나온 독일 냄비 브랜드 아니냐? 는 표정이었다. 한나는 속으로 한숨을 쉬었다. 바디 프로필 찍는 사람들이 이 정도의 견문도 없다니. 그래서인지, 바디 프로필이라고 남들이 찍은 사진을 보면, 무슨 헐벗은 꼬마들 재롱잔치 같았다. 남자나 여자나 차이가 없다. 남자는 다들 오일 1ℓ 정도를 몸에 바른 채, 얼굴 가득 인상을 쓰면서 강인한 남성상을 연기한다. 여성은 무슨 컵케이크 광고 찍는 모델들 같았다. 방향성은 다르지만, 결국 관심받고 싶어 하는 재롱잔치 꼬마 남녀들이다. 만약 내가 간호사라고 밝히면, 촬영할 때 간호복을 가지고 오라고 이야기할지도 모른다. 이런 수준의 사람들에게 내 뒤태 사진을 의뢰할 수밖에 없는 현실이 슬프다.

그녀는 지금껏 제대로 된 전문가, 높은 식견과 대담한 행보를 하는 사람을 찾을 수 없었다. 앞에 앉은 뿔테 안경을 쓴 실장이라는 사람은 의지가 있는지, 곧장 구글 이미지로 헬무트 뉴튼을 찾아본다. 다른 사람들은 아예 난 모르겠다는 얼굴이거나, 딴 데 가서 알아보라는 식이었다. 배우려는 자세가 마음에 들었다. 아이패드를 몇 번 쿡쿡 누르더니 실장이 고개를 끄덕이며, 강한나를 쳐다본다. “혹시 사진 공부하셨어요?” 그녀는 고개를 가로저으며, “이상한 사진 절대 아니고요, 얼굴은 드러나지 않아도 좋아요. 대신 하반신에 흐르는 긴장감, 근육을 잘 표현해 주셨으면 좋겠어요. 특히 엉덩이. 그리고 블랙앤화이트로 찍어주세요. 재롱잔치 같은 사진은 질색이에요.” 그녀는 실장이 아이패드로 찾은 이미지를 손가락으로 가리키며 말했다. 실장은 알겠다는 듯이 고개를 크게 끄덕이며, 흥미롭다는 듯이 눈을 반짝였다. 새로운 미학적 도전이 기대된다는 눈빛이었다. “언제 시간 되세요? 일정을 잡아볼까요?”

국가대표급 애플힙의 각오

• • •

그녀는 기분이 좋다. 드디어 내일 사진 촬영이다. 엄격한 식단 조절과 운동으로 그간 철저히 이날을 준비해 왔다. 퇴근 후 하루도 빠짐없이 필라테스를 하러 갔다. 근 한 달간 술도 피했다. 각종 군것질, 탄수화물도 멀리했다. 닭가슴살과 달걀흰자, 셀러리와 브로콜리를 먹으며, 아이스아메리카노를 마셨다. 사진작가에게, 실장으로부터 자신의 요구 상황을 잘 전달받았는지 확인했다. 조금이라도 미학적 방향이 일치하지 않으면, 바로 그만두겠다고 엄포를 놓았다. 이 모든 과정이 추후 파리에서의 주목과 성공을 얻기 위한 투자이며 노력이다. 유럽인들에게 국가대표 애플힙의 위력을 보여주겠다는 각오다. '걸어 다니는 천마총', 파리 거리를 활보하는 동양인의 아름다움을 뽐낼 것이다. 그리고 콧대 높은 프랑스인들에게 생경한 비주얼 충격을 안겨 줄 계획이다. 그들의 알량한 서구 중심적 관점도 함께 무너뜨릴 것이다. 에펠탑도 기울어뜨릴지 모른다. 그리고 어쩌면, 아주 어쩌면, 그 광경을 보고, 이 시대 헬무트 뉴튼에게 발탁될지 모른다. 바디 프로필 촬영은 그날을 위한 준비 과정이다. 배고프고 몸이 고달픈 건 아무것도 아니다. 기다려라, 파리. 한나는 오늘도 굳게 마음을 먹는다.

IT 기술로 배우는
육체의 교실

"힘들어도 참을 수 있어요, 저의 인생이 걸린 일이거든요." 홈트레이닝을 시작한 지 6주 차에 접어든, 서른 살 회사원 K는 오늘도 모니터를 바라보며 동작을 따라 하는 걸 멈추지 않는다. 그가 하루도 운동을 빼먹을 수 없는 이유는 한 달 후 예정된 바디 프로필 촬영을 앞두고 있기 때문이다. 집에 돌아오면 가장 먼저 하는 일이 컴퓨터를 켜는 일. 유튜브에 접속, 오늘의 운동에 적합한 콘텐츠를 찾는다. 27인치 모니터를 바라보며, 열심히 동작을 따라 한다. 화면 속 강사와 등장인물들이 마치 진짜 '운동 친구' 같은 느낌을 준다. 오늘도 하루분의 운동을 무사히 마치고, 흰 닭가슴살을 물어뜯는다. 단백질의 맛이다.

홈트레이닝으로
슈퍼 모델 될래요

틱톡, 인스타그램, 유튜브 등에 운동 관련 콘텐츠가 넘쳐나고 있다. 인스타그램 해시태그(#)로 검색하면 각각 #홈트 176만, #바디 프로필은 219만에 달하는 콘텐츠들이 나온다. 엄청난 인기 고공행진이다. 유튜브에서도 홈트레이닝을 검색하면 수백만 조회수를 자랑하는 콘텐츠가 쏟아진다. 바디 프로필도 비슷하다. 바디 프로필 촬영 노하우, 장단점 등의 내용을 담은 콘텐츠가 수없이 검색된다. "절대 바디 프로필 찍지 마세요, 실망합니다"와 같이 자극적인 문구를 달아놓아 사람들 관심을 역으로 끌기도 한다.

조금만 관심과 흥미가 있으면, 직접 검색해서 내용을 확인할 수 있다. 지금 "사람들은 왜 바디 프로필에 환장하는지?" 그 집단적인 욕망을 슬쩍 목격할 수 있다. 검색만 하면 누구나 다 알 수 있는 세상이다. 남들의 욕망을 보고 이제 그 대열에 동참할지만 결정하면 된다. 그만큼 진입장벽이 낮다. 이처럼 유명인이 아니어도, 쉽게 시작할 수 있다는 장점과 함께, 자기 몸의 가치를 높이는 활동은 최근 SNS 문화와 함께 순풍을 타고 있다. 코로나 시대, 사람들의 관심을 끌고 있는 홈트레이닝과 바디 프로필을 통해서 자신의 몸을 인증하려는 움직임이 거세다.

홈트레이닝은 집을 뜻하는 홈Home 과 운동을 의미하는 트레이닝Training이 결합한 신조어다. 집에서 하는 운동을 가리킨다. 유튜브, 인스타그램, 줌 같은 플랫폼을 활용해서, 콘텐츠를 보고 직접 따라 하면서 운동을 한다. 콘텐츠 속 강사와 전문가들이 기구 없이 운동할 수 있는 여러 가지 방법과 노하우를 알려준다. 시청자들은 이를 따라 하면서 몸을 단련한다. 강사들은 이러한 콘텐츠를 올림으로써, 해당 주제와 내용에 대한 전문성을 인정받고 명성을 쌓아간다. 실제로 운동하는 영상으로 인지도를 높인 강사가 오프라인 스튜디오 공간을 열어서 수강생들을 받기도 한다. 온라인은 사람들을 끌어모으는 역할이다. 커다란 사업을 일군 경우도 속속 등장한다. '올블랑TV'같은 유튜브 채널은 홈트레이닝 붐을 타고 크게 성장한 경우다. 그렇다면, 실제로 홈트레이닝을 하는 사람들의 생각과 의견은 어떠한가.

이를 위해 2030 남녀, 홈트레이닝 사용자 31명과 심층 인터뷰를 진행했다. 이들은 주로 코로나 발병 이후, 헬스장에서 할 수 없는 운동을 집에서 대체하는 목적으로 홈트레이닝을 시작했다고 한다. 그리고 그 이후로 꾸준하게 이용하는 중이다. 어쩔 수 없이 울며 겨자먹기로 시작한 홈트레이닝이었으나, 생각보다 만족스러워서 계속한다는 의견도 많았다. "시작은 억지로 했지만, 해보니 영상 보는 재미도 있고, 따라 하는 재미도 있어요." 24세 대학생 K는 홈트레이닝 팬이 되었다.

멘탈 건강, 자기계발, 동료의식 뿜뿜

홈트레이닝 콘텐츠를 즐겨보는 사람들이 말하는 동기와 장점은 크게 세 가지로 모아진다. 첫째, 코로나로 인해서, 집에 머무는 시간이 많아지면서 어쩔 수 없이 집에서 운동을 시작한 경우다. 처음에는 낯설지만, 점점 하면서 익숙해졌단다. 별도의 장비가 없어도 할 수 있는 운동이 많다고 한다. "집에서 계속 먹고 찌뿌둥하다가 영상을 보고 따라 하니, 몸도 단단해진 느낌이다.", "헬스장에 다시 나가도 집에서도 홈트레이닝을 계속한다." 24세 대학생 J는 홈트레이닝의 장점을 열거했다.

두 번째는 자기계발과 멘탈 관리 목적이다. 코로나로 인해, 요즘같이 뒤숭숭한 시간일수록, 몸을 움직이면서 건강도 챙기고, 동시에 멘탈 관리를 하겠다는 의도이다. 몸을 움직이면 불안감도 감소하고, 몸에 자신감도 생기니, 요즘 같은 시기에 적격이라는 평가다. 마치 과거 외국어를 공부하는 것처럼, 집에서 운동할 수 있는 여러 콘텐츠를 접할 수 있기에, 자기계발의 일종이라고 여긴다. 몸매와 건강한 삶에 관한 관심과 흥미가 높아지면서 사람들은 이러한 내용도 중요한 자산으로 간주한다. "내가 가진 몸이 바로 내 인생이죠, 자기관리를 하지 않으면 도태되거든요. 그러면 더 울적해지고요." 29세 회사원 H는 목소리를 높였다.

세 번째는 연대의식이다. 홈트레이닝은 함께 운동하고 있다는 인식을 준다. 같은 공간에서 같이 운동하는 듯한 인상을 준다. 그만큼 연대감도 생기고, 동료의식도 느낀다. 비슷한 처지에 있는 사람들이 함께 운동하고 있으니, 자연스레 심정적인 지지를 서로 받는다고 했다. 연예인 콘서트 현장에 와 있는 느낌이랄까. 유튜브의 경우 댓글이나 질문 등을 남기면, 강사가 답변해주는 것도 좋았다고 말했다. 특히 실시간 방송인 '라이브 기능'을 활용하여 즉석에서 강사가 운동하는 모습을 시범으로 보여주고, 다 같이 실시간으로 운동하는 모습도 재미가 있다고 했다. 홈트레이닝이 운동을 돕는 기능도 하지만, 일종의 '실시간 예능' 같단다.

#바디 프로필, 나의 몸을 기록할래

바디 프로필은 이렇게 잘 만든 몸을 사진으로 남겨놓는 행위다. 운동으로 다져진 몸을 사진 촬영한다. 얼굴 증명사진 찍는 것처럼, 몸매의 장점이 돋보일 수 있도록 사진에 담는다. 그냥 혼자서 거울을 보고 찍는 게 아니라, 전문가의 도움을 받아서 다양한 콘셉트 촬영을 진행한다. 가격은 목적과 범위, 전문가 개입 정도에 따라서, 수백만 원에 이르기도 한다. 서울 강남에 위치한 유명 바디 프로필 스튜디오는 향후 수 개월가량 예약이 가득 차서, 이미 마감된 상태다.

젊은층에서 시작한 바디 프로필 열풍이 이제는 40대 이상 남녀들에게도 퍼지는 추세다. 실제로 바디 프로필 전문업체에 따르면, 과거 젊은 남녀 위주에서 점차 사진을 찍으려는 연령대가 높아지고 있다고 한다. 사람들의 주문 역시 건강한 콘셉트를 강조하는 내용이 늘고 있다. 인스타그램 등지에 몸매를 과시하려는 것만이 아니라, 운동 후 개선된 몸 상태를 사진으로 남기려는 목적인 것이다. 촬영 목적이나 동기도 성적인 과시에서, 좀 더 편안한 콘셉트로 바뀌는 추세다. 최근에 바디 프로필을 찍은 45세 직장인 J는 “꼭 누군가에게 보여주기 위해서 찍은 게 아니라, 운동으로 고생한 자신에게 주는 선물”로 촬영했다고 밝혔다. 한 번만 찍는 게 아니라, 여러 차례 찍는 사람도 늘고 있다. 이번이 두 번째 촬영이라고 말한 28세 회사원 L은 “일 년 전에, 처음 촬영할 때는 남들 하는 대로 따라 찍었는데 많이 어색했다. 이번에는 좀 더 나 자신을 잘 보여주고, 편안하게 나의 몸을 알리고 싶다”라며 달라진 목적을 설명했다. 이번에 대학을 졸업하고, 회사에 취직하는 24세 K도 촬영 목적을 “추억 만들기”라고 밝혔다. 가장 아름답고 자신 있는 몸을 사진으로 남기고, 긍정적인 피드백도 듣고 싶다고 했다.

이들에게는 ‘열심히 사는 자신의 삶과 몸’에 대한 기록이자 저장의 의지가 역력했다. 또한, 최근 우리 사회에서 중요하게 자리잡은 ‘인증 문화The culture of validation’의 단면처럼도 보였다. 자신의 성취를 내보이고, 사람들로부터 긍정적인 피드백을 받기를 원하는 모습도 읽힌다. 이는 긍정적인 자기계발 에너지이며, 동시에 코로나로 어려움을 겪는 사람들에게 소소한 위안이다.

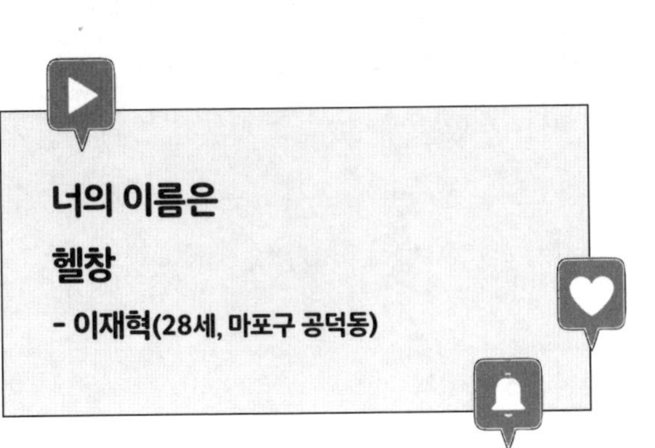

너의 이름은 헬창

- 이재혁(28세, 마포구 공덕동)

"머리가 나쁘면 몸이라도 좋아야 한다." 93년생 남성, 이재혁이 유독 많이 들은 말이다. 그는 서울에서 두어 시간 떨어진 곳에서 태어나고 자랐다. 지방 공무원으로 일하는 그의 아버지는 어릴 적부터 운동의 중요성을 강조했다. 아버지는 "몸이 가장 큰 자산"이라고 누누이 얘기했다. 어린 그를 데리고 동네 강가에 가서 수영을 가르치곤 했다. 수영 강습을 끝내면, 추워서 덜덜 떠는 아들을 데리고 동네 분식집에서 떡볶이와 라면을 사줬다. 입가에 빨간 소스를 묻혀가면서 먹는 아들을 물끄러미 바라보다가 다 먹었다 싶으면, 은근슬쩍 묻곤 했다. "공부는 알아서 잘하고 있지?" 그럴 때 말고는 공부에 대해서 구체적인 이야기를 나눈 적은 없다. 재혁은 알아서 공부했다. 공부도 곧잘 하는 편이었다. 서울에 있는 대학교로 진학했다. 그는 한번 시작하면 작정하고 파고드는 성격이라, 공부도 운동처럼 했다. 그는 우려와 다르게, 머리가 나쁜 사람이 아니었다.

사이즈가 남다른 천조국에서

● ● ●

재혁은 군대를 전역하고, 미국으로 어학연수를 갔다. 서울에 있는 대학에 진학하겠다는 것도 그의 의지였다. 넉넉한 형편이 아니지만, 미국에 가겠다는 것도 역시 그의 결단이었다. 그는 좀처럼 마음속에 있는 이야기를, 포부를 내뱉지 않는다. 그저 조용히 준비하고 행동으로 옮긴다. 그는 아르바이트를 여럿 뛰면서, 독하게 돈을 모으고, 미국에 갔다. 가장 싼 비행기를 타고, 기내에서 제공하는 맥주를 연거푸 마셨다. 태평양 상공에서 스스로에게 다짐했다. 넓은 세계를 보고 오겠다고. 그렇게 미국에 도착했을 때, 그는 미국 땅의 그 썰렁함과 광활함을 잊을 수 없었다. 대도시는 물가가 비싸서, 미국 내륙 깊이 중서부로 이동, 그곳에서 생활을 시작했다. 아시아인들을 좀처럼 찾아볼 수 없는, 한적하고 조용한 미국 시골이었다.

그는 거기서 미국의 크기에 한번 놀라고, 사람들의 체격에 한 번 더 놀랐다. 건물들은 하나같이 컸다. 주차장은 운동장 같았다.

농약을 뿌리기 위해 헬기를 이용한다는 말이 농담인 줄 알았는데, 진짜였다. 정말 헬기로 살포했다. 사람들 체격들도 좋았다. 과체중도 많지만, 체격 자체가 큰 사람도 많았다. 그에 비해 자신은 한없이 왜소했다. 아시아인은 골격이 태생적으로 작고, 몸을 키우기 쉽지 않다는 것도 거기서 알았다. 그냥 운동하면 몸이 커지는 줄 알았는데, 아시아인은 미국인처럼 몸을 키우려면 최소 4배 더 열심히 운동해야 한다. 그는 영어를 배우러 간 건지, 운동하러 간 것인지, 스스로 헷갈릴 정도로 운동에 매진했다. 모든 아시아인이 다 왜소하지는 않다는 사실을 사람들에게 증명하고 싶었다. 과정은 힘들지만, 운동에 시간을 들일수록, 결과물은 눈에 띄게 좋아졌다. 미국에서의 경험은 그가 몸에 집착하게 된 결정적인 계기가 되었다. 1년 후, 그가 인천공항으로 돌아오는 날, 아버지가 마중 나왔다. 운동으로 몸이 불어난 아들을 반기며, "못 알아볼 뻔했다"라며, 자랑스레 그를 쳐다보았다. 그것은 과거 분식집에서 라면을 먹던 아들을 바라보는 눈빛이었다.

살 뺀다면서, 돈가스 사진이 웬 말이냐?

● ● ●

그는 회사에서 "몸 좋은 재혁 씨"로 통한다. 여직원들은 그를 쳐다볼 때 위아래로 훑어본다. 그런 시선이 싫지 않다. 좋은 관심과 건강한 주목을 받는다고 여긴다. 무엇보다 노력한 결과라고 생각한다. 남자 선배들은 그에게 어떻게 운동을 하면, 잘할 수 있는지 종종 물어본다. 그는 될 수 있으면 친절하게 설명해준다. 하지만 그 사람들이 직접 몸을 움직여서 운동할 것 같지는 않다. 그냥 이야기만 듣는 거다. 말만 할 뿐이다. 독하지 않으면 운동 못 한다.

그의 몸과 운동에 대한 집착은 사실 통제에 대한 욕심이다. 그는 다른 사람 일에는 도통 관심이 없다. 세상 돌아가는 것도 잘 알지 못한다. 그는 자신이 통제할 수 있는 범위에만 관심 있다. 그러한 테두리에 완벽히 들어가는 것이 자신의 몸이다. 그는 의지박약한 인간들을 경멸한다. 자기 몸뚱이 하나도 관리하지 못하는데, 어떻게 더 큰 일을 이야기할 수 있겠나. 그래서 그는 뚱뚱한 정치인을 싫어한다. 체중 관리를 못 한다는 것은 그만큼 의지가 부족하다는 뜻이다. 그렇게 의지가 부족한데, 어떻게 조직을, 사회를 관리할 수 있겠나. 속으로 그는 혀끝을 찬다. 입으로 운동하는 사람도 경멸한다. 맨날 다이어트한다고 떠벌리고, 어디서 뭐 먹고 있는 인간들을 싫어한다. 다이어트 한다면서, 왜 인스타에 돈가스 맛집 사진을 올리는가? 보자 하니 한 2천 칼로리는 넘는 것 같다. 뭔가 앞뒤가 맞지 않는다.

그는 술도 안 마시고 담배도 피우지 않는다. 술은 근육 손실에 치명적이고, 담배도 폐를 검게 만든다. 자신의 몸에 해가 되는 건 절대 하지 않는다. 퇴근 후 그가 달려가는 곳은 체육관이다. 평일 저녁 메뉴로는 닭가슴살과 삶은 달걀흰자를 으깨서 플라스틱

통에 준비한다. 근 2년간 고정 메뉴다. 그에겐 음식 맛보다는 영양 성분이 중요하다. 단백질 보충제도 꼭 챙겨 먹는다. 미국에서 사람들이 영양보충제, 비타민을 챙겨 먹는 것을 보고 그도 열다섯 개 정도 매일 먹는다. 아침에 일어나면 약 먹는 게 일이다. 그렇게 챙겨 먹으면서, 자신의 삶이 통제되고 있음에 기쁘다. 그는 이러한 건강한 하루하루가 쌓여서 결국 성공적인 삶이 완성될 것이라 믿는다.

그는 도통 친구도 만나지 않는다. 만나서 시시껄렁한 이야기를 할 바엔 차라리 러닝머신과 대화하는 게 낫다. 깜빡이면서 올라가는 숫자는 거짓말도 하지 않고, 성가시게 굴지도 않는다. 그는 사실 대화를 싫어한다. 일방적인 커뮤니케이션을 좋아한다. 인간의 몸에는 무수한 근육이 있는데, 이 근육들을 어떻게 쓰느냐에 따라서 발달하는 게 다르다. 그것들은 인풋 대비 아웃풋이 정확하고, 중간에 과장하거나, 하지도 않은 것을 했다고 거짓말하지 않는다. 군소리가 없다. 정확히 인풋에 따라 아웃풋이 결정된다. 재혁은 삶도 그렇게 정확하고 명확했으면 좋겠다. 그것이 성공적인 삶이라고 믿는다. 이런 이야기를 그는 회식 자리에서 한 적이 있는데, 가만히 듣고 있던 팀장님이 차라리 직업 군인을 하지 그랬냐며 그를 멀뚱멀뚱 쳐다보았다. 입 안 한가득 냉면을 밀어 넣으면서 말이다. 저거 다 탄수화물이다.

너… 헬창이지?

● ● ●

그가 소개팅을 했다. 같은 팀 과장님이 마련한 자리인데, 학교 후배라고 했다. 당연히 거절하기 어려웠다. "네 알겠습니다"라고 될 수 있으면 싹싹하게 말했다. 그녀와 약속을 잡아서 파스타집으로 갔다. 그는 메뉴를 보다가 닭가슴살이 들어갔다고 해서, 폴로 스파게티를 시켰다. 상대 여성은 크림 라자냐를 주문했다. 여성은 재혁이 마음에 드는 눈치였다. 허우대 멀쩡한 남자와 마주 앉아있으니 기분이 좋은 듯했다. 그녀는 연신 웃음을 흘리며, 대화를 주도했다. 그도 그녀에게 좋은 인상을 주려고, 맞장구치면서 상대방의 농담에 열심히 웃었다. 사실 그렇게 웃기지도 않는 내용이었다. 더구나 그녀는 그가 원하는 스타일이 아니었다. 그는 운동하는 여자를 좋아한다. 상대편 여성은 운동하지 않는 것 같았다. 운동하는 사람은 딱 보면, 상대방이 운동하는지 안 하는지 금방 알 수 있다. 게다가 어떻게 탄수화물 폭탄 라자냐를 시킬 수 있을까. 그는 파스타를 시켜 닭가슴살만 골라 먹고 면은 손도 대지 않았다. 그러자 여성이 묻는다. "다 드신 거세요?" 그는 다소 당황했지만, 솔직하게 말했다. "이걸 다 먹으면 러닝머신을 두 시간은 뛰어야 하거든요." 내 몸이 흐트러지는 건 참을 수 없다. 여성은 눈이 휘둥그레지며, 그를 뚫어져라 쳐다보다가 웃음을 터트리더니, 그에게 물었다.

"재혁 씨, 혹시 헬창이라는 말 알아요?" 헬창? 그는 처음 듣는 말이다. 모르겠다고 말하니 상대방은 재미있어 죽겠다는 얼굴로 말을 잇는다. "제가 직접 설명해드리긴 뭐하니, 이따가 네이버에 한번 쳐보세요." 그녀는 라자냐를 한 숟가락 퍼서, 보기 좋게 자신의 입에 밀어 넣었다. '너는 이렇게 맛있는 걸 못 먹지'라며, 약 올리는 눈치다. 그녀가 화장실에 간 사이 재혁은 네이버 창에 '헬창'을 검색한다. 나무위키에 헬창에 대한 설명이 뜬다. 네이버 사전에는 해당 내용이 없다. 왠지 은어일 것 같은 느낌이 강하게 든다.

"헬스 + 엠창인생을 조합하여, 헬스에 미친 사람(들)을 가리키는 축약어이다. 헬스 갤러리에서 유래한 말이며, 이제는 널리 사용되고 있다."

좋지 않은 설명이다. 화면을 내려서, 하단의 부연 설명을 살펴본다. 갑자기 누가 자신을 험담하고 있는 듯한 느낌이다. 더 자세하게 알고 싶다.

"외모나 타고난 비율 등의 신체적인 조건이 불리해 몸을 만들어 봐야 근육만 있는 몸이며, 얼굴이랑 같이 보면 딱히 멋있지 않다."
"운동을 통해 고치지 못한 성격적인 결함으로 인해 헬스를 통해 몸을 만들어 봐야 그 몸으로 이성을 유혹할 수 없는 불쌍한 인생들이다."

닭가슴살처럼 뽀얀 외로움

• • •

재혁은 곧바로 화면을 닫았다. 뭔가 뜨끔한 느낌이다. 그리고 닭가슴살만 골라 먹어 면이 잔뜩 불은 스파게티 접시를 바라본다. 뽀얀 크림소스가 먹음직스러워 보인다. 맛있어 보이는 존재는 몸을 해하게 만든다. 혀와 입에서 머무르는 몇 초의 시간을 위해서 러닝머신 두어 시간은 너무 비효율적이다. 그런데 매번 이렇게 음식을 남기면서 산다면, 삶이 주는 기쁨을 온전히 누리지 못하는 것은 아닐까? 주변 사람들도 다 떠나가지 않을까? 헬창이라는 모욕적인 의미는 사실 그다지 마음에 걸릴 게 없었다. 그냥 듣고 흘리면 그만이다. 그건 몸이 안 좋은 사람들이 자기 위안 삼아 그냥 지어낸 이야기다. 그 말이 담고 있는, 어떤 깊은 뜻이 하나 있다면, 그건 외로운 삶일 것이다. 밥도 닭가슴살 고정이며, 술도 입에 대지도 않고, 시시껄렁한 이야기도 하지 않는다. 그 엄격함에 사람들은 질린다. 그러다 보니 주로 듣는 말, "너는 인간적인 매력이 없다." 그런 말들은 마음에 걸렸다. 그녀가 테이블 쪽으로 걸어온다. 보란 듯이 나도 크림소스 듬뿍 묻은 탄수화물 덩어리를 입에 넣어볼까? 이 음식이 나의 몸에 해를 끼칠 것만 같다. 확신이 서지 않는다. 버터와 크림의 향긋한 내음이 코를 간지럽힌다.

건강한 몸에
건강한 정신이…있을까?

'헬창'은 운동에 미친 사람들을 가리킨다. 이들은 자신의 몸을 흩트리는 것에 강한 거부감을 느낀다. 대개는 술도 마시지 않고, 음식도 가려가면서 섭취한다. 이렇게 엄격한 삶을 살다 보니, 인간 관계도 제약이 많다. 인터뷰에 참여한 A는, "사회적인 관계를 거세하고, 육체적인 건강함에 몰두한다"라고 응답했다. 그의 말처럼, 운동과 건강에 지장을 줄 수 있는 모든 관계적인 측면을 생략하거나 포기한다. 운동으로 다져진 몸이 망가지느니, 차라리 관계를 맺지 않겠다는 의사 표시다. 최근 온라인에서 그들을 희화화하는 이미지와 글들을 쉽게 찾아볼 수 있다.

운동에 대한 집착은 그들의 가장 큰 특징이다. 이러한 집착은 몸에 대한 그들의 믿음에서 비롯한다. 그들은 선택과 집중의 결과라며 주장한다. 자기관리가 언제부터 잘못이 되었냐며 되레 항변한다. "좀 지나친 구석이 있는 것은 인정하지만, 이게 사실 다 자기관리죠, 세상에 이렇게 건강한 취미가 어디 있어요?" 자칭 헬창 B는, "운동하면서 동시에 맛집 다니고, 말술 마시고 이런 생활 자체는 양립할 수 없다"고 딱 잘라 말한다. 또 다른 자칭 헬창 25

세 대학생은 “놀 것 다 놀고 언제 고3이 공부하나요?” 그러면서 자신들도 마찬가지라고 말했다. 그들은 몸을 만들고 관리하는 것이 가장 중요한 일이라고 주장한다. 자기관리에 집중하겠다는 뜻이다. 또한, 몸을 관리하는 이유가 남들을 의식해서만은 아니라고 답했다. 외부의 평가, 시선도 중요하지만, 그토록 몰입하는 진짜 이유는 자발적인 동기라고 말했다. 타인의 시선이 아닌 스스로 우러나온 동기라고 강조했다. 즉 자신의 만족을 위해서 운동한다. 운동에 빠져 산다는 한 회사원은 “온라인을 통해서 얻는 사람들의 반응도 좋지만, 결국 자신이 만족하지 않으면, 큰 의미가 없다”고 말했다. “백날 주변에서 몸이 좋다고 해도, 내가 만족하지 않으면 말짱 꽝이에요.” 그의 설명에 따르면, 이 시대 많은 헬창들이 ‘자기 주도적 헬창’에 가깝다고 한다. 누가 시킨 게 아니라 그냥 자연스러운 습관에 가깝단다.

팀 쿡도
헬창 아닐까요?

이들은 주변에 운동하는 친구나 형제, 가족이 있으면, 헬창으로 가는 입문 과정을 밟을 가능성이 크다고 설명했다. 옆에서 보고 들은 것이 딱딱하게 굳어서 평생 가는 ‘라이프 스타일’이 된다. 이들은 부모님이나 형제, 친구가 운동하는 모습을 보고, 자신도 자연스럽게 운동을 시작했는데, 이제는 누구보다도 자신이 가장 운동을 열심히 한다고 말했다. 이들은 모두 몸을 통제할 수 있을 때, 삶이 통제되고, 성공하는 느낌을 받는다고 강조했다. 그리고 그렇게 만들어진 몸을 온라인에 올릴 때, 사람들에게 받는 관심과 주목이 좋다고 덧붙였다.

그렇게 그들은 당장 통제할 수 있고, 관리할 수 있는 것에 노력을 쏟아붓는다. 운동을 통해서 얻을 수 있는 가시적인 변화에 집중한다. 어렵고 추상적인 것들이나 다른 사람들이 하는 이야기는 그다지 관심이 없다. 스스로 통제할 수 있을 때, 그리고 그 노력의 결과를 온라인에 올릴 때, 유명세를 경험한다. 이처럼 노력하는 모습이 나중에 중요한 결정을 내릴 때, 도움이 될 것이라 믿어 의심치 않는다. 새벽에 일어나서 업무를 시작하는, 다국적 기업 CEO처럼 말이다. 자신을 헬창이라고 하는 한 남성이 되레 나에게 묻는다. "새벽에 운동한다는 애플 CEO 팀 쿡도 헬창 아닐까요?" 그는 정말 진지한 얼굴이었다.

동물의 왕국에서 온 사나이

- 김형준(30세, 성동구 금호동)

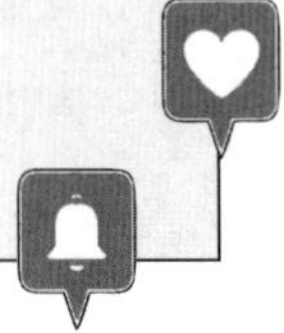

서울 도심 헬스장은 새벽 5시 반이면 문을 연다. 올해 서른인 트레이너 김형준은 오토바이를 타고 헬스장에 도착한다. 그 이른 시간에 누가 운동을 하나 싶지만, 새벽부터 문 열기만을 기다리는 사람도 있다. 행여나 조금만 늦어지면, 회원들은 얼른 열어 달라고 보챈다. 문을 열자, 락스 냄새와 매캐한 냄새가 코를 찌른다. 락스 냄새에 땀 냄새 같은 인간의 체취 그리고 운동 기구 냄새까지 적당히 섞여서 오묘하다. 중독성있는 냄새다.

출근하면 그는 일정부터 새로 고친다. 헬스장 중앙 화이트보드에 일정을 기록한다. 트레이너들은 몸이 밑천이고, 활동량을 시간으로 측정한다. 택시 미터기와 같다. 얼마나 많은 회원을 만났는지가 중요하고, 그들과 보낸 시간이 바로 소득이다. 그래서 형준은 비는 시간 없이 꽉 채우려 한다. 그는 두꺼운 보드마카로 힘을 주어 쓴다. 좋은 몸은 두꺼운 보드마카와 같다. 쉽게 큼직하게 써지는 보드마카는 운동으로 커진 몸집처럼 파워가 있다. 그에 비해 마른 몸은 초극세사 0.25㎜ 펜이다. 그렇게 가냘픈 펜을 도대체 누가 쓴단 말인가? NASA에서 일하는 엔지니어가 아니면 아무도 안 쓸 것 같다. 운동과 보드마카의 장점은 확연한 가시성에 있다. 멀리서도, 사람들이 자신을 알아볼 수 있게 만드는 힘, 그것이 육체의 힘이다.

지금 주문이 폭주하고 있습니다!

● ● ●

형준은 회원들이 보낸 카톡 메시지를 확인하고, 일정 변동은 없는지 점검한다. 오늘은 다섯 명을 가르칠 예정이다. 그는 회원들과 친밀하다. 예쁜 회원이 등록했다 싶으면, 득달같이 다가간다. 그는 여성 회원 오리엔테이션을 전담하다시피 한다. 그렇게 회원들과 자연스레 말이 오가고 스트레칭이라도 같이 하면, 금방 친해진다. 그러다가 불쑥 마음에 들면, 그녀들과 약속을 잡는다. 그렇게 밥과 술을 함께하면, 어느새 그는 원하는 것을 얻는다. 여성들도 그에게 적극적으로 관심을 표한다. 굳이 헬스장 절반을 횡단

하면서까지 멀리서 다가와 인사한다. 다른 트레이너에게 배우고 있는데도 굳이 그를 찾는다. 해맑게 웃으며, 이것 좀 가르쳐 달라고 말하면서.

그가 처음 일을 시작할 무렵, 일과 사적인 관계를 섞는 것이 현명하지 않은 것 같았다. 선배들이 "일과 관계를 섞지 마라"고 조언을 많이 했기 때문이다. 그런데 막상 경험하니 그런 말들은 불행한 사람들이 다른 사람들까지 불행하게 만들려고 퍼트린 말이었다. 그는 아무 문제 없다. 그는 거의 매일 새로운 여자 또는 회원들과 뜨거운 시간을 보낸다. 술집에서 또는 길가에서, 혹은 헬스장에서 그는 그녀들을 바라보며, 동의를 구하려는 특유의 표정을 짓는다. 많은 여성은 그 표정에 고개를 끄덕인다. 둘은 어디론가 사라진다. 그는 매번 강조한다. 모두가 행복하다고.

인스타그램을 시작한 이후로, 온라인 문의까지 겸하기 시작했다. 운동하는 사진을 인스타그램에 올리기 시작한 것은 재작년부터다. 동료 트레이너들이 경쟁적으로 인스타그램 계정을 만들길래, 그도 자신의 사진을 인스타에 올렸다. 운동하는 사진과 동영상을 올리면 반응이 뜨겁다. 좋아요, 댓글이 쇄도한다. 좀 더 적극적이다 싶으면 DM으로 직접 연락이 온다. 요즘 부쩍 더욱 적극적인 양상이다. "선생님한테 특별지도를 받고 싶어요", "같이 고기를 먹으면서 인생을 이야기하고 싶은데" 같은 메시지들이 폭주한다. TV 홈쇼핑 쇼호스트들이 온갖 호들갑을 떨면서, 눈을 동그랗게 뜨면서 외치는 그 대사, "지금 주문이 폭주하고 있습니다!" 그가 지금 경험하고 있는 일이다.

에로틱한 거대한 파도가 그를 향해 밀려오고 있었다. 그렇게 온라인에서 몇 번 연락을 주고받다가, 서로 마음 맞으면 오프라인에서 만나서, 서로 원하는 것을 얻는다. 그의 인기는 무엇보다도 외모 덕분이다. 187㎝의 큰 키, 넓은 어깨로 대표되는 그의 체격은 자칭 전국 남성 기준 상위 1%다. 부리부리하게 잘생긴 얼굴 역시 커다란 가중치다. 그는 남성 호르몬의 혜택을 유독 많이 받았다. 강한 자부심과 자신감의 근원이기도 하다. 등산 동호회에서 활동한 적이 있는데, 별명이 무장공비였다. 산에서도 뛰어다니는 모습이 무장공비 같다고 누군가 그렇게 붙여줬다. 민첩한 무장공비 자세로 그는 폭주하는 주문을 모두 다 받을 기세다.

홍익인간과 역지사지

● ● ●

형준은 성에 대해서 정립된 철학이 있다. 홍익인간과 역지사지다. 홍익인간은 널리 인간 세상을 이롭게 하라는 단군의 정신이다. 그는 그게 가능하고, 그 자체가 마냥 즐겁다. 누가 시킨 게 아니라 본인이 즐거워서 자발적으로 인간 세상을 이롭게 하는 데 매진한다. 진정한 단군의 자손이다. 한편 역지사지는 서비스 정신이다. 나의 기쁨만이 아닌 상대방의 만족을 위해 노력한다. '감각의 이타주의'다. 대치동 인기 강사들이 그러하듯, 그 역시 트레이너로서 '학습자 중심' 교육관을 중요시한다. 모든 것은 실수요자가 판단한다. 인본주의적이면서 한편으로는 자본주의적인 교육 가치를 다소 이상하게 응용했다. 그는 체대 남자 후배들이 모인 술자리에서 여러 번, 타인의 기쁨을 위해 노력하는 서비스 정신이 필요하다고 강조했다. 너 자신만을 생각하지 마라.

타인의 기쁨을 위해, 창의적인 아이디어와 용기로 무장한, 그리고 행동으로 보여주는, 거대한 종마 한 마리가 있다. 이 종마의 존재는 인스타그램을 통해서, 소문이 쫙 퍼졌다. 그러니 그에게 휴식이란 직무유기다. 더 많은 사람을 이롭게 하며, 타인의 입장을 헤아리겠다는 종마는 오늘도 멈추지 않는다. 하지만 산이 높으면, 골도 깊은 법. 그의 매력에 필요 이상으로 감정 이입하는 사람들이 있다. 그는 개운하게, "경기 끝!"이라고 외치며 자리를 털고 일어나 다음 게임을 준비한다. 그와의 관계가 일회성으로 끝나는 것이 너무나 아쉬운 여성들이 '후속편'을 요구하는 게 문제다. 그에게는 단거리 육상 경기였는데, 어떤 여성들은 16부작 로맨틱 코미디를 기대한다. 이를테면, 주말에 같이 영화를 보러 가자 거나, 남자친구처럼 그를 태그하여, 나는 종마를 만나고 있음을 알리기도 한다. 그는 그런 것을 질색한다. 상대방이 남자친구 역할을 기대한다 싶으면, 냉큼 손절한다. 그는 좀처럼 길들여지지 않는 종마다.

상대방이 어느 선을 넘고 있다 싶으면, 그의 전매특허인 '정 떨어뜨리기' 모드가 작동한다. 그와 관계를 맺으면, 시도 때도 없이 대뜸 전화하는 여성들이 있다. 그녀들에게 읽어야 사라지는 1이 붙은 카톡 대화는 야속하고 딱딱하다. 그건 뜨거운 밤 이전의 소통 방식이라 믿는다. 그녀들은 이제 그의 다정다감한 목소리를 들을 수 있는 관계라고 착각한다. 그렇게 통화 연결음이 들리고, 그가 대꾸한다. "나 바빼~~" 전화는 야속하게 끊긴다.

미녀와 멸치

● ● ●

트레이너의 가장 큰 장점은 다양한 사람들을 만날 수 있다는 것이다. 형준은 전 국민이 다 알만한 재벌 총수를 가르친 적도 있다. 그는 운동화도 직접 안 신고, 누가 신겨주길 기다리곤 했다. 그런데 재벌이라지만, 여느 60대 남성과 비슷한 몸이었다. 그러니까 노화는 평등하다. 돈이 많으면 좀 더 수월하게 관리할 수 있을 뿐이다. 서울대 치대를 졸업했다는 치과의사 L도 재벌총수처럼 전혀 다른 세계에서 왔다. 치과의사는 170㎝가 넘지 않는 키, 좁은 어깨, 왜소한 몸, 굽은 등의 소유자였다. 그의 모습에서 그동안 그가 어떻게 살아왔는지 대충 짐작할 수 있다. 형준과는 전혀 다른 삶을 살았을 것이다. 형준은 학창시절, 교실 맨 뒷자리에 앉아 엎드려 하염없이 잤다. 치과의사는 아마 맨 앞자리에 앉아서 선생님을 뚫어져라 쳐다보며 열중했을 것이다. 그런데 너무 공부만 해서, 10여 년이 훌쩍 넘어 치과의사는 헬스장을 찾는다. 과거, 맨 뒷자리에 앉아서 공부에 전혀 흥미를 느끼지 못한 채 엎드려 잔 형준에게 돈을 주고 배운다. 형준은 이제 그를 가르치는 선생님이다.

형준은 다른 세계에서 온 사람을 상대로 열심히 질문한다. 회원을 분석해야 할 대상으로 생각하고, 직업적인 호기심이 많은 편이다. 근력 운동 동작을 가르쳐준 다음, 쉬고 있는 치과의사에게 이것저것 묻는다. "학교 다닐 때 공부 잘했죠? 그냥 앉은 자리에서 한 시간 넘게 공부하죠? 영어 그냥 들으면 확 우리말로 들리죠?" 치과의사는 뭐 그런 질문을 하냐는 표정이지만 고개를 끄덕인다. 친해지니 속내도 털어놓는다. 치과의사는 나중에 크게 치과 관련 사업을 하고 싶단다. '국민 임플란트' 같은 아이템을 구상하는 것 같다. 동갑인 데다가 돈 좋아하는 것이 형준과 비슷해서 이야기가 잘 통한다. 만나면 형준은 여자 이야기, 치과의사는 돈 이야기를 한다. 밖에서 따로 맥주도 여러 번 마셨다. 이제는 그냥 동네 친구 같다.

오늘은 운동하다가 치과의사가 갑자기 결혼한다며 형준에게 사진을 보여줬다. "미국 변호사야, 로펌에서 일해." 부쩍 으스대며 말했다. 사진 속 한 여성이 치과의사 손을 꼭 붙잡고 환하게 웃고 있었다. 형준은 미국 변호사가 정확히 무슨 일을 하는지는 모르지만, 그 여성이 미인이라는 것은 확실히 알겠다. 키 작고 굽은 상체를 가진 멸치 몸매가 이런 아름다운 여성과 결혼한다고? 어떻게 이런 일이 가능할까? "나랑 비슷하게 벌어." 나중에 본인 사업에 도움을 줄 수 있다는 눈치다. "정말 미인이시네." 형준은 멍하게 사진을 바라본다.

운동을 마치고, 샤워하러 갔다. 의식적으로 보려고 한 것은 아닌데, 사람 몸을 만드는 직업이라 그는 다른 사람 몸을 곧잘 쳐다본다. 치과의사의 벗은 몸은 생각보다 심각했다. 사람이니 멸치까지는 좀 그러하고 마른 꽁치 같다고 할까? 상체에 자신감이 없어서 옷을 벗으니 더욱 구부정하게 걷는다. 운동을 배운 지 꽤 되었는데도 치과의사의 몸은 쉽게 눈에 띄게 개선되지 않았다. 마른 하체는 젓가락처럼 부실했다. 거의 흔적을 찾을 수 없는 남성의 상징은 연민을 불러일으킬 정도다. 그래서인지 치과의사는 남들의 시선을 많이 의식한다. 샤워를 마친 후 물기도 제대로 닦지 않은 채 속옷부터 다급하게 입는다. 소방대원이 현장 출동을 위해 긴급하게 방화복을 입는 속도만큼 빠르다. 형준은 그 모습을 보고 피식 웃는다.

형준은 물기를 대충 닦고 전신 거울 앞에 서서 스트레칭을 한다. 남들 보란 듯이 자신의 몸을 만족스럽게 보다가 대뜸 물구나무를 선다. 전신에 남아있는 물기가 거꾸로 흐른다. 가슴 근육 언저리에 묻은 물기가 어깨와 팔을 타고 바닥에 떨어진다. 사람들은 누군가 싶어서 쳐다본다. "어, 회원님, 안녕하세요!" 넉살 좋은 웃음으로 주변 사람에게 물구나무를 선 채 인사한다. 다시금 정자세로 돌아와 드라이기로 머리를 말린다. 치과의사가 얘기한 미국 변호사가 생각났다. 아직도 궁금하다. 어떻게 저렇게 왜소한 남성이 그렇게 유능하고 아름다운 여성과 결혼할 수 있는가? 사진 속의 그녀는 정말 예뻤는데 말이다. 그 여성은 도대체 무슨 생각이지? 허약한 남성이 요즘 인기인가? 그게 요즘 트렌드인가? 보편적인 본능에 엇나가는 결정, 자신의 예상과는 다른 결과를 볼 때, 그는 좀처럼 이해할 수 없었다.

그의 예상과 어긋나는 지점은 육체나 외모보다는 돈이나 학벌과 관련 있었다. 흔히들 유능한 남성, 우리 사회가 성공한 사람이라고 말하는 남성들은 육체 자본이 아닌 다른 카드를 가진 사람들이 많다. 치과의사는 아마 그런 카드 몇 장을 더 가지고 있는 듯했다. 그 카드를 안주머니에서 꺼내 보이면, 그들만의 세계에 출입이 허용된다. 그런데 카드가 없는 형준은 그 공간에 들어갈 수 없다. 들여보내 달라고, 백날 물구나무를 서도 문은 열리지 않는다. 그건 기행에 지나지 않는다. 소용이 없다. 그는 순간 풀이 죽는다.

진짜 사나이는 거꾸로 걷는다

● ● ●

머리가 다 마른 것 같아서 옷을 입으러 걸어가는데, 나가려는 치과의사와 순간 눈이 마주쳤다. 치과의사는 그를 훑어보다가, 시선을 피한 채 탈의실을 나선다. 순간 형준은 짜릿한 통쾌함을 느낀다. 그에게 들으라는 듯이 큰 소리로 말한다. "다음 수요일에는 하체 운동!" 친구지만 엄연히 선생님이다.

인간 사회는 '동물의 왕국'은 아니지만, 인간은 분명 동물이기도 하다. 문득 자신이 케냐 국립공원을 누비는 수컷 사자인 것만 같다. 그는 퍼뜩 아이디어가 떠올랐는지 벗어 놓은 바지 주머니에서 스마트폰을 꺼낸다. 거울 앞으로 다가가 다시금 물구나무를 선다. 이번에는 통나무처럼 굵은 허벅지를 벌린 채 몸의 중심을 잡는다. 아무것도 입지 않아서, 사람들이 좀 징그럽다는 듯이 그를 쳐다본다. 그는 그 시선에서 자신을 부러워하고 있음을 느낀다. 무슨 구경거리가 생겼나 싶어서 사람들이 하나둘씩 모인다. 즉석 1인 곡예가 펼쳐질 분위기다. 그는 긴 다리와 두꺼운 상체를 수직으로 펴고 자세를 잡는다. 발가락 끝이 천장에 닿을 것 같다. "다리 잡아드릴까요?" 걱정스러워하는 얼굴로 한 회원이 말을 건넨다. 마치 학창시절 체육 시간에 자세를 잡아주던 착한 친구 같다. 그는 스마트폰을 건네며 말했다. "대신 사진 좀 찍어줄래요?" 되도록 많이, 계속 찍어 달라고 부탁했다.

형준은 자세를 잡고, 탈의실 복도 끝을 향해 거꾸로 선 채 걷는다. 성큼성큼 팔로 바닥을 짚으며 이동한다. 두 발이 허공을 맴도면서, 무게 중심을 잡는다. 굽은 활처럼 상체와 허리를 굽힌 채, 절도있게 내딛는 모습에 여기저기서 신기하다는 반응이다. 그렇게 그가 기다란 복도 끝에 닿는 순간, 박수와 환호성이 연이어 터진다. 남자 중학생들이 모인 수련원에서나 있을 법한 일이 서울 도심 한복판 헬스장에서 일어났다. 환호와 박수 소리에 그는 기분이 좋아 뿌듯한 표정을 짓는다. 일어나서 거울을 보니 온몸이 긴장해서 붉어졌다. 회원이 찍어준 사진을 확인했다. 아주 마음에 쏙 든다. 그대로 올리기는 어렵겠지만, 스티커 필터라도 붙여서 올리겠다고 결심한다. 단연 대박 콘텐츠가 될 것이다. 그만의 필살기 퍼포먼스는 케냐의 수사자가 내지르는 포효처럼 화끈하다. 아무나 따라 할 수 없다. 그는 이제 온라인의 뜨거운 반응을 기대한다.

바보야, 문제는 카드 격차야!

● ● ●

형준은 치과의사와 라이벌 의식을 느낀다. 자신이 키도 크고 얼굴도 훨씬 잘생겼으며, '남자로서' 압도적으로 좋은 신체 조건을 가지고 있으면서도, 그보다 낮은 사회적 대우를 받는 것 같아서 불쾌했다. 단지, 학교 다닐 때 공부를 못했으니, 현실을 그대로 받아들이라는 말은 너무 가혹하다. 학교 졸업 후, 많은 시간이 흘렀고, 자신의 영역에서 열심히 살아왔는데 말이다. 치과의사라는 이유로 훨씬 돈을 잘 번다는 사실도 배가 아프다. 그런데 신기하게 이야기는 또 잘 통해서 둘이서 종종 술을 마신다. 형준이 느끼기에, 치과의사는 친구와 경쟁자 사이 중간 어디쯤 되는 관계다.

운동으로 그의 몸을 고쳐주고 싶다는 마음도 있다. 하지만 결정적으로 얄밉다. 특히 치과의사가 미모의 변호사와 결혼 예정이라는 사실에 커다란 열패감을 느꼈다. 형준은 남자친구 역할에 질겁하면서도, 정작 치과의사가 좋은 여성을 만나 결혼한다는 사실에 짜증이 났다. 내가 확실히 낫지 않나? 크고 강력한 남성성의 아이콘인 나는 그런 기회를 잡을 수 없는가? 인스타그램에는 나를 보고 싶어 하는 사람이 최소 삼백 명이다. 하지만 그건 상관없는 이야기. 모든 문제의 핵심은 따로 있다. 그건 사회에서 발급해주는 '성공이라는 카드'를 형준이 가지고 있지 않기 때문이다. 멸치 같은 치과의사는 여분의 카드를 가지고 있고, 황소 같은 형준은 그런 게 없다. 그 사실이 그의 가슴을 후벼판다. 뼈아픈 카드 격차다. 상대적 박탈감이라는 감정을 태어나서 처음으로 느껴본다.

올해로 서른, 노화가 빨리 오는 직업이다. 젊은 친구들이 계속 치고 올라온다. 아직은 문제없지만, 언제까지 벗은 몸으로 물구나무를 설 수는 없다. 자연스레 다른 직업에 대해 고민을 한다. 새로운 도전을 감행하기 위해서는 돈이 필요하다. 하물며 형준은 무엇을 할지 아이템도 확실치 않은 상태다. 그 아이템을 준비하고 키우기 위해서는 먼저 자본과 정확한 방향성 그리고 노력이 필요하다. 이러한 과정을 함께할 수 있는 여성을 만나고 싶다. 예전에는 예쁘고, 몸매 좋은 여성을 좋아했다면, 지금은 능력 있는, 정확히 말해 자신의 꿈에 날개를 달아줄, 자본이 있는 여성을 만나고 싶다. 프로듀서를 만나고 싶다. 많은 여성들이 그를 반기지만, 정작 그들은 그의 몸에만 관심 있다. 참고로 지난번 물구나무 사진에 쏟아진 반응은 가히 폭발적이었다. 누구는 물구나무서는 형준을 직접 보고 싶다고 하고, 같이 물구나무서면 더 재밌을 것 같다며 메시지를 보냈다. 누구는 댓글로 스티커를 뗀 '자연스러운' 사진을 얼른 올리라고 성화다. 그들은 모두 나를 진지한 사람으로 생각하는 것 같지 않다. 진지하게 '성적 대상'으로만 생각할 뿐이다. 그들을 좀 멀리하고 진지한 삶을 살고 싶다. 삶의 경로 재설정이 절실하다.

그에겐 꺼진 불이란 없다

● ● ●

술자리에서 만났던 두 살 연하 한의사 선생이 생각났다. 그녀는 잠든 그의 얼굴에 혈액순환을 돕는다며 말도 없이 거대한 침을 논 적이 있다. 자다 깬 형준은 그 모습에 기겁하고 그녀의 집을 뛰쳐나왔다. 그 이후로 그녀를 멀리했다. 그는 불특정 다수와 한꺼번에 관계를 맺으니, 사실 멀어져도 다시금 가까워질 수 있다. 태양이 지구를 비롯한 많은 행성을 거느리는 관계랄까. 게다가 그에겐 꺼진 불이란 없다. 그가 작정하면, 관계는 다시금 불이 붙는다.

갑자기 형준은 신토불이身土不二라는 말이 생각났다. 몸身과 땅土은 둘이 아닌 하나여야 한다. 우리 몸에는 우리 의술이 가장 잘 맞다. 어쩌면 운동과 한의학을 연계한 새로운 사업 아이템이 빛을 발할 수도 있겠다. 아직 어렴풋하지만, 그는 운동과 건강, 미용과 대체의학을 결합하는 서비스에 관심이 많다. 한번은 그녀와 밥을 같이 먹는데, 얼굴 비대칭도 침으로 해결할 수 있다고 그에게 말한 적이 있었다. 당시 이게 무슨 터무니없는 소리인가 싶어서 그는 대꾸도 하지 않았다. 하지만 지금은 그 말을 진심으로 믿고 싶다. 완벽한 대칭도 가능할지 모른다. 우리의 것에 힘을 실어줘야 한다.

게다가 그가 경험한 무수한 여성 중에서 유일하게, 그의 몸만이 아닌 영혼, 어떤 진지한 부분까지 들여다보는 여성이다. 최소 오백 명 중 한 명꼴에 해당한다. 거의 기적인 셈이다. 이런 여성을 만나려면 오백 명을 더 만나야 한다. 만나는 게 어렵지는 않으나, 그만큼 시간과 정력이 소진된다. 그사이 수많은 물구나무서기를 반복하거나 그 자세로 마라톤까지 뛰어야 할지도 모른다. 무엇보다 동갑내기 치과의사에게 질 수 없다. 학창시절 공부는 처참하게 졌지만, 몸으로는 완벽하게 이겼다. 돈은 당장 그보다 적게 벌지만, 더 큰 기회를 보란 듯이 움켜쥘 것이다.

알고도 행하지 않으면 의미 없다. 화요일 늦은 밤, 곧장 한의사에게 카톡을 보냈다. "지금 어디야? 내가 요즘 바빴어, 이번 주말에는 뭐해?" 기다렸다는 듯이 회신이 왔다. 즉석에서 약속이 잡혔다. 원래 잡혀있던 다른 여성과의 약속은 잠정 연기하기로 했다. 그는 토요일 저녁, 한의사와 재회의 시간을 보낼 것이다. 앉은 자리에서 얼굴에 침 오백 개도 맞을 수 있다. 그는 한없이 낮은 자세로 임할 것이다. 모든 주특기와 필살기를 총망라하여 그녀의 승낙을 얻을 것이다. 자신의 꿈에 날개를 달아줄, 한의학과 운동의 만남, 신토불이의 재해석, 벌써 그는 주말이 기다려진다. 꿈은 이루어진다. ★☆★

파주 박보검과 여의도 커피 여신

얼마 전까지 파주에는 배우 박보검 씨를 닮은 카페 아르바이트생이 있었다고 한다. 그는 잘생긴 외모로 사람들에게 인기가 많았다. 특히 파주 출판단지에서 일하는 여성들이 점심 먹고 유독 '파주 박보검'이 일하는 카페에서 커피를 마셨다. 줄은 꼬리를 물고 이어졌다. 여성이 많이 일하는 출판 산업 특성상, 그의 외모는 매출을 올려주는 강력한 엔진이었다. 파주 박보검의 인기가 치솟자, 인근 카페에서는 무조건 잘생긴 아르바이트생을 뽑겠다며 이를 갈았다는 후문이다.

여의도역 키움증권 근처 조그만 카페는 아름다운 외모를 자랑하는 '커피 여신'이 있다. 언론에 보도될 만큼, 화려한 외모의 여성 사장님이 운영하는 가게는 점심 시간마다 장사진을 이루었다. 남성들이 많이 일하는 금융업 특성상, 남성 고객을 끌어오는데, 사장님의 미모는 매출을 일으킨 일등공신이다. 수많은 남성들이 착한 어린아이처럼 줄을 서고, 아름다운 사장님과 눈을 마주치며 주문을 한다. 혹자는 이 광경을 '여의도의 기적'이라고 부른다.

불황을 모르는 감각의 비즈니스

육체파 이야기는 파주 박보검과 여의도 커피 여신 사례와 유사하다. 온라인에서 사람들은 육체적 매력을 더 적극적으로 표출한다. 많은 사람이 여기에 반응한다. 조회수와 관심이 증가하니, 이를 활용해 제품이나 서비스를 판매하기도 한다. 잘생기고 예쁜 카페 직원의 존재와 유사하다. 제품의 질적인 차이를 제대로 알긴 쉽지 않다. 대신 전달하는 사람의 매력은 너무나 가시적이다. 결국, 소개하는 사람의 매력이 제품의 인기를 결정한다. 외모가 내뿜는 가공할만한 화력은 온라인에서 더 뜨겁다. 시간과 공간의 제약이 없으니, 전국구 규모로 더 화끈하다. 온라인에서 커피를 팔지는 않지만, 운동을 가르쳐주거나, 제품을 판매해 수익을 챙긴다.

가난한 환경에서 혹독하게 자라, 현재 트레이너로 일하는 Y에게 인스타그램은 '제비가 흥부에게 물어다 준 박씨' 같은 존재. 그는 강조했다. "인스타그램 덕분에 가난으로부터 해방되었다." 그의 계정에는 광고와 협찬이 즐비하다. 너무 상업적이지는 않을까? 하지만 그에 따르면, 사람들은 좋단다. 그의 광고를 통해서, 한 브랜드는 높은 매출을 기록했다. 서로가 서로에게 좋은 것 아니냐며, 그는 환하게 웃었다. 육체적, 성적인 매력 과시가 오늘날 개인에게 소득과 명성을 제공할 수 있다는 희망적인 메시지다. 사람들 우려와 달리, 건강한 매력 발산은 불편한 내용만은 아니다. 많은 이들에게 새로운 기회를 제공하는 산업으로 성장하고 있다. 감각의 비즈니스에는 불황이 없다. 그는 오늘도 '협찬' 해시태그(#)를 달고, 'SNS대란템'을 꿈꾼다.

벗으라면 벗겠어요.
내일은 K-스타

- 김준(26세, 동대문구 이문동)

"나에게 친절하게 대해준 태국 방콕 분들에게 감사드립니다." 문장이 조금 부자연스러운 거 같은데. 이렇게 하는 게 맞나? 95년생 김준은 고개를 갸웃거린다. 그는 방콕 시민들에게 감사를 표하고 싶었다. 무슨 K-팝 아이돌 스타처럼 말이다. 특히 그가 강조하고 싶은 내용은 나에게 유독 친절하다는 것이었다. 뭔가 문장이 어색하지만, 저 문장을 구글 번역기에 집어넣는다. 번역기가 영어로 뱉어낸 문장을 복사해서 자신의 인스타그램 계정에 붙인다. "Thank you to the people in Bangkok, Thailand for being kind to me." 영어로 하니, 느낌이 잘 안 사는 것 같아서, 문장 맨 끝에 'specially'라는 부사를 붙여 본다. 이제야 조금 느낌이 전달되는 거 같다. 그는 만족스러운 듯 이제서야 고개를 끄덕인다. 특별 대우, 특별 관리, 남다른 처우. 그가 좋아하는 것들이다.

동남아에서 대박 날 마스크

● ● ●

김준은 새로 문을 여는 호텔 홍보를 위해 방콕을 방문했다. 그만이 아니라 남녀 열 명이 떼거리로 와서 행복한 시간을 보내는 콘셉트다. 전속 사진사가 일정을 동행하며 사진을 찍는다. 새로 지은 호텔이라 시설이 으리으리하다. 수영장, 레스토랑, 루프톱 바에서 촬영했다. 그들은 사진사의 주문에 열심히 자세를 취했다. 한두 명 빼고는 처음 보는 사람들인데, 행복한 척, 친한 척하는 설정이 많아서 다소 어색했다. 그래도 그들은 합심해서 서로 사진을 찍어주는 것도 빠뜨리지 않는다. 서로들 최소 500장씩은 찍어줬다. 사진사와 모델 역할을 번갈아 맡았다. 일종의 상생 및 동지적 관계다. 그렇게 모델 열 명은 이국의 호텔에서 '인생 샷' 건지기에 몰두했다. 다 그게 자산이 된다는 것을 누구보다 잘 안다. 그걸 아니까 모델로 선발되어, 방콕까지 온 것이다. 모든 일정이 끝나고 다들 루프톱 바에서 칵테일 한잔하면서, 친분을 쌓았다. 지금까지 뭘 했고, 앞으로 뭐할 것인지에 대한 정보가 오갔다. 이때 김준도 마음에 드는 사진을 골라서, 나에게 특별히 친절히 대해준 방콕 시민에게 감사의 인스타그램을 올렸다. 땡큐, 방콕! 아이러브유!!

그는 영어가 약해서 구글 번역기에 많이 의지했다. 실수가 잦았다. 예전에 청바지 광고 모델할 때는, “Jeans is always right” 라고 떡하니 SNS에 올렸다가 그걸 본 광고주에게서 당장 고치라는 연락을 받았다. 청바지는 복수 명사이므로, be동사 are이 와야 한다는 것을 그때 배웠다. 아이스크림 모델할 때 일이다. 만족스러운 순간이라는 의미를 전달하고 싶었다. 광고주의 별도 요청은 없었으나 그는 의욕이 앞섰다. 직접 자신이 문구를 만들었다. 그는 ‘Satisfaction moments’라고 아이스크림 사진 하단에 문구를 달았다. 만족이라는 단어는 어디에서 들어서 그렇게 썼는데, 뒤의 moments를 수식하려면, 형용사인 ‘Satisfying’을 쓰는 게 정확하단다. 아니 의미만 전달하면 된 거 아닌가?

그는 영어가 어렵다. 이후에도 여러 번 어색한 문구와 문법적 오류가 종종 있었다. 그런데 사람들은 그것을 지적하지 않고 ‘좋아요’를 날린다. 사실 그는 영어로 해외 팬들과 소통하고 싶다. 그의 계정에 동남아 사람들이 종종 방문해서 묻곤 한다. “Oppa, Where are you?” 오매불망, 오빠 어디에 있냐고 영어로 묻는데, 적어도 영어로 뭐 하고 있는지, 어디에 있는지 알려줘야 하는 게 예의 아닌가? 팬 관리 차원에서라도 영어로 소통하는 게 필요하다. 그는 내일의 월드 스타를 준비하고 있다. 예전에 어느 행사장에서 만난 연예계 사람이, 그에게 "동남아에서 대박 날 마스크"라고 말한 적도 있었다.

책상 광고하는데, 상의 탈의는 왜?

● ● ●

방콕 촬영 중에 만난 형이 일감을 하나 소개해줬다. 보디클렌저 브랜드인데, 인터넷에서 'SNS대란템'으로 소문난 제품이라고 했다. 김준은 들어본 적 없지만, SNS에서 난리났다고 하니 왠지 기대된다. 그는 방콕에서 일감도 얻고 좋은 사람들도 많이 알게 된 것 같아서 기분이 좋다. 그는 아이스크림, 맥주, 침대 커버, 비타민, 향수, 화장품, 라텍스 베개, 책상, 스탠드, 호텔, 수영복 등 다양한 제품의 SNS 모델을 한 경험이 있다. 돈 되는 것은 다 하는데, 벌이가 상당히 좋다. 경기도에 있는 모 대학을 졸업하고, 혼자서 서울에 사는 그는 모델 일로 생활비를 충당한다. 돈이 괜찮게 들어왔다 싶으면 부모님에게도 송금한다. 부모님은 그가 정확히 무슨 일을 하는지는 모른다. 무슨 모델? 이렇게 말씀하신다. 구체적인 내용은 모르지만, 자기 밥벌이를 잘하고 있다는 사실에 부모님은 안심하신다.

친구들은 취업을 못해 계속 학교에 남아있거나, 공무원 시험을 준비하고 있다. 그는 대기업 간 몇몇 친구들보다도 벌이가 훨씬 좋다. 그의 팔로워는 최근 20만 명을 돌파했다. 팔로워 20만 명이 그의 경제활동을 떠받치는 밑천이다. 적어도 시청자 20만 명을 확보한 셈이다. 광고주는 그걸 보고 그에게 접근한다. 그는 이 여세를 몰아, 유튜브 채널도 열었다. 이제는 구독자 수다. 브랜드 측에서 연락이 오면, 그는 모델료부터 묻는다. 일정한 금액 이하는 곧바로 거절한다. 결국은 돈 액수가 결정한다. 나머지는 사실 부차적이라 다 조정할 수 있지만, 액수는 조정이 어렵다. 그의 경험상 돈 액수는 조정이 제일 어렵다.

대개는 노출하는 모델 역할이 많이 들어온다. 수영복이야 당연하고, 침대 커버는 그런가 보다 하지만, 책상 광고도 상의 탈의를 요구한다. 도대체 책상 광고하는데, 왜 상의를 탈의해야 하는지 아무도 설명해주지 않는다. 하지만 돈을 주는 광고주가 그러라고 하니, 그는 군소리 없이 그렇게 한다. 물론 SNS상에서 활동하는 모델이 그의 궁극적인 종착지는 아니다. 그는 영화배우 내지는 연예인을 하고 싶다. 그러니 지금 이 단계는 거쳐 가는 과정이다. 메인스트림이 되기 위한 준비 단계다. 서울로 돌아오는 비행기에서 보디클렌저 브랜드를 소개해 준 형이 옆에서 불쑥 말한다. "잘되면 밥 사.", "형, 제가 술도 살게요!"

바나나 태몽의 탁월한 예지력

● ● ●

방콕에서 만난 업계 관계자에 따르면, 동남아 시장에서는 흰 얼굴, 만화 주인공같이 큰 눈망울, 오뚝한 코, 날렵한 턱선이 인기란다. 그 기준에 그가 아주 잘 부합한다며, '상품성이 뛰어난 페이스'라고 극찬했다. 그 말에 김준은 세상을 다 얻은 느낌이었다. 곰곰이 생각해보니, 엄마가 그를 임신했을 때 바나나 열매 송이에서 바나나가 비 오듯이 떨어지는 태몽을 꿨다고 했다. 어쩌면 운명일지 모른다. 바나나와 망고와 팟타이를 배부르게 먹을 수 있는 곳. 거기가 기회의 땅이며, 그에게 스타의 자리를 기꺼이 내어줄 무대다.

그 말에 자극을 받은 그는 인천공항에 도착하자마자, 쿠팡에서 대문짝만한 거울을 주문했다. 그는 낑낑거리며, 새벽에 배달된 초대형 거울을 집에 들여놓았다. 그 앞에 앉아, 자기 얼굴을 매번 30분 이상씩 바라보며, 표정 연습을 했다. 주로 따라 하는 대상은 정상급 연예인들이다. 바닥에 주저앉은 채, 그가 본받고 싶은 연예인이 나오는 유튜브를 뚫어질 듯 쳐다본다. 할 수 있겠다 싶으면, 짤막한 대사도 흉내 낸다. 누가 밥 먹다가, 그 보고 차은우 닮았다고 했다. 그 사람도 동남아에서 인기가 많다. 차은우가 나보다 어리니깐, 내가 그를 닮은 게 아니라, 그가 나를 닮은 거지. 그렇게 거울 앞에 앉아서 낄낄거리며 혼자 웃는다. 최근에는 Korean boys라는 한국 꽃미남 인스타그램 계정에 김준의 사진이 커다랗게 실렸다. 갑자기 미친 듯이 그의 계정에 팔로워가 늘어나면서, '좋아요'가 폭증했다. 처음에는 해킹당한 줄 알았다. 이러한 소소한 에피소드도 결국 예정된 큰 그림의 일부 아닐까? 아세안 시장에서 한국인 대스타 되기. 어쩌면 필연이다. 게다가 한국 시장은 너무 작잖아. 그는 피식 웃는다. 더욱 영어로 소통해야 한다. 아니나 다를까, 프로필 사진이 히잡 쓴 모습인 여성들, 아마도 인도네시아와 말레이시아 팬들이 댓글을 달기 시작했다.
"Oppa, so handsome and cute~♥♡"

노출은 '좋아요'를 부른다

● ● ●

보디클렌저 광고 촬영 현장이다. 광고 콘셉트는 여자친구가 좋아하는 남자 보디클렌저다. 본인이 아니라 여자친구가 좋아하는 향이 포인트다. 광고주 설명에 따르면, 여자친구가 폭 안기고 싶어 하는 향이란다. 광고주는 모델료도 그가 원하는 수준 이상으로 후하게 쳐줬다. 촬영장에서 찍은 사진과 영상 일부도 개인 계정에 올려도 된다는 허락도 받았다. 모델료는 특히 중요하다. 다음번에 비슷한 광고를 촬영할 때, 그 금액 이상을 요구할 수 있는 이력이 되기 때문이다. 그는 계약서에 적힌 금액만 보고 "감사합니다"라고 넙죽 사인했다.

며칠 후, 촬영이 시작되었다. 감독은 트렁크 수영복을 입고 촬영장에 들어선 그를 보고, 수영복도 다 벗고 촬영하라고 대뜸 지시했다. 수영복도 벗으라니, 그는 당황스러웠다. 이건 좀 심한 것 아닌가? 어차피 화면에서는 상반신만 나갈 것 아닌가? 광고주와 그렇게 하기로 이미 협의했고, 그렇게 찍는 게 훨씬 자연스럽다며 감독이 다시 재촉했다. 허벅지와 다리에 물 흐르는 장면이 나오는데, 자칫 수영복이 화면에 잡힐 수 있다고 했다. 여기저기 여자 스텝도 있고, 그와 호흡을 맞추는 모델도 여자인데, 갑자기 다 벗고 찍으라고 하니 황당했다. 감독은 그의 머뭇거리는 반응에 대뜸 성질을 부리며, 광고주를 찾았다. 광고주가 세상에서 가장 정색한 얼굴로 계약서를 들이밀며 하단에 적힌 작은 글씨를 그에게 보여줬다. “모델은 광고 촬영 시, 감독과 광고주의 의견을 전적으로 따른다.”

더 이상의 저항은 무용하다. 계약서의 작은 글씨도 꼼꼼하게 읽어야 했는데…. 아무튼, 게임 끝이다. 사실 벗는 게 뭐 대수냐. 그는 그 자리에서 수영복을 벗었다. 감독은 다시 촬영을 시작했다. 갑자기 스산해진 느낌이다. 여자 스텝들이 수군거리는 것 같다. 사사로운 것에 다 신경 쓰면, 더 큰 일을 할 수 없다고 자신을 다독인다. ‘나는 더 큰 스타가 될 거니까.’ 물이 정수리에 쏟아지고, 등줄기를 타고 흐른다. 그때까지는 참는 거다. 여자 모델이 보디클렌저로 막 샤워를 마친 그에게 다가와, 준비된 대사를 한다. 순간, 카메라가 그의 얼굴을 한가득 담는다. 정수리부터 흘러내린 물이 눈 안으로 들어가는 데도 꾹 참고, 동그랗게 눈을 뜬 채 대사를 뱉어야 한다. 그래야 얼굴이 주목받는다. “컷”, 감독이 외마디를 지르고, 촬영이 끝났다. 생각보다 빨리 끝났다.

물기를 대충 닦고 그는 감독에게 다가가 꾸벅 인사했다. 아까는 몰랐다고 죄송하다고 말했다. 감독은 괜찮다며 고개를 끄덕인다. "잘 준비해 봐. 배우도 잘할 것 같아. 얼굴이 좋네." 감독은 연신 담배를 피우며 덕담을 건넸다. 담배를 너무 피워서인지, 입술이 검붉다. 확실히 아까보다 부드러워진 반응이다. 김준의 경험상, 이 업계 사람들은 순간 욱하는 게 있지만, 결과물이 좋으면 뒤끝 없고, 시원시원하다. 그래서 굽히고 들어가면, 나중에 얻는 게 많다. 큰 성공을 거둔 선배들도 신인 시절에는 다들 온순한 양처럼, 한없이 공손했다고 어디서 들었다. 물론 성공하면, 돌변하기도 한다.

가장 '좋아요'를 많이 얻는 게시물은 그가 가장 옷을 적게 입었을 때다. 게시물이 얼마나 '좋아요'를 많이 얻었는지, 또 얼마나 많은 사람에게 퍼졌는지, 그리고 프로필에 게시한 링크에 얼마나 접속했는지도 수치화해서 보여준다. 인스타그램에서 이것을 '게시물 인사이트'라고 한다. 그는 일요일 밤, 침대에 누워서 인사이트를 매주 확인한다. 그간의 관찰을 종합하면, 노출은 곧 '좋아요'가 된다. 세상은 그에게 노출을 원하고, 노출은 유명세로 이어진다.

그렇다면 유명세 다음에는 무엇인가? 그는 갑자기 생각이 많아졌다. 노출하는 만큼 더 좋은 기회와 경력을 얻을 수 있다면, 노출도 할 만하다. 그는 진정한 프로페셔널이기 때문이다. 그런데 대가 없는 노출, 공허한 노출, 아무 쓸모도 없는 노출이라면, 이게 다 무슨 소용인가. 인스타그램에 성적인 이미지를 파는 일은 그만하고 싶다. 그는 이제 진지한 배우, 연예인이 되고 싶다. 대사를 외우고, 거기에 영혼을 담아 연기하는 배우가 되고 싶다. 시시껄렁한 노출 역할은 지겹다. 몸이 아닌 영혼을 담아 표현하는 '얼굴'에 집중해줬으면 좋겠다. 동남아에서 대박 날 원석과 같은 얼굴을 왜 그냥 지나치는가. 이렇게 차은우처럼 미소를 짓고, 윙크도 하는데. 그런데도 툭 하면 그에게 벗으라는 주문만 한다. 어쩔 수 없이 시키니까 하지만, 앞으로 이 일을 계속하는 건, 전망이 불투명해 보인다.

뭐 얼굴이 작으니 괜찮겠네

● ● ●

압구정 로데오 거리 카페에서 한 연예인 기획사 사장을 만났다. 그는 남자 직원과 여자 직원을 1명씩 대동했다. 사장은 대뜸 지난번 그가 나온 보디클렌저 광고를 봤다며 말문을 열었다. 다 벗고 찍은 보람이 있네. 물이 정수리에서 쏟아지는 데도, 환하게 웃으면서 외쳤던 대사 덕분이다. 그는 대뜸 "운동 자주 해요?"라고 물었다. "술은 많이 해요?, 담배는?, 여자친구는 없어요?", "앞으로 뭐 하고 싶어요?" 질문이 빠르고 빈틈없다. 자기관리 정도와 일에 대한 의지를 확인하고 싶은 것 같다. "김준 씨, 이 바닥에 그냥 잘생기고 예쁜 사람은 차고 넘쳐요." 관리와 노력이 필요하다는 말이다. 이번에는 여자 직원이 묻는다. "키는 얼마에요?" "177 정도 됩니다." 키를 물을 때마다 그는 숨고 싶다. "뭐 얼굴이 작으니 괜찮겠네." 이 업계는 키와 얼굴 크기가 매우 중요하다. 키는 크고 얼굴은 작아야 한다. 키는 김준의 발목을 잡아 왔다. 어릴 때 우유를 좀 더 많이 먹을걸. 농구를 좀 더 할걸. 실무진들의 질문이 끝나자 대뜸 기획사 사장은 눈을 가늘게 뜨면서, 그에게 말했다. "이 세상에는 두 종류 사람이 있어요. 이용하는 사람, 이용당하는 사람…. 김준 씨, 우리랑 같이 일해 볼래요?"

사장은 계약 조건은 따로 문서로 보내겠다고 말하고 자리를 떠났다. 김준은 그들을 향해 90도 인사를 하며 배웅했다. 계약이 무리 없이 성사된다면, 이제 그는 연예인의 길에 한 걸음 다가갈 것이다. 분위기가 좋았다. 특히 그의 인스타그램 팔로워가 20만 명이 넘는다는 것에 흡족해 했다. 그만큼 대중적인 잠재력이 있다는 말이다. 기분 좋게 미팅은 끝났는데, 그의 마음은 왠지 무겁다. 마지막에 사장이 한 말 때문이다. "이용하는 사람인가? 이용당하는 사람인가?" 스스로 묻는다. 나는 팔로워를 이용하는가? 아니면 그들에게 성적인 눈요깃감으로 이용당하는가? 질문은 꼬리를 문다. 나는 광고주를 이용하는가? 아니면 광고주에게 이용당하는가? 내가 지금 버는 돈은 세상을 이용하면서 받은 대가인가? 아니면 세상에 이용당하는 수고에 대한 보상인가? 그는 괜스레 심란해졌다. 아, 몰라. 운동이나 하자. 그는 심각한 것은 딱 질색이다. 오늘은 차은우 표정 따라하기 5번 사진을 올릴 생각이다. 아마 다들 차은우 닮았다고 난리 나겠지?

나의 직업은 인플루언서

다른 사람에게 영향력을 미치는 사람, 유명한 사람을 가리켜 인플루언서라고 부른다. 무엇 때문에 유명해졌는지는 정확히 알지 못해도 상관없다. 사람들은 그들을 가리켜, 유명하다고 말한다. 대표적인 사례로 킴 카다시안 같은 유명인이 있다. 그는 연기자도 아니고, 가수도 아니고, 음악인도 아니다. 십여 년 전, 패리스 힐턴의 친구로서, 지지 기반이나 존재감이 미비했던 궁녀와 같은 존재였다. 하지만 이제는 엄청난 부와 인지도를 누리며 산다. 현재 미국에서 가장 유명한 사람 중 한 명이다. 그녀가 정확히 무엇을 하는지 알 수 없지만, 지금은 가장 잘 먹고 잘사는 사람 중 한 명이다. 사람들은 그녀를 부러워한다. 그녀는 유명세의 기운을 누리며 보란 듯이 산다. 현재 다양한 방면에서 활동 중이다. 최근에는 뜬금없이 변호사가 되겠다고 선언했다. 그냥 자신이 하고 싶은 활동을 다 하는데, 사람들은 여전히 그녀를 주목한다. 아무도 카다시안에게 “당신 주특기는 무엇이냐? 정체가 뭐냐?” 같은 질문을 하지 않는다. 왜냐하면, 그는 이미 너무 유명하기 때문이다. 이미 유명한 사람에게, 어떻게 유명해졌는지를 묻는 것은 게임의 룰을 모른다고 실토하는 격이다.

이제는 옛날처럼, 힘 있는 누군가의 발탁이나 영예로운 상을 받지 않아도 유명해질 수 있다. 이제는 불특정 다수의 실시간 ‘좋아요’가 스타 대운을 결정한다. 그렇게 불특정 다수의 관심과 애정을 받는 사람들이 주목받는다. 이것은 정량적 수치로 나타난다. 바로 ‘좋아요’와 ‘조회수’. 차세대 스타가 되기 위한 기초체력이다. 그렇게 지금 이 시대를 대표하는, 대중과 함께 호흡하는 사람들이 탄생한다. 포스트모던한 우리 시대 유명인이다. 고상한 척, 예술가인 척 오만상을 찌푸리며 군림하려는 괴팍한 아티스트의 시대는 끝났다. 대신 이들은 새로운 매체를 이용하여 입지를 다진다. 인스타그램, 유튜브, 페이스북, 틱톡 등이 그들을 유명인으로 만든다. 그들은 불특정 다수의 관심과 애정이 생명이다. 그래서 이들은 사람들을 계속 궁금하게 만들고, 다음번 행보가 무엇인지를 슬쩍 흘린다. 한 번에 다 알려주면 재미가 없다. 감질나게 은근슬쩍 흘려주는 게 핵심이다. 흔히들 ‘조련’이라는 말이 여기에서 통한다. 파블로프의 개에게 한꺼번에 먹이를 다 주지 않듯이 말이다. 많은 사람으로부터 애정과 관심을 얻기 위해서 전략적인 ‘타종’이 필요하다. 시도 때도 없이 종을 울렸다가는 ‘양치기 소년’이 된다. 그들의 상상력과 호기심을 자극하며, 앞으로의 사랑을 약속받는다.

결국, 돈 벌고 싶은 거 아니에요?

이러한 영향력을 바탕으로, 금전적인 이득을 취하기도 한다. 특정 제품 광고 모델이 되기도 하며, 직접 물건을 만들어서 판매하기도 한다. 즉 사람들의 관심을 통해 경제적인 이득을 취한다. 최근 '유튜브 뒷광고 논란' 역시 유명한 자신의 위치를 활용하여, 은밀하게 경제적인 이득을 취한다는 비판이다. 별도의 표기 없으면, 그 제품과 서비스를 정말 좋아해서 구매한 것 같은 착각을 일으키기 때문이다. 온라인에서 보는 사람이지만, 개인적으로 신뢰하고 친하다고 느낀다는 점 역시, 과거 유명인들과 다른 지점이다.

또한, 대다수 젊은층들은 유명세를 계층 상승의 사다리로 여긴다. 유명세를 기반으로 성공적인 경력을 만들 수 있다. 또한, 큰 돈을 벌 수 있다. 과거에는 서울대 또는 의대 나와서 좋은 직장을 얻고, 많은 돈을 버는 게 목표였다면, 이제는 유명세를 활용해서 자신이 하고 싶은 일을 하는 게 더 확실하고, '접근 가능한' 사다리가 되었다. 과거 몸만 좋은 사람을 깔보는 인식도 있었으나, 세상이 바뀌었다. 이제는 신체 자본은 좋은 무기다. 당당하게 일하고 대가를 받는다. 그렇게 그들은 경제적 부와 사회적 인정을 얻는다. 유명하면 더 많은 돈을 벌고, 더 많은 돈을 벌면, 그 사람의 학벌이나 성적, 소속과 직위를 묻지 않는다. 몸이 좋아서 돈 많이 버는 체대생에게, "학교 다닐 때 공부 잘했나요?" 같은 질문을 하지 않는다. 불편할지 모르는 질문을 사전에 차단하는 힘, 그것이 유명세이다.

이러한 심리를 반영하듯, 21학번 대학 새내기는 "좋은 학교에 가겠다는 것도 결국은 졸업해서 돈 벌려는 건데, 유명해지면 훨씬 큰돈을 빠르게 버니, 굳이 그렇게 학교에서 고생할 필요가 있나요?"라고 되물었다. 좋은 성적, 좋은 학교와 같이 과거의 사회적 기준에 자신을 맞추지 않겠다고 강조했다. 신발 모델로 활동하는 한 인터뷰 참여자는 가난을 극복하는 가장 확실한 방법은 유명세라고 했다. 젊은층일수록, 자신의 매력이나 가치를 인정해주는 사람들의 뜨거운 반응에 더욱 긍정적이었다. 유명세를 개인의 자아실현과 부의 쟁취, 계층 상승을 위한 만능 솔루션처럼 여기는 경향이 있다. 그들은 파워 유튜버, 인플루언서로 성공한 인물들을 '롤 모델'로 여긴다.

금발 헨리의
한국 체험기

- 헨리(30세, 서대문구 창천동)

"두 유 노 BTS?" 시카고에서 온 헨리는 하루에도 세 번 정도 이 질문을 받는다. 처음에는 다소 당황했다. 그는 개인적으로 BTS를 모르기 때문이다. 처음에는 시큰둥하게, "아니요"라고 대답했다. 그러면 질문한 사람은 하늘이 무너지는 것 같은 표정을 지었다. 이제 그는 한국인들이 원하는 답을 알고 있다. "물론이지, 너무 멋져, 판타스틱." 이렇게 그들이 원하는 답변을 해주면, 세상을 다 가진 것 같은 표정으로 흡족해한다. 왜 나에게 BTS에 관해서 물어볼까. 상대방이 듣고 싶어 하는 대답을 이야기했지만, 여전히 궁금하다. 거기에는 어떤 확인을 받고 싶어 하는 심리가 있을 것이다. 한국에서 생활한 지, 이제 6개

월이 지났다. 처음에는 잠깐 있다가 갈 생각이었는데 생각보다 체류 기간이 길어졌다. 그는 한국 생활에 완전히 적응했다.

거기 미국 총각, 한국말 어디서 배웠어?

● ● ●

헨리는 영어를 가르치기도 하지만, 본인도 한국어학당에서 한국어를 배우고 있다. 그가 한국 생활에서 가장 좋은 건, 자신에 대한 사람들의 호의적인 시선이다. BTS와 비슷한 빈도로, 그의 얼굴에 대한 질문이나 인상평을 접한다. "당신은 왜 이렇게 얼굴이 작냐?" 부러움 섞인 작은 탄식이 들린다. 처음에는 남의 얼굴 보고 뭐라 하나 싶어서 황당했지만, 이제는 대단한 칭찬이라는 것을 안다. 그는 금발에 깊숙이 파인 파란 눈을 가졌다. 예전에는 지하철 타면 사람들이 다 자신을 쳐다보는 것 같았다. 물론 좋은 관심이다. 따뜻한 호기심이랄까. 생활에 도움이 된다. 예를 들어, 식당에 가서 한국어로 이야기하면, "잘생긴 총각이 한국말도 잘하네, 이거 하나 더 먹어요" 하면서 아주머니가 서비스로 더 챙겨준다. 그래서 자신과 같은 백인 남성이 한국어로 이야기할 때, 상당한 임팩트가 있음을 체감했다. 이런 '특혜'에 대해서 동료 미국인 친구들과 얘기한 적이 있는데, 의견은 대체로 비슷했다. 전반적으로, 한국인은 전형적인 백인을 환영한다. 그에 비해 한국계 미국인은 되레 저평가 심지어는 역차별을 당한다. 여권을 확인하기 전까지는 모르겠다는 말이다. 생김새가 비슷하니 알 수 없다며 시큰둥해한다. 일반적인 한국인 같다는 말. 그래서 이곳 사람들이랑 '확' 달라야 한다. 그 차이란 큰 키, 긴 다리, 조그만 얼굴, 넓은 어깨 등이다. 결과적으로 '이 사람은 미국인이구나'라는 강력한 신호가 핵심이다. 그 신호가 이곳에서 삶의 질을 결정한다. 친구들은 모두 진지한 얼굴로 고개를 끄덕인다. 다들 한 번쯤 그 달콤함을 경험해봤다는 표정이다.

사장님, 여기 대大자 같은 중中자 추가요

● ● ●

헨리는 술집에서는 한국어로만 이야기한다. 술집에서 대북 정책 내지는 세계 평화, 포스트 코로나 세계 질서에 관해서 이야기하지는 않으니 조금 못해도 상관없다. 어눌하지만, 또박또박 한국어로 이야기하면, 바텐더 내지는 종업원 들이 자신을 잘 챙겨준다. 가끔은 술이나 안주도 공짜로 준다. 생긴 것은 영락없는 서양인인데, 한국어로 이야기하니 관심을 끈다. 한번은 보쌈집에서 그가 "이거, 안주 하나 더 주세요. 고기 많이요"라고 주문했다. 그러자 중년의 아저씨 사장님이 대뜸 "놀래라"라며 움찔했었다. 사장님이 나를 신기하게 봐서인지, 고기가 오늘따라 유난히 많다. 한국어를 하는 금발의 그에게 내리는 넉넉한 인심이다. 사장님은 보쌈 고기를 최소 두 국자 더 퍼서 내놓았다.

"대大자 같은 중中자." 그가 최근 배운 한국어 표현이다. 그걸 영어로 바꿔본다. "It's medium but almost large actually." 미국에서는 절대로 접할 수 없는 표현이다. 중이면 중이고, 대이면 대이지, '대大자 같은 중中자'라니. 세모 같은 네모와 같은 표현이다. 미국에서 저런 말 하면 이상한 사람 취급받는다. 그러니 이 모든 차이는 동양과 서양의 사회 심리적 차이를 반영한다. 한국은 따뜻한 정情의 민족이다. 중中을 주문해도, 대大와 비슷한 크기를 기대할 수도 있다. 물론 누구나 다 그런 프리미엄을 누릴 수 있는 건 아니다. 금발에 한국어를 곧잘 말하는 그는 가능하다.

어느 한국인 친구와 밥을 먹는데, 대뜸 그에게 묻는다. "두 유 노 펄 벅?" 그는 모른다고 했다. 그러자 친구가 신이 나 죽겠다는 듯이 설명을 늘어놓는다. 1960년 무렵, 미국의 소설가 펄 벅이 한국을 방문, 경주 근처 농촌을 들렀단다. 마침 하루 일을 끝내고 귀가하는 농부와 소 한 마리를 보았다. 그녀는 농부에게 "왜 소에게 짐을 넘기지 않고, 당신이 직접 매고 가냐? 소달구지를 타고 가면, 편하게 갈 텐데"라고 물었다고 한다. 그러자 농부가 말했다. "종일 일해서, 소도 힘들 것이다." 그 말에 펄 벅은 감동했단다. 그는 펄 벅을 몰랐지만, 여기 와보니 왜 그녀가 감동했는지 대충은 알 것 같다. 상대방에 대한 배려, 마음 씀씀이가 넉넉하다. 그래서 한국은 따뜻한 나라다. 게다가 한국인은 친절하다. 특히 파란 눈에 금발인 그에게는 더욱.

우리가 사랑한 금발의 원숭이

● ● ●

여기 오기 전에, 한국에서 잠깐 교환학생을 했던 친구에게 이런저런 이야기를 들은 적이 있다. 헨리가 한국에 간다고 하니, 자신이 겪은 경험을 말해줬다. “한국인들은 우리같이 전형적인 백인들에게 특히 친절해. 너는 가면 주변에서 많이 챙겨줄 거야. 한국 TV 채널에는 외국인들이 나와서 이런저런 얘기를 하는 프로그램도 있어. 거기서 인기 끌면 큰돈 번대.” 그가 말을 잇는다. 뭔가 고급 정보가 나올 것만 같다. “한국 무조건 좋다고 이야기해야 해. 김치 맛있어요. 인터넷 너무 빨라요. 지하철 깨끗해요. I know 손흥민, I know 기생충, I know 불고기, I know 김치볶음밥.” 이런 말을 외워가라고 했다. 그리고 그가 짐짓 망설이다가 덧붙인다. “한국인은 보이는 것에 약해. 좋은 몸매, 잘생긴 얼굴. 게다가 그런 거 있잖아, 너도 알지?” 친구는 그에게 알 듯 모르듯 미소를 지으며 말끝을 흐린다. 그게 뭘까?

여기에 와 보니, 그 친구가 한 조언들이 다소 과장은 있지만, 거의 다 맞는 말이었다. 정도의 차이는 있지만, 진실이다. 신촌에 사는 그는 가끔 근처 술집에서 혼자서 술을 마실 때가 있다. 바텐더와도 형, 동생하는 사이다. “어, 헨리 왔어?” 바텐더가 반갑게 인사한다. 이 가게는 손님이 별로 없다. 그가 좋아하는 위켄드의

‘True Colors’가 스피커에서 흘러나와, 바닥에 눅눅하게 깔린다. 혼자 술 마시기 좋은 분위기다. 그렇게 두어 잔 정도 마셨을까? 갑자기 술에 취한 듯한 단발머리 여성이 불쑥 다가와 그의 코를 만지고 싶다고 했다. 처음에는 이게 뭔가 싶었으나, 그도 아무렇지 않게 대꾸했다. “제 코에 뭐 묻었어요?” 좀 뻔뻔하게 굴어야 한다. 그런데 정확한 한국어 발음에 여자는 순간 놀란다. 그리고 화색이 돌면서 질문 공세를 시작한다. “한국말 어디서 배웠어요? 너무 잘한다. 신기해, 얘들아, 여기 좀 봐. 잘생긴 외국인 오빠야.” 나이도 묻지 않았는데 대뜸 오빠란다. 달랑 한국어 한마디 했을 뿐인데 사람들의 반응은 자지러진다. 인근 학교에 다니는 대학생들인 것 같았다. 그녀 일행이 그의 주변을 둘러싸며, 이것저것 묻는다. 그리고 언제나 빠지지 않는 그 질문이 시작된다. “두 유 노 케이팝? 두 유 노 샘성Samsung?, 두 유 노 연세 유니벌시티? 두 유 노 서강? 두 유 노 이화? 그는 순간 할리우드에서 온 배우가 된 기분이다. 〈연예가중계〉에서 하는 배우 인터뷰 느낌이다. 그 인터뷰에서 햄을 김치에 싸서 먹으면 맛있다고 적극적으로 추천하던 한 리포터가 생각났다. 아니 어쩌면 동물원 원숭이일지 모른다. 튀어나온 코와 깊숙이 파인 눈을 가진 금발의 원숭이. 여기에서는 희귀종이다.

I ♥ Korea! 와 은은한 노출

● ● ●

서울 지역에 사는 외국인들, 특히 미국인들은 알게 모르게 네트워크가 있다. 이들은 서로 생활에 요긴한 정보를 공유한다. 이를테면, 서울에서 월세가 가장 싼 곳은 어디냐? 이태원에서 이 정도 가격이면 적당하냐? 괜찮은 맥줏집이 어디냐? 미국에서 먹던 핫윙을 파는 곳은 어디냐? 같은 정보들이다. 한번은 신촌에서 맥주 축제를 한 적이 있는데, 서울 사는 거의 모든 외국인이 다 신촌에 나타난 것 같았다. 특히 노는 정보, 즐기는 정보에 대해서는 확산이 빠르다. 일각에서는 서울의 외국인들이 서울 유흥 문화를 결정한단다. 헨리같이 생긴 외국인이 많으면 그 술집은 핫한 거란다. 그 말을 들으니 헨리는 기분이 으쓱하다. 그러니까 내가 핫함을 결정하는 인간 아이콘이라는 거지. 그날 헨리는 신촌 맥주 축제에서 같은 미국인 친구를 알게 되었다. 필라델피아에서 왔다는 그는 영어 강사로 일한다. 그는 한국인이 미국인보다 인스타그램을 더 많이 한다며, 너도 계정 하나 별도로 만들라고 조언했다. 한국에서 쓰는 계정을 만들면, 훨씬 간편하고 좋단다.

그의 말에 고개를 크게 끄덕이며, 행동으로 옮겼다. 계정 만드는 것은 어렵지 않았다. Henry from Chicago, currently in Seoul. 짤막하게 소개글도 넣었다. 왠지 좀 부족한 느낌이라 이모티콘을 넣어본다. I ♥ Korea! 가장 핵심적인 영업 문구다. 인스타그램은 전화번호 없이도 연락할 수 있다는 점에서, 카톡보다도 소통하기에 수월하다. 외국인들에게 특히 인기가 많다. 한국인 친구를 사귀고, 정보를 얻는 데 좋다. 해시태그를 타고 한국인들이 찾아와서 글을 남긴다. 한국의 핫플을 태그하고, 키워드를 잘 선정해서 해시태그를 남기는 게 중요하단다. 팔로워가 급격히 늘어나고, 댓글들이 달린다. "헨리, 한국어, 어디서 배웠어요?", "얼굴이 진짜 소멸 직전, 비율이 그냥 완전 올킬." 한국 음식 맛있다고 하면, 반응은 더 뜨겁다. 한국 사람 너무 친절하다고 하면, 거의 혼절한다. 칭찬과 찬사도 영혼을 담아서 하면 효과가 배가된다. 건성으로 하면 효과가 덜하다. 이제 그는 한국인들의 그런 반응을 이용하기도 한다. 브랜드 담당자들이 그에게 DM으로 혹시 협찬 광고 의사가 있는지 물어왔다. "혹시 돈 벌 생각 없으세요?" 이렇게 직설적으로 물어본다. 너무 대놓고 돈 버는 것은 그도 마음에 걸려서 이것저것 살펴서 진행한다. 광고주는 주로 그의 얼굴이 드러나는, 파인 눈과 튀어나온 코가 강조되는 스틸 컷을 선호했다. 전신 컷 사진도 쓰지만, 대놓고 노출을 원하지는 않는다. 그들의 표현에 따르면, "은은한 노출"을 요구한다.

은은한 노출은 또 뭔가? 아무래도 너무 미국인 같은 외모가 헐벗으면, 한국인에게 이질감을 줄 수도 있어서일까? 한국 사람들을 언짢게 만들 수 있다는 우려다. 헨리는 추측건대, 그 이전에 어느 서양인 남성이 의욕이 과해서 지나친 노출을 감행했는데,

그게 반응이 좋지 않았나 보다. 의욕이 과했던 얼굴 모르는 그가 스승이다. 덧붙여 광고주는 신신당부한다. “꼭 한국어로 제품에 대해서 좋게 써주세요. 제발요.” 헨리는 전화 대화에서 어떤 절박함을 느낀다. 광고주는 한국어 문구를 써서 DM에 붙여주기도 했다. 중요한 것은 영어로 쓰면 말짱 꽝이다. 그렇다, 그는 한국 내수용 모델이다. 한국인이 알아보지 못하는 광고는 죽은 광고다. 한국에서 뜨거운 반응이 낯설기도 하지만, 기분은 좋다. 미국에서는 전혀 경험해보지 못한 새로운 세계다.

그러던 어느 날, 유튜브 콘텐츠를 만드는 한국인이 인스타 DM으로 연락이 왔다. 자신은 외국인들이 한국을 어떻게 보는지에 대한 콘텐츠를 만든다고 소개했다. 돈 많이 줄 테니, 꼭 한번 연락해달라고 번호를 남겼다. 헨리는 DM으로 온 전화번호로 전화를 걸었다. 콘텐츠 담당자가 반갑게 전화를 받았다. “어, 헨리. 전화해 줘서 땡큐. 우리는 한국인들이 좋아하는 콘텐츠를 만들어요. 같이 한번 해 볼래요?” 친근하지만, 다소 느끼한 말투다. 그 담당자가 부연 설명을 하다가 대뜸 묻는다. “헨리, 두 유 노 국뽕?”

나, 그대의 오징어가 되어 드리리

형형색색의 립스틱이 등장해 화면을 가득 메운다. 한 여성이 흔들의자에 앉아 매니큐어를 바른다. 만족스럽게 자신의 손을 쳐다보며 맑게 웃는다. 그녀의 모습은 일반적인 동양인과는 사뭇 다르다. 서양인 같기도, 동양인 같기도 하다. 그런 그녀가 핑크 립스틱을 바르고, 카메라를 향해 환하게 웃는다. 이 영상은 1968년, 일본 혼혈 모델 티나 초우가 나온 화장품 브랜드 시세이도 광고다. 1960년대 말부터, 일본 광고업계는 그녀와 같은 혼혈 모델을 적극적으로 기용했다. 여기에는 역사적인 연원이 있다. 제2차 세계대전, 한국전쟁 당시 일본에 주둔하던 미국 군인들은 현지인 여성들과 결혼했고, 그로부터 탄생한 자녀들이 성장해서 일본인들의 주목을 받았다. 서양인과 동양인의 모습을 동시에 갖고 있었던 이들 중 일부는 모델로 활동했다. 긴 다리와 작은 얼굴, 뚜렷한 이목구비 등을 동경하는 심리는 사실 우리나라만의 일도 아니다. 50여 년도 전에 이미 있었던 일이다. 동양인이 가진 보편적인 심리에 가깝다.

두 유 노 기생충~, 두 유 노 미나리~, 두 유 노 오징어 게임?

시간이 흘러, 1985년 지금 모습의 반쪽밖에 안되는 날씬한 존 트라볼타가 신나게 스텝을 밟는다. 영화 〈토요일 밤의 열기〉의 주인공답게 현란한 움직임으로 시선을 사로잡는다. 갑자기 카메라를 향해 찡끗 윙크하더니, 그가 말한다. "도쿄 드링크!" 그가 출연한 한 일본 커피 브랜드의 광고다. 춤의 달인인 존 트라볼타가 추천하는, 도쿄 사람들이 마시는 기분 좋은 음료라는 메시지 같다.

1980년대, 일본 경기가 최고조에 달할 무렵, 많은 미국인 스타들이 일본에서 광고 모델로 활동했다. 앤디 워홀을 비롯해 마일스 데이비스, 스티브 원더 등 미국의 내로라하는 스타들이 일본 브랜드의 모델로 대거 등장했다. 주로 위스키, 술, 비디오 레코더 등 당대 첨단을 표방하는 고가 상품들이 많았다. 뭐니 뭐니 해도 가장 인상적인 것은 마일스 데이비스. 괴팍하고, 공격적인 성격으로 악명이 높은 그였지만, 광고에 등장한 모습은 온순한 양과 같았다. 갈라지는 쇳소리 같은 목소리로 재즈에 대한 자신의 예술관을 읊조리다, 자신이 광고하는 술을 한 홉 마신다. 카메라를 바라보며 외치는 한 마디. "It's a miracle." 아마도 '기적'에 가까운 모델료가 그의 계좌에 입금되었을 것이다.

현재 한국의 모습도 유사하다. 먼저 이상적인 외모의 기준은 서구인의 것이다. 흔히들 말하는, 높은 코, 큰 눈, 작은 얼굴, 긴 다리, 큰 키. 모두 서양인을 대표하는 신체 특성이다. 혼혈 모델에 대한 인기는 일본보다 덜하지만, 굳이 서구인 아버지의 DNA 없이도, 의술의 도움을 받아 외모를 서양인과 유사하게 맞추려는 도전을 감행한다. 흔히들 외국인 옆에 서면, 스스로 위축되어 "오징어가 되는 기분"이라는 표현 역시, 서구 중심적인 외모 기준을 드러낸다. 외모를 최우선으로 여긴다는 '외모지상주의'와 서구를 무조건 기준으로 삼는 '사대주의'가 만나, '외모 사대주의'라는 신조어가 탄생했다.

일본처럼 미국인 스타를 적극적으로 기용하지는 않지만, 한국에 대한 지식과 정보를 알고 있는 사람은 친한파로 인정받는다. 한번 친한파가 되면, 그들은 열렬한 지지를 얻는다. 한국의 김치, BTS, 기생충, 미나리, 오징어 게임, 삼성에 대해서 알고 있는 할리우드 스타는 명예 한국인과 같은 지위를 얻는다. "두 유 노~~"로 시작하는 수많은 질문은 서구인들의 한국에 대한 관심을 확인하기 위한 테스트다. 여기서 합격하면, 한국은 기회의 땅이 된다. 한국에 관한 관심, 애정을 보여주면, 한국은 그들에게 엘도라도가 될 수 있다. 젖과 꿀이 흐르는 땅이 된다.

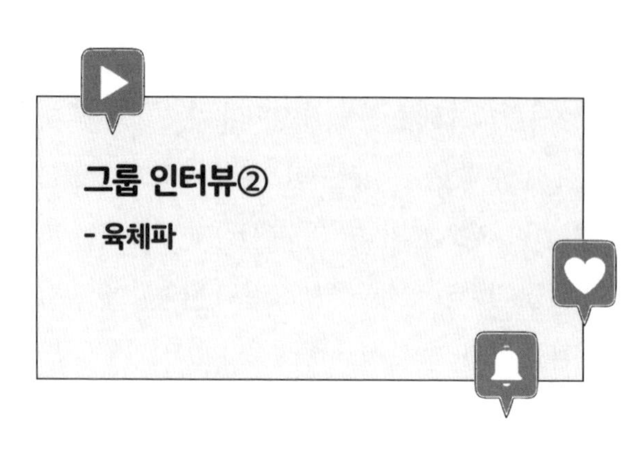

서맨다: 예전에는 트레이너로 일했고, 몇 년 전부터 필라테스 강사로 활동하고 있다. 인스타그램 팔로워가 최근 8만 명을 넘었다. 개인 지도와 광고 모델을 병행하고 있다.

제니퍼: 인스타그램에 1인 마켓을 종종 연다. 특정 브랜드와 협업해서 일할 때도 있다. '내돈내산' 후기도 가끔 올린다. 인스타그램 팔로워 20만 명.

로건: 학교 졸업 후, 모델로 잠깐 일했다. 지금은 연예인을 준비 중이다. 인스타그램 팔로워는 30만 명 조금 넘는다. 요즘은 유튜브에 관심을 쏟고 있다.

루크: 여의도에서 일하는 평범한 회사원이다. 대학 입학 이후 몸 만드는 것에 관심 많아서 관련 내용을 찾아보고 인스타에 올리고 있다. 인스타

그램 팔로워 5만 명.

너 매일… 하니?

● ● ●

로건: 성적으로 너무 분방하게 사는 거 아니냐는 이야기를 자주 듣는다. 온라인은 물론이고, 오프라인에서도 분별없는 사람처럼 보이는 게 억울하다. 반드시 그렇지는 않다. 물론 사람 만나는데 좀 더 수월한 건 사실이다. 흔히 생각하는 것처럼 매일 다른 사람이랑 잠자리하고 그러지는 않는다. 이게 다 선입견이다. 그렇게 살면 되레 삶이 망가진다. 운동하는 이들 중에는 종교인처럼 사는 친구들도 많다. 물론 인스타에 노출 사진 올려서 반응을 유도하고, DM으로 사람 만나는 이들도 있다.

서맨다: 남자들이 자꾸 연락하고 추근거린다. 밥 먹자고 술 마시자고 연락 온다. 한번은 지방에서 온 중년 아저씨가 말도 없이 필라테스 스튜디오까지 찾아와서 덜컥 겁이 났다. 처음에는 이런 시선도 좋고, 즐길 때도 있었지만, 나를 쉬운 사람으로 보나 싶어 기분이 좋지 않았다. 내가 왜 그들과 밥과 술을 먹어야 하나? 상식적으로 잘 이해가 가지 않는다. 내게 잘 대해주시고, 친절한 건 감사하지만 지나친 호의에는 언제나 흑심이 있기 마련이다. 한 마디 더하자면, 나를 잘

모르는 사람들은 내가 매일 남자 만나는 줄 아는데, 사실 그렇지 않다. 나는 생각보다 보수적인, 바른 생활 소녀다.

루크: 회사에서는 내가 대단한 바람둥이로 알려져 있다. 실제로는 전혀 아니다. 친한 사람들 아니면, 어디 가서 사생활 이야기하지 않는다. 그런데 몸을 이렇게 만들고, 인스타에 사진을 올리면, 사람들은 모종의 의도가 있으리라 생각한다. "여자 만나려고 운동하지?"라고 대놓고 말하는 사람도 있다. 아마도 그런 이들은 성생활에서 결핍을 느끼고 있지 않나 싶다. '인스타에 사진 올리고, DM으로 꼬셔서 오프라인에서 만나 무조건 어찌할 것이다'라는 본인들 소망을 나에게 투사한다. 아마도 그들도 자유분방하게 살고 싶은데, 여러 이유가 있어서 그리하지 못하는 듯하다. 나를 부러워하는 것 같다.

외모 프리미엄은 존재한다

● ● ●

제니퍼: 이런 말 하기 조심스럽긴 한데, 분명 외모 프리미엄은 존재한다. 어디 발렛파킹을 맡겨도 그렇고, 어디 카페에 가서 점원과 눈을 마주쳐도 그렇다. 기본적으로 나에게 친절하다. 내게는 일상적으로 겪는 친절이 당연한데, 사실 그렇지 않은 사람들도 많더라. '친절의 일상화', 이것이 외모 프

리미엄 덕분에 생활에서 누리는 혜택 같다고나 할까. 나도 잘생기고 몸 좋은 남자들을 대할 때, 태도가 달라지는 것을 느낀다. 외모 프리미엄, 나는 개인적으로 감사하고 고맙게 생각한다. 부모님께 특히 감사하다.

로건: 나도 그렇게 생각한다. 외모 프리미엄은 확실히 존재한다. 그런 건 없다고 부정하는 게 위선이다. 그렇다면 내가 누리는 많은 특혜는 무엇인가? 신기루인가? 우리가 지금 줌에서 단체로 잠꼬대하고 있나? 실체가 있는 혜택이자 소소한 삶의 기쁨이다. 내 입으로 말하긴 좀 그렇지만, 남자도 잘생기면 인생이 편해진다. 인정할 건 인정하자. 그리고 이거 거저 얻은 게 아니다. 엄청나게 노력한다. 나는 일주일에 체육관을 열 번 간다. 하루 건너뛰면, 연달아 아침, 저녁 두 번씩 가더라도 꼭 손가락 열 개를 채운다. 피부과도 종종 간다.

루크: 좀 더 구체적으로 말하면, 좋은 외모의 소유자는 더 많은 기회를 누리고, 덜 깨지는 측면이 있다. 나는 이것을 '까임 방지권'이라고 부른다. 확실히 상사나 주변 사람들이 내가 잘못했더라도 종종 너그럽게 넘어가 준다. 만약 평범하게 생긴 아무개가 비슷한 실수를 저질렀다면, 난리 났을 것이다. 그런데 이게 또 반드시 좋은 방향으로 작용하는 것도 아니다. 한번은 회사에서 커피 마시다가 셔츠에 쏟아서 점

심 시간에 옷 사러 나갔다. 동료 여직원이 기어코 쫓아오는 거 아닌가? 쫓아오는 거까지 좋은데, 이 사람이 내 바지 속으로 셔츠를 아무렇지도 않게 불쑥 넣더라. 바지 속에 손을 집어 넣길래 깜짝 놀랐다. 내 외모가 별로였으면, 옷 사러 오는 데 따라왔을까? 도와준다고 바지 속에 손을 집어넣었을까 싶다. 성별을 바꿔서 이런 일이 있었으면 어땠을까? 회사 차원에서 난리 난다. 아니 경찰서 가야 한다. 내 경우에는 그냥 조용히 넘어가는 게 좋다. 그만큼 성가시고 피곤한 부분도 있다.

로건: 외모에 대한 사람들 인정도 한계가 있다고 본다. 특정 부분을 좋게 봐주는 건 좋기는 한데, 그 이미지로만 너무 고착되면 그것도 문제다. 미국 성인물 남자 배우가 있는데, 그 사람은 작가이기도 하다. 소설집과 에세이를 여러 권 출간했다. 그 사람 홈페이지에 가면, 성인물 배우 같지 않고, 무슨 힙스터 작가 같다. 그는 성적인 일로 돈도 벌고 유명세를 누리지만, 동시에 문학적인 재능도 있나 보다. 사실 한 사람에게 다양한 측면이 있을 수 있지 않나? 한국에서는 성적인 것으로 한번 찍히면 무조건 성적인 사람으로 규정된다. 다른 측면은 무시된다. 그래서 너무 '섹시 콘셉트'로 자리 잡으면, 다른 콘셉트로 확장이 어렵다. 한국에서는 한번 섹시면 영원히 섹시다. 그러니까 수명도 자연스레

짧다. 섹시 콘셉트를 표방하는 젊은 피들이 자꾸 쏟아져 나온다. 나 같은 사람도 일정 부분 감수하고 받아들인다. 외모 프리미엄, 구체적으로 성적인 매력이 반드시 다 좋은 것만은 아니다. 그만큼 금방 질리고 교체도 빠르다. 이건 내가 연예인을 준비하면서 여러 사람에게 직접 들은 이야기다.

인스타에서 남자 키는 계속 자란다

● ● ●

루크: 누가 인스타에서 내 키를 물어보면 180.5라고 하는데 사실 내 키는 178 정도다. 연예인처럼 높여서 말한다. 나만 이렇게 과장하는 것 아니다. 온라인에서는 키 인플레이션이 있다. 실제로 직접 볼 것도 아니고 줄자 가지고 와서 잴 것도 아니니, 조금씩 과장한다. 비율이 좋으면 어느 정도 커버된다. 특히 남자들이 많이들 그런다. 어릴 적 충분히 크지 못한 설움을 온라인에서 푼다. 인스타에서 남자들의 키는 조금씩 자란다. 3㎝ 정도는 눈감아줄 수 있다. 그 이상은 상도에 어긋난다.

로건: 나도 그런 경우를 많이 봤다. 언젠가 자신이 189라고 말하고, 인스타 프로필에도 떡하니 박아 놓은 사람을 오프라인 무슨 행사 자리에서 만난 적이 있다. 189는 개뿔. 그 사

람 키는 나만 하거나, 조금 더 큰 정도였다. 너무 과장이 심했다. 웃긴 건 왜 그는 인스타 프로필에 189㎝라고 보란 듯이 적어 놓았을까? 무슨 훈장처럼 말이다. 189라고 하면, "우와 대단합니다"라고 할 줄 알았나? 키를 인스타 프로필에 적어 놓은 것 자체가 나는 웃긴다고 생각한다. 키 말고는 다른 데 자랑할 게 없나?

서맨다: 요즘 얼굴 크기 줄여주는 보정 앱이 인기다. 많이들 한다. 회원들을 인스타에서 사진으로 접하고 실물로 보는데, 정말 과장이 아니라 얼굴 크기가 사진에서 본 것보다 두 배 이상 큰 사람이 걸어 들어왔다. 처음에는 다른 사람인가 싶었는데, 아니나 다를까, 동일인이었다. 어떤 사람은 얼굴 크기 줄이는 앱을 과하게 써서 사진에 찍힌 손이 상대적으로 너무 크게 나온 적도 있었다. 얼굴을 너무 줄인 것이다. 그러니 손이 상대적으로 엄청나게 크게 나왔다. 손은 소도 때려잡을 것처럼 거대한데, 얼굴은 거의 소멸 직전이었다. 기술의 힘은 대단하다. 어찌 보면 오프라인 세계에서 하는 성형 수술과 비슷하다. 수정하고, 보완해서, 변신하는 거다. 요즘 세상에 성형한다고 뭐라고 하는 사람 있나? 온라인 보정과 왜곡도 일종의 성형 수술 같기도 하다. 물론 너무 과하면, 좀 그렇다.

제니퍼: 아마도 온라인이라서 그런 것 같다. 포장하고, 미화해도

그 내막과 실체를 모르니, 그냥 다들 넘어간다. 나는 온라인에서 물건 파는 사람이라서 특히 이미지가 중요한데, 과도한 보정은 사람들에게 당혹감을 준다. 너무 정제하고 포장하면, 실망도 그만큼 큰 법이다. 뒷감당 안 되는 경우도 간혹 봤다. 그래서 미화나 포장도 정도껏 하자는 게 내 소신이다.

의무 교육에 '외모의 이해'를 신설하라!

● ● ●

서맨다: 난 어릴 때 집도 가난했고, 공부도 못했다. 집에서 신경 써주는 사람도 없었고, 내 진로나 장래에 대해서 진지하게 말해주는 사람도 없었다. 학교는 재미가 없었다. 그냥 앞날이 막막했고, 나중에 뭐 먹고 사나, 그런 걱정만 가득했다. 내가 가진 장점이나 매력을 알려주는 사람도 없었다. 그런데 시간이 흘러, 지금 내가 누리고 사는 것을 보면, 매우 감사하다. 특히 내 외모가 지금의 나를 만들었다고 해도 과언이 아니다. 이 정도로 매력적이지 않았으면, 그만큼 갈고 닦지 않았으면, 지금 이렇게 살 수 있었을까? 가만히 생각해보면, 매력적인 얼굴, 잘 빠진 몸. 이런 게 살면서 정말 중요하고, 생각보다 일생 전반에 크게 영향을 미친다. 이렇게 중요한 데도 정규 교육과정에서 전혀 배운 적이 없

다. 삶에는 공부 말고도 다른 길이 있다는 것을 좀 더 일찍 많은 친구들에게 알려줘야 한다. 그걸 말해주지 않는 것이 되레 괘씸하다. 진로나 적성을 고민하는 어린 친구들에게 무책임한 짓이다. 대놓고 말해도 부족하다. 행여나 정규 교육과정이 '차밍스쿨'로 전락하지 않을까 그런 우려도 있는 것 같다. 아니면 예쁘고 잘생긴 사람들의 가능성을 인정하기 싫거나.

로건: 레바논인가, 어딘가는 미남대회가 큰 인기라고 들었다. 그래서 가진 게 없지만, 외모가 출중한 사람들이 어릴 적부터 그 대회 출전에 목숨 건다고 한다. 잘생긴 외모는 많은 기회를 열어준다. 그렇다면, 뛰어난 외모를 가진 사람들은 어떻게 하는 게 좋을까? 결국, 노력해서 잠재력을 발휘해야 한다. 외모도 일평생 영원한 게 아니다. 한창일 때 확실히 한 몫 당기는 게 좋다. 다 유효기간이 있는 것이라서, 서둘러야 한다. 아이돌 기획사가 초등학교 찾아가서 차세대 신예를 발굴한다는 얘기가 괜한 말이 아니다. 그 정도까지는 아니더라도, 학교에서 이런 조기 교육이 절실하다. 왜 성교육은 교육과정에 있으면서, 외모의 중요성은 가르치지 않나? 늦으면 버스 떠난다.

제니퍼: 나도 비슷한 생각이다. 외모를 가지고 유명해질 수 있다는 것, 이게 말이 쉬운데, 주변에서 제대로 말해주지 않으

면 너무 막연하고 어려운 이야기다. 뛰어난 외모를 가졌다면, 커리어 조기 세팅도 필요하다. 마냥 쉬쉬할 게 아니다. 설령 뛰어나지 않은 외모를 가져도 발전 가능성이 있다면, 한번 도전해볼 만하다. 노력으로 변신도 어느 정도 가능하다. 공부만 하는 게 능사는 아니다. 모두 서울대 갈 수 있나? 모두 의대 가는 건 아니다.

이보다 더욱 중요한 의미는 따로 있다. 자기 신체의 소중함을 빨리 깨우쳐야 한다는 것이다. 어릴 적부터 자신의 몸을 아끼고 소중히 한다면, 상대적으로 나쁜 길로 빠질 가능성이 작아진다. 자신을 아끼고 성장하겠다는 마음가짐이 있다면, 쉬이 망가지지 않는다. 자기 자신을 사랑하고 보살핀다. 난 이런 내용을 어린 친구들이 좀 더 빨리 배울 필요가 있다고 본다. 이런 거 학교에서 아무도 안 가르쳐준다. 가장 유사한 과목이 체육이라고 할 수 있는데, 학교 다닐 적에 체육선생이 나한테 꽥 소리만 질렀지, 인생 선배로서 이런 진지한 충고를 해 준 적이 없다. 이렇게 생각하니 교육과정뿐만 아니라, 좋은 스승을 얼마나 빨리 만나는가도 중요한 문제인 것 같다.

나 알고 보면 지적인 사람이야~~

● ● ●

루크: 유명해지기 위해서, 육체의 매력을 적극적으로 이용하겠다는 것은 분명 내 선택이다. 그런데 사람들이 원하는 모습에 맞추려다 보니, 어느 정도 내적 갈등도 생긴다. 사실은 내키지 않을 때도 있는데, 내색하지 않아야 한다. 내가 불편하게 느끼는 부분이 있더라도, 상대방에게 호감을 주기 위해서, 그냥 무던하게 행동한다. 나는 운동을 조용히, 혼자 하는 걸 좋아한다. 요즘은 다들 같이 만나서, 무슨 반상회 하는 것처럼 운동한다. 무슨 입으로 운동하나? 엄청나게 떠들고, 안부 주고받고 난리다. 그러려면 왜 운동하나? 그냥 만나서 떠들지. 나는 그런 모임을 싫어하는데, 요즘 운동하는 트렌드가 달라졌다. 같이 만나서 운동보다 SNS 하면서 태그 걸고 체크인한다. 남자들끼리 모여서 비싼 레스토랑에서 밥 먹고 술 마시는 것도 종종 본다. 처음엔 뭐지 싶었다. 돈이 많나? 뭐 대단하거나 생산적인 정보나 말들을 하는 것도 아니다. 멍하니 술 마시면서, 정작 앉아서는 스마트폰 하고 있다. 나는 이런 모임을 사실 매우 싫어하는데, 싫은 내색은 안 하려 한다. 괜히 했다가 혼자 잘난 척한다는 말을 들을까 봐.

로건: 이런 말 하면, 사람들이 잘 믿지 않는데, 나는 러시아 소설

가를 좋아한다. 특히 톨스토이 소설 『전쟁과 평화』를 좋아한다. 이런 이야기 하면 '핵노잼'이라는 말을 들을 것만 같아서 아예 입을 닫는다. 나는 주로 어울리는 사람들과 코드가 대체로 맞는 편이다. 만나면 재미있고, 시간이 잘 간다. 그런데 내가 좋아하는 내용 중에는, 지적이라고 할 만한 것도 일부 있다. 이건 내가 속한 세계와는 너무 달라서, 입 밖으로 꺼내면 당장 외계인 취급받는다. 물론 나도 술 마시고, 노는 걸 좋아하지만, 한편으로는 진지한 사람이다. 그들에게 좀 미안하지만, 너무 놀기만 하고, 외모에만 집착하는 친구들을 그렇게 좋게 보지는 않는다. 물론 이런 말을 대놓고 하진 않는다.

서맨다: 나도 그렇다. 내가 무슨 매일 남자들 만나고, 노는 거 좋아하는 사람처럼 아는데 사실 전혀 그렇지 않다. 나는 EBS 다큐멘터리 좋아한다. 물론 그것만 맨날 보지는 않지만, 세상 돌아가는 것에 관심이 많다. 주말에는 봉사활동도 종종 간다. 나보다 어렵게 사는 사람에 대한 연민과 애정도 있다. 기부도 많이 한다. 그런데 이런 모습이 널리 알려지면, 이미지에 혼선이 있을 것 같고, 주변에서 좀 이상하게 생각할 것 같아서 조심스럽다. 그래도 고정관념에 사로잡혀 다른 사람을 쉽게 판단하는 태도는 삼갔으면 좋겠다. 나도 다른 사람을 쉽게 판단하지 않으려고 조심한다.

제니퍼: 온라인에서만 사람을 접하면, 내가 그 사람이랑 친하다고 생각하는 경향이 있다. 직접 만나보면, 다른 점도 많은데, 온라인에서 보니, 자신이 보고 싶은 모습만 보고 지레짐작한다. 그래서 나같이 인스타그램에서 팔로워를 모으고, 물건을 판매하는 사람도 그런 고정관념에 큰 영향을 받는다. 내가 파는 제품들은 소비재들이 많다. 그래서 사람들에게 내가 무슨 과소비를 조장하는 사람처럼 보일까 봐, 그 부분은 좀 걱정이 된다. “저 사람은 뭐 필요하지도 않은 것을, 인스타그램에서 열심히 팔고 다닌다”라고 하지 않을까 하는. 나는 정말 검소하고, 열심히 산다. 외모와 육체로 사람들 관심을 끌고, 이걸로 돈도 벌고 있지만 내가 영혼 없는 ‘인스타 팔이피플’은 아니다. 이 말은 꼭 이 자리에서 이야기하고 싶었다.

test

나도 혹시 육체파?

당신은 육체적인 매력으로 세상의 인정을 받기를 원하는가? 아래 내용은 육체파 지향성을 테스트할 수 있는 대표적인 내용이다. 육체를 추구하는 성향을 가늠할 수 있는 문항이다. 아래 질문에 대한 대답이 7개 이상 "예"라면, 육체파에 해당한다. 삶의 태도에서 자연스레 드러나는 건 숨길 수 없다. 그것은 가릴 수 없는 본능과 같다. 당신의 방향성은 어디로 향하나? 헬스장인가? 아니면 바디 프로필 스튜디오인가? 지금 바로 확인해보자.

문항	
1. 주로 운동하는 공간에서 사진 찍고 인스타그램에 올린다.	☐
2. 몸을 드러내는 사진을 올리고, 몸매에 자신이 있다.	☐
3. 사람들이 나의 몸에 대해서 좋게 반응한다고 생각한다.	☐
4. 인스타그램에서 광고 모델로 이익을 얻거나 협찬 경험을 받은 적이 있다.	☐
5. 운동이나 몸을 가꾸는 방법에 대해서 잘 알고 있다.	☐
6. 주변 친구들도 운동하거나 몸이 좋은 사람들이 많다.	☐
7. 요즘 운동 혹은 몸매로 가장 주목받는 사람이 누구인지, 왜 그들이 인기를 얻는지 알고 있다.	☐
8. DM을 통해서 사람들과 직접 소통하는 편이다.	☐
9. 주변 친구들이 운동이나 몸매 관리 관련한 일을 한다.	☐
10. 주로 팔로잉하는 계정이 몸이 좋은 사람들이거나 그들이 올리는 콘텐츠를 구독한다.	☐

구독

좋아요

알림설정까지

정신파

자기 손은 더럽히지 않는 외부용역이다. 우성은 이것을 '구멍 파기'라고 부른다. 비판 대상을 직접 거론하지 않지만, 짐작 가능한 단서들을 글에다가 솔솔 흩뿌려 놓는다. 심증만 주고 냄새만 풍겨도, 아니나 다를까, 사냥개들이 구멍에 머리를 박고 물어뜯는다. 그들은 목표 타깃의 실명은 물론 구체적인 행각까지 댓글로 소상히 달면서 짖는다. 이렇게 하면, 나중에 책임 회피도 쉽게 할 수 있다. 그는 스릴 넘치지만 동시에 안전한 페북 생활을 좋아한다. 우성은 그저 사냥개들의 활약을 보면서 웃고 즐기면 그만이다.

페북 현자의 하루

- 이우성(32세, 중구 회현동)

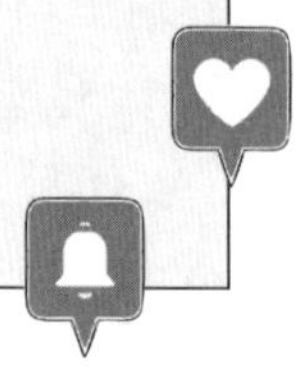

새로운 하루를 시작한다. 그가 눈 뜨면 가장 먼저 하는 일이 있다. 페이스북 접속이다. 89년생 남성, 이우성은 페북 중독자다. 그는 아침마다 지난밤 얼마나 많은 사람이 자신의 글에 '좋아요'를 눌렀는지 확인한다. 그는 주로 정치와 시사 관련 글을 올린다. 사람들은 그의 글에 다양하게 반응한다. '좋아요'를 누르거나, 댓글을 달거나 공유를 한다. 그는 모닝커피와 함께 어젯밤 페북 세계에서 있었던 반응들을 찬찬히 복기한다. 그가 가장 좋아하는 반응은 자신보다 유명한 사람들이 자기 글에 댓글을 남기거나 공유할 때다. 한번은 청와대에 있는 분이 그가 쓴 글을 공유했을 때, 인생에서 가장 짜릿한 쾌감을 느꼈다. 높으신 원로 정치인이 자신의 글에 '좋아요'를 눌렀을 때도 너무 기뻤다. 이 느낌을 말할 것 같으면, 초등학교 다닐 때, 담임선생님에게 받아쓰기 시험 100점 맞았다고 모두가 보는 앞에서 칭찬받았을 때 느꼈던 기분이다. 평일 대낮에 일은 안 하고, 맨날 페북에 상주하며, 소신 발언을 올리는 소위 '깨어있는' 판사로부터 칭찬을 들을 때도 그랬다. 우리 시대, 지배적인 엘리트들도 나를 지켜 보고 있다. 그 생각에 콧노래가 나온다. 이런 칭찬을 들으면, 그날은 밥을 먹지 않아도 배가 부르다.

캬, 좋아요-뽕에 취한다

● ● ●

이런 칭찬이 유발하는 효과가 있다. 그건 공신력이다. 공신력이 몰고 오는 유명세라고 하면 적절할 것이다. 못 사는 나라 언론이 아니라 CNN이 보도했다면, 한국 언론이 받아 쓰는 효과와 유사하다. 그만큼 대중적인 인지도가 상승한다. 같은 내용도 유명인이 언급하는지, 일반인이 언급하는지에 따라서 하늘과 땅 차이다. 이우성은 그것을 잘 알고 있다. 그는 종종 페이스북에 "캬, 좋아요-뽕에 취한다"라며 신나서 말하는데, 뽕 중에 최고의 뽕은 유명인이 자신을 점지해줄 때다. 그 순간 자신감이 하늘을 찌른다. 자신은 유명한 사람에게 칭찬받는 사람이라는 자의식도 고취된다. 무엇보다도 이 광경을 같이 지켜보는 페북 친구들과 대중들도 빼놓을 수 없다. 공개 석상에서 그의 지적 능력을 추켜 세워주는 모습에서 그는 성공의 맛을 느낀다. 그가 이렇다 할 신경도 쓰지 않는 사람들이 그를 가리켜, "역시 페북 현자" 내지는 "이우성을 여의도로"라고 댓글을 남길 때가 있다. 그럴 때마다 그는 삶이 잠깐 정지되었으면 좋겠다고 생각한다. 페북 현자, 너무나 만족스러운 두 단어의 조합이다. 이 순간을 오래 음미하고 싶다. 갑자기 미국 산호세에 있는 마크 저커버그가 생각난다. 그는 중얼거리며 말한다. "저커버그 형, 땡큐!"

그렇다고 그가 하는 일 없이 페북에만 죽치고 있는 '죽돌이'는 아니다. 그는 어엿한 대기업 A에서 일한다. 매일 업무 시간에 수천 자를 거의 꼬박꼬박 페북에 올린다. 옆에서 일하는 동료들이 모니터를 보지 못하도록 불투명 필터도 구매했다. 그래도 혹시나 볼 수 있으니 페북 화면에다가 곧바로 작성하지 않는다. 그는 컴퓨터 메모장에다가 업무 내용인 것처럼, 회의록을 쓰는 진지한 얼굴로 모니터를 바라보면서 페북 글을 작성한다. 그리고 인터넷 맞춤법 테스트 사이트에서 오탈자도 꼼꼼하게 확인한다. 그가 종종 틀리는 내용은, '~하든'과 '~하던' 같은 의미 구별이다. 이런 잦은 실수가 발생하면, 지적인 페북 현자로서 체면이 서지 않을 것이다. 맞춤법을 확인하면서, 글자수도 확인 가능한데, 그의 글은 대개 5천 자에서 7천 자 정도다.

종종 그는 자신의 전문 식견이 반영된 경제정책 평가 및 향후 시장경제에 대한 전망을 설파한다. '좋아요'나 댓글 수는 상대적으로 적지만 공유 횟수는 높은 편이다. 아무래도 정치나 시사 관련 글보다는 실용적인 내용이라 그냥 공유만 하고 사람들이 챙겨놓고 읽는 것 같다. 이처럼 그는 자신의 글에 대한 반응을 세밀하게 구별하고, 그 차이를 감지한다. 처음부터 이런 식견이 생긴 게 아니라 그간의 경험에서 배운 것이다. 그동안 여러 차례 글을 올리면서 사람들 반응을 파악할 수 있는 자신만의 지표가 생겼다.

초정밀 타격이란 이런 것!

● ● ●

가장 격렬하게 사람들이 반응하는 것은 상대편 정치 진영을 공격하는 글을 올렸을 때다. 그중 가장 확실한 것은 실명 저격이다. 사람들은 구체적이고 분명한 것에 반응한다. 보편적인 주제로 현학적인 말이나 추상적인 말만 내뱉으면, 사람들은 못 알아듣는다. 따라 부르기 쉬워야 히트곡이 되는 것처럼, 페북 글도 마찬가지다. 공격성, 적대감을 고취하는 글이 잘 먹힌다. 그중에서 '대적관'이 확실하면 더욱 폭발력 있다. 소신 발언을 하다가 공천에서 탈락한 전 국회의원을 가리켜, 우성은 "내 이랄 줄 알았다"라는 최민식 대사로 유명한, 영화 〈범죄와의 전쟁〉 '짤'을 붙이며, 초정밀 타격을 가했다. 그는 한 줄 시사 평도 잊지 않는다. "소신이 아닌 내부의 규칙을 흔드는 변절자의 최후." 당연히 반응은 화끈했다. 가루가 될 때까지 까였단다.

한번은 정권에 비판적인 목소리를 내는 언론인을 조롱한 적이 있다. "인디언 기우제도 한번은 맞지 않느냐?" 우롱하는 듯한 글로 사람들 반응을 유도했다. 그의 팬들은 화끈하게 화답했다. 그가 바란 대로, 그 언론인을 깔보는 듯한 댓글들이 줄줄이 비엔나소시지처럼 달렸다. 이 사건을 계기로 우성은 '큰 놈을 물어야, 자신도 클 수 있다'는 것을 배웠다. 그 이후 그는 종종 술을 마시고 밤에 페북을 하다가, 자신과 견해를 달리하는, 비판적인 기자들을 호명하는 '콜링calling 타임'을 갖곤 했다. 말 그대로 상대방 이름을 부르는 시간이다. 컴퓨터 앞에 앉아 맥주 500cc 두 캔 정도 비웠다 싶으면, 그는 콜링 타임을 즐긴다. 마치 선배가 후배를 부르듯, 삼촌이 조카를 부르듯이, 혹은 과거 양반이 몸종을 부를 때처럼 "이리 오너라~"와 같은 뉘앙스를 전달하는 게 핵심이다. 그렇게 상대방을 불러놓고, 친근하게 덕담도 덧붙인다. 이를테면, "찬종아, 나중에 어떻게 뒷감당하려고 그러니?" 또는 "영길아, 당신은 나에게 아무것도 아닌 존재야" 내지는 "영호야, 너 다이어트 좀 해야 하지 않겠니? 밤에 그만 좀 먹어!" 같은 술자리에서 친구에게도 하기 힘든 술주정을 페북에 적는다. 그러면서 자신이 그들 정도는 우롱할 수 있는 위치임을 널리 알린다. 그의 팬들은 그의 1인 상황극에, '웃겨요'를 연신 누르며, 같이 흥겨워한다. 그들만의 축제가 벌어진 것이다. 그러다가 다음날 정신이 멀쩡하게 돌아오면, 황급하게 지난밤 '콜링 타임' 술주정을 '나만 보기'로 바꾼다. 오해하지 마시라. 삭제한 게 아니다. '나만 보기'다. 어젯밤은 즐거웠다.

그는 환경 운동가 그레타 툰베리를 싫어한다. 딱히 악감정이 있는 것은 아닌데, 어린 여자애가 하는 말에 지나치게 사회가 주목하는 것 같아, 상대적 박탈감을 느껴서다. "저 여자애한테 사람들이 왜 이렇게 관심을 가지지?" 그는 별로 기분이 좋지 않다. 그는 얼마 전 자신의 페북에 툰베리를 가리켜, "가장 과대평가된 셀러브리티, 쥐뿔도 모르는 꼬마 주제에!"라고 독설을 퍼부었다. 사실 우성은 그 사람이 뭐 하는지 잘 모른다. 그저 어린 여자애가 하는 말에 사람들이 주목한다는 사실에 화가 난다. 비슷한 예로, 유튜브에서 미국 주식 투자로 인기를 끌고 있는 '그린카드'도 그렇다. 그는 페북에다가 '그린카드'가 인성에 문제가 있는 것 같다는 글을 올렸다. "한국에 대해서 잘 모르는 주제에, 함부로 말하지 말고, 제발 좀 겸손해라." '그린카드'가 한국 노동 시장의 병폐를 모른다며, 수천 자의 글을 연일 올렸다. 노동 시장의 병폐고 나발이고 사실 지어낸 이야기다. 그는 '그린카드'가 부러울 따름이다. 그녀의 지식과 정보를, 그리고 영향력을. 이처럼 그를 곧잘 질투에 빠뜨리고, '열폭'하게 만드는 사람들은 주로 그와 나이가 비슷하거나 어린 여자들이다. 그는 특히 자신보다 어리거나 또래인 여성이 자신보다 더 큰 영향력을 행사하는 것을 받아들일 수 없다. 이루 말할 수 없는 열패감을 느낀다.

저는요, 사냥개 300마리 키워요

● ● ●

그런데 너무 대놓고 물어뜯으면, 나중에 문제가 생길 수 있다. 적당히 '여백'을 남겨놓고 팬들에게 뒤처리를 맡기는 방식도 쓴다. 자기 손은 더럽히지 않는 외부 용역이다. 그는 이것을 '구멍 파기'라고 부른다. 먼저 비판 대상을 직접 거론하지 않지만, 충분히 짐작할 수 있는 장치와 단서를 글에다가 솔솔 흩뿌려 놓는다. 심증만 주고 냄새만 풍기면, 아니나 다를까, 사냥개들이 구멍에 머리를 박고 물어뜯는다. 그들은 목표 타깃의 실명은 물론 구체적인 행각까지 댓글로 소상히 달면서 짖는다. 여기서 중요한 것은 우성은 최초 기획자일 뿐, 직접 물어뜯지는 않았다는 것이다. 슬쩍 흘렸을 뿐이다. 대신 그가 기르는 사냥개들이 공격한다. 이렇게 하면, 나중에 책임 회피도 쉽게 할 수 있다. 키보드워리어들이 초성으로 상대방을 지칭하는 것과 유사한 방식이다. 행여나 명예 훼손 건으로 경찰서에서 전화 오면, "내가 그렇게 이야기한 것은 아니다"라고 발뺌하고, 유유히 빠져나간다. 대기업 직장인으로서 이러한 철두철미함은 직업적 행동 강령이다. 그는 스릴 넘치지만 동시에 안전한 페북 생활을 좋아한다. 이걸 가리켜, 그는 '새로운 균형New Balance'이라고 말한다. 그에게는 사냥개 수백 마리가 있다. 그들의 상상력과 실행력을 자극하면 게임 끝이다. 그들은 예측한 대로 반응하는 충직한 존재들이다. 과거에도 그렇고, 지금도 그러하며, 앞으로도 그럴 것이다. 그는 그저 그들의 활약을 보면서 웃고 즐기면 그만이다.

우성은 페이스북 '좋아요'를 다소 얕잡아 부르는 말로, '따봉'이라고 한다. 누군가를 저격하는 글에, 그의 표현대로 따봉이 미친 듯이 꽂힌다. 열광적인 팬들 성원에 가만 있을 수 없다. 이럴 때 그는 '골 세레모니'하듯이 자신의 글에 댓글을 남긴다. "따봉 1천개 돌파, 오늘도 따봉충은 행복합니다" 또는 "성원에 감사드린다" 내지는 "앞으로도 잘 부탁드려요" 같은 말도 종종 한다. 아이돌 가수가 〈SBS 인기가요〉에서 1등 했을 때, 팬들에게 전하는 소감문 같다. 대뜸 "여러분 사랑해요"라고 고백하는 마르고 얼굴 작은 가수들처럼 말이다. 그는 이 순간도 행복하다. 시간이 천천히 흘러갔으면 좋겠다. 그는 본능적으로 이것이 성공의 맛이라는 것을 안다. 유명세, 외부의 인정은 그의 삶을 충만하게 만든다.

그는 저격 글이 잘 팔린다는 것을 경험으로 터득했다. 요즘 그는 연일 저격 글을 올린다. 처음 할 때는 이래도 되나 싶었지만, 자꾸 하니까 주체할 수가 없고, 심지어 신이 났다. 왜 이런 글들이 이토록 잘 팔리나 싶어서 퇴근길에 곰곰이 생각해봤다. 사람들의 공격성은 마른 장작 같다. 누군가 불을 붙여주기를 기대하는 눈치다. 그렇다. 그는 일종의 불쏘시개인 셈이다. 나는 우리 편에게 논리적 보탬이 되고 싶다. 물론 그렇다고 자칫 불이 옮겨붙어 자신이 재가 되면 곤란하다. 그것은 안 될 말이다. 고개를 세차게 젓는다.

개인적인 영달, 쉬운 말로 출세에도 관심이 많다. 아주 많이. 커리어 측면에서 긍정적인 효과를 기대해본다. 위에 높으신 분이 나의 지적 수고를 알아봐 주셔서, 자신을 영입하는 판타스틱한 큰 그림도 그려본다. 그처럼 평일 대낮에 페북에 상주, 현재 진행중인 사건에 대한 발언으로 주목을 받는 판사와 친해지고 싶다. 그 판사가 욕하는 사람을 뒤따라서 같이 욕한다. 함께하는 저격은 연대가 된다. 전우애 같다고 할까? 여기에 지켜보는 관중들의 반응도 중요하다. 관중들은 함께하는 '연합 저격'에 더욱 격렬하게 반응한다. 이 맛에 계속 글을 올린다. 그는 팬을 만족시켜야 한다는 책임감을 느낀다. 사람들은 대신 때려주는 것을 좋아한다. 내가 높은 분을 대신해 때려주는 건, 철학과 방향성에 동의해서이지만, 동시에 개인의 출세를 위한 전략적 선택이다. 그는 입맛을 다신다. 버스에 내리면서, 자신의 밝은 미래를 상상한다. 나에게는 명민하게 시대 흐름을 읽어내는 필력이 있다. 이것을 가지고 그곳에서 마음껏 재능을 발휘할 수 있으리라. 그는 그렇게 행복하게 잠자리에 든다. "저…. 불러주실 거죠?"

갑지기 울리는 전화벨, 그리고…

● ● ●

다음 날 아침, 우성은 감사팀 전화를 받았다. 청와대가 아니라 다니는 직장 감사팀에서 전화가 왔다. "이우성 파트너님, 지금 6층 감사팀으로 와 주셔야겠는데요." 감사팀에서 나를 왜 찾을까. 그는 뭔가 불길한 예감에 사로잡힌다. 안 그래도 오늘도 '포스트 코로나와 한국 정치 진영의 미래'라는 거대한 주제로, 읽기 쉬운 5천 자 정도 되는 글을 쓰려고 했다. 갑자기 감사팀이라고 하니, 글 쓰려던 흐름이 확 깨진다. 그는 누구에게 주식 종목을 사라고 한 적도 없고, 누구처럼 자신이 쓴 책을 페북에다 광고한 적도 없다. 이해충돌에 해당하는 일을 저지른 적이 없다. 마음에 걸리는 게 있다면, 업무 시간에 페북하면서 월급을 좀 쉽게 벌었다 정도일 것이다. 그는 자신에게 나지막하게 말한다. "설마 페북한 거 가지고 뭐라고 하겠어, 하물며 공무원 월급 받는 판사도 평일 대낮에 페북을 하는데. 나 정도야 애교지, 애교." 그는 자신만만하게 실실 웃으면서 감사팀으로 향한다. 성가시지만 어쩔 수 없다.

웃음기라고는 일절 없는, 매서운 눈매의 감사팀 차장이 질문한다. "이우성 파트너, 업무 시간에 페이스북 792건 올린 거 맞아요?" 조그만 회의실이 마치 취조실 같다. 그의 목소리가 작은 공간 곳곳에 울린다. 우성은 눈앞이 아득해진다. 감사팀 차장은 여태껏 그가 올린 글들의 캡처본을 탁자에 하나하나 펼쳐 보인다.

김밥도 맛있고, 쫄면도 맛있고, 탕수육도 맛있다고 광고하는 분식점 메뉴판 같다. 자신을 페북 현자로 만들어준 글들이라 반갑고 고마울 법도 한데, 그는 갑자기 어지럽다.

그는 애써 진정하며 반격에 나섰다. "제 정치 성향으로 지금 저를 처벌하시려는 건가요? 그건 헌법에 어긋난다고요." 그는 학교 다닐 적에, 법학과 수업을 들은 적이 있다. 이럴 때 요긴하게 써먹을 줄이야. 그러자 감사팀 차장은 맹랑하다는 듯이 힐끗 웃으면서, "이우성 파트너, 정치적인 성향은 전혀 문제가 되지 않아. 지금 근무 기강 해이라고요. 어이, 이건 업무상 태만에 따른 배임이라고. 이건 우리 회사 내규에도 있는 내용인데? 보자 하니 주말에는 일절 페북에 올린 게 없던데." 어르신들은 아랫사람을 궁지에 몰아갈 때, 반말과 존댓말을 섞어 쓴다. 그게 그들의 전략이다. 이우성은 급격히 수세에 몰리기 시작한다. 즐거운 페북 시간의 종말을 알리는 종소리가 어디선가 은은하게 들리는 것 같다.

저격 글이 문제였을 것이다. 누군가가 앙심을 품고, 자신의 저격을 죄다 캡처해서, 감사팀에 근무 기강 해이로 제보했을 것이다. 누군가의 '행동하는 앙심'에 그가 저격당했다. 순간 그는 울화가 치민다. 지금, 이 순간, 나를 도와줄 수 있는 사람은 아무도 없다. 유명 원로 정치인, 같은 정치 진영의 동지들, 나를 여의도로 보내주겠다고 덕담을 선사하던 페친들, 다 아무짝에도 소용없다. 평일 대낮에 페북에 상주하면서 정치 글 올리는 판사는 뭐 하고 있나? 이럴 때 적극적으로 개입해서 저 못생긴 감사팀 차장을 혼내주지 않고. 내가 어느 회사에 다니는지 그는 이미 알고 있는데 말이다. 그런데 그건 어디까지나 그의 환상일 뿐. 현실은 쓰고 차갑다. 그는 긴 한숨을 내쉬며, 창문 밖을 바라본다. 여기서 청와대 방향이 어디였더라? 공황장애가 올 것만 같다. 여기서 공황장애라며 바로 드러눕고 쇼라도 해볼까? 그러면 이 상황을 모면할 수 있을까? 그의 얼굴이 일그러진다. 그나저나 오늘 서울 날씨는 유난히 맑다.

차세대 네임드를 꿈꾸며

"잘생기고 부유하면 인스타그램, 불행하고 가난한데 할 이야기가 많으면 페이스북, 그냥 아무것도 아니면 트위터." 온라인상에 떠도는, 젊은층들의 SNS 사용을 한 마디로 정리한 글이다. 일반화할 수는 없지만, 분명 두드러진 경향이 존재한다. 사람마다 중요시하는 가치가 다르고, 그 가치에 부합하는 소셜미디어를 찾는다.

페이스북은 정치적인 격투장이다. 고대 로마 시대 콜로세움에서 칼 들고 검투사끼리의 혈투를 벌였다면, 이제는 키보드를 두들기며 모니터를 마주 보고 싸운다. 인스타그램이 이미지 중심 내지는 인증샷 위주라면, 페이스북은 심각하고 무거운 글들이 다수다. 주요 이용자의 인구 통계적 특성도 이를 반영한다.

무엇보다 '페이스북에는 정치 콘텐츠'라는 인식을 각인시킨 사람은 진중권 작가다. 조국 사건을 기점으로, 그가 페이스북에 올리는 내용은 네이버 뉴스 상단을 장식했다. 그가 페북에 올린 글이 미디어에 다시 인용되면서, 그의 영향력은 더욱 커졌다. 그뿐만이 아니라, 우리 사회 지도층, 주요 인사들도 페북에 자기 주장이나 견해를 올리며, 자신의 목소리를 들어달라고 호소한다. 그러면 이를 미디어들이 다시 인용하고 사람들에게 광범위하게 퍼진다. 여론 확산 과정을 지켜보는 차세대 네임드 논객들 역시 질세라, 침을 꼴깍 삼키며 페이스북에 소신을 밝힌다. 지금 당장 이렇다 할 영향력은 없지만, 앞으로 영향력 확보를 위해 더욱 적극적이다. 딱히 잃을 것이 없으므로, 더욱 자극적으로 의견을 개진한다. 지금, 정신파들은 페북에 있다. 내일은 내가 네임드가 될 수 있다는 절실한 소망을 품은 채.

순간에서 영원으로,
캡박의 효과

하지만 차세대 네임드들이 노력해도 가질 수 없는 게 있으니, 그것은 기성 미디어의 재매개 기능이다. 기성 미디어는 유명한 사람의 목소리만을 경청한다. 이름도 생소한 논객에게는 눈길도 주지 않는다. 대중의 관심과 주목이 기사 가치를 결정하기 때문이다. 기자들의 직업적 판단에, 차세대 네임드는 소외된다. 아무리 백날 떠들어도 언론사들이 실어주지 않는다.

재매개 기능은 축구의 어시스트와 같다. 어시스트는 골 결정력을 확실히 굳혀준다. 가중치가 무한대로 늘어난다. 이로부터 소외된 차세대 네임드는 상대적 박탈감을 느낀다. 자칭 키보드워리어 C는 목놓아 항변한다. 한 유명인사가 비문 일색의 설득력 없는 맹랑한 글을 올려도 미디어가 열렬히 반응한단다. 하지만 그가 아무리 정갈한 문장으로 장문의 명문을 쓰더라도 사람들은 전혀 관심을 주지 않는다. 차세대 네임드 주변 온라인 동지들이 열렬하게 반응한다 한들, 오프라인 현실에서 영향력은 한참 떨어진다. 자연스레 밀려오는 열패감과 상대적 박탈감은 공격성으로 이어진다. 캡처와 조리돌림으로 반대 진영의 문제점을 신랄하게 지적한다. 그다지 잃을 것도 없으니, 더욱 날을 세우며 같은 편 동지들을 결집한다. 그렇게 열성 팬이라도 키운다. 팬덤이라도 얻으면, 그나마 남는 장사다.

차세대 네임드가 현직 네임드를 공격하는 방식은 실명 저격이다. ‘큰 놈을 물어야, 내가 크게 된다’고 믿는다. 그래서 그들이 실명 저격하는 대상은 언론사 기자, 유명한 시사 평론가 등 오프라인에서 권위를 인정받은 사람들이다. 그런데 이들이 그걸 보고 가만히 있을 리가 없다. 이들의 수제자와 팔로워들도 상당하다. 유명하지 않더라도 상대편 정치 진영에 있는 누군가를 실명 저격했다가는 같은 편이 잽싸게 캡처해서 제보한다. “아무개가 당신을 페북 피드에서 실명으로 저격했다”라는 상세하고 친절한 설명도 잊지 않는다. 그러니 무모한 실명 저격은 부메랑이 되어 시차를 두고 되돌아온다. 그냥 지나갔으려니, 아무 일 없겠지 싶지만, 누군가는 이미 그것을 영원으로 남겨놓았다. 인터넷에서는 이것을 가리켜, “캡박”, 풀어서 “캡처해서 박제한다”라고 부른다. 이 캡박은 무시무시한 화력이 되어, 공격한 사람을 맹렬히 뒤쫓는다. 그 자극적인 증거는 새로운 복수를 낳는다. 그래서 사람들은 “희열은 잠시이고, 복수는 오래간다”라고 말한다. 타인을 공격해서 얻은 주목과 관심의 폐해는 어마어마하다. 사랑보다 깊은 복수다.

유명세가 일상을 집어삼킬 때

이처럼 정치에 과몰입된 정신파들의 성공 경험이란, 같은 진영 사람들의 관심과 호응이다. 그러다 보니 인정 욕망이 바람직한 생활인의 규범과 충돌하는 사례가 종종 나타난다. 업무 시간에 개인 영향력 확대에 골몰하는, 안정적으로 월급 받으며 자아 실현하려는 사람들이 증가 추세다. W전자에 일하던 L의 경우, '파트너'라 불리는 유료 북클럽 운영자의 일원으로 참여했다. 그는 업무 시간에 카톡으로 회원들과 수백 회 소통하면서 관련 업무를 처리했다. 그가 하는 일은 주로 단체 카톡방에 글을 남기는 일이다. 월급도 받고 북클럽도 하고, 그는 일석이조라고 생각했을까? 나의 자아는 회사에 구속되지 않는다는 홀연한 독립 선언이었을까? 안타깝게도 이는 투잡에 해당하는 영리 행위란다. 회사 측에 발각되어, L은 역시 조그만 방에 들어가서 행적을 소명하고, 징계 처분을 받았다. W기업 인사팀 관계자에 따르면, 특히 80년대 후반에 태어난 젊은 직원들 중심으로, 업무 시간에 개인 활동 몰입 사례가 폭증하고 있다.

방송사에서 일하는 B의 경우, 소속 없는 작가인 양 업무 시간에 언론사 등지에 기고할 글을 써서 원고료를 받았다. 그는 주변에다가 "자신은 열심히 사는, 직업이 여러 개인 N잡러"라고 소개해 왔다. 그것도 아주 자랑스럽게. 어쩌면 자신의 글을 통해 성공하겠다는 강렬한 욕망에, B는 일반적인 직업윤리를 망각했는지 모른다. 누구는 이를 가리켜, 젊은 직장인들의 직업윤리 수준을 적나라하게 보여주는 사례라고 평한다. 회사원 C 역시, 자신의 유튜브 계정에 돈을 받고 광고를 하다가, 회사 측에서 정상적인 행위가 아니라고 경고 조치를 받았다. 한몫 잡겠다고 거하게 올린 콘텐츠를 내릴 수밖에 없었다. 이처럼 직장인으로서 요구되는 업무 태도와 유명해지고 싶어 하는 개인의 욕망이 충돌한다. 중징계를 받고, 회사를 그만둘 생각을 하고 있다는 D는 말한다. "그때 제가 생각이 짧았어요." 무수한 사례가 증명하듯, '유명인 반, 일반인 반'이 되겠다며, 이름을 날리고 싶은 젊은 직장인들이 종착지는 좁은 취조실일지 모른다. 감사팀 차장님이 그간의 행적을 쭉 펼쳐 놓고, 업무 윤리를 꾸짖을지 모른다. 슬프고 안타까운 현실이다.

부르주아, 보헤미안, 그리고 은전 한 닢

- 한기환(36세, 종로구 가회동)

서울대의 공기는 다르다. 확실히 이곳만의 느낌이 있다. 교정을 잠깐 거닐면서 생각에 잠긴다. 한기환은 잠깐 회사에 다니다가 서울대학교 대학원에 입학해 얼마 전 졸업했다. 그는 올해 서른여섯이다. 학부는 서울대가 아닌 신촌 모처의 모 대학을 다녔다. 전에 다니던 회사에서 사소한 일로 상사와 대판 싸우고 홧김에 그만뒀다. 유학 가겠다고 주변에 떠벌리고 다녔지만, 유학 준비만 4년째 하고 있다. 그는 자기 주변에, "GRE 시험이 너무 나랑 안 맞는다"며 투덜거렸다. 이 세상 어떤 시험이 응시자 성향에 '맞춰서' 편의를 제공하는가? 그는 자신의 형편없는 GRE 점수를 그대로 받아들일 수 없다. 그래서 낮은 점수를 가리켜, 'GRE와 자신은 어긋난 궁합'이라며 해명했다. 그걸 옆에서 들은 GRE 강사가 대뜸 그를 가리켜, "IQ가 낮은 거 아니냐?"라고 질책한 적도 있다. 그는 순간 눈물이 왈칵 쏟아졌다. 그건 어쩌면 진실일 것 같다. 뭐라고 대꾸라도 할 수 있으면 기분이라도 좋아질 텐데.

그는 지금 서울대 현장에 나가 있다

• • •

사실 기환은 객관식 시험에 약하다. 신촌의 모 대학교도 '글쓰기 전형'이라는 다소 모호한 전형으로 합격했다. 대한민국에서 대입은 수년간의 노력과 헌신을 쏟은 결과다. 수년간 고생 끝에 대입이라는 고개를 하나 겨우 넘는다. 그는 기준도 명확하지 않고, 투명하지도 않은 '글쓰기 전형'으로, 남들이 가고 싶어 하는 한 신촌의 대학에 합격했다. 그 전형은 마치 차세대 랭보 시인 또는 J.D. 샐린저 같은 소설가를 조기 발굴하겠다는 커다란 포부를 가진 듯했다. 하지만 그건 호밀밭의 파수꾼 같은 소리였다. 그 전형은 그저 부모의 정보력과 재력 맞춤형이었다. 아는 사람만 아는, 그리고 돈으로 노하우를 터득한 사람이 합격하는 전형이다. 그래서 많이 알려지지 않은 블루오션에 해당한다. 그런데 그는 요즘에도 왜 세상은 '글쓰기 전형' 같은 지름길을 제공하지 않는가? 따위의 푸념 섞인 망상에 사로잡혀 있다. GRE도 그렇게 통과할 수 있으면 좋을 텐데.

이 세상에 다 잘하는 사람이 어디에 있나? 하나라도 확실히 잘하면 티가 난다. 그러면 부족한 부분이 보기 좋게 메꿔진다. 나머지 단점을 모두 상쇄할 만큼 강력하다. 일종의 낙수효과다. 비어있는 삶의 구석구석을 채우는 강력한 긍정의 감정! 그에게 그 포인트는 서울대다. 기쁨은 열심히 드러내야 진짜 기쁨이 된다. 숨기고 혼자서 만끽하는 기쁨은 진짜 기쁨이 아니다. 그건 음흉한 거다. 자기 감정에 솔직한 그는 교정 풍경을 인스타그램 스토리에 담는다. 차분하고 질서 있는 지성의 전당. 우리나라의 넘버원 대학.

회사를 때려치우고, 대학원 와서 고생이 많았다. 더구나 GRE 준비는 매우 고통스럽지만, 언제나 서울대는 관악산 기슭, 그 자리에서 그를 반긴다. 내 마음속의 관악산이다. 관악산 on my mind. 그는 툭하면 서울대 장소로 태그를 건다. 태그의 목적은 자신이 이곳 커뮤니티에 속한 일원임을 밝히기 위함이다. 학내 식당도 찍고, 카페도 찍고, 도서관도 찍고, 문구점도 찍는다. 행여나 학교에서 밤새워서 시험공부라도 하노라면, 그날은 생방송 들어가는 날이다. “시험 기간을 맞은 우리, 함께 공부해요!” 그는 지금 서울대 현장에 나가 있다.

#blacklivesmatter #덕분에 챌린지

● ● ●

그는 힙스터이기도 하다. 그냥 힙스터가 아니라 서울대 출신 힙스터라 지적인 내용에 관심이 많다. 기환은 책에서 읽었든 술자리에서 들었든, 조금이라도 지적이거나 시사적인 내용이면 인스타그램에 올린다. CNN 사이트에 들어가서 해당 기사를 냉큼 캡처해서 올리는 식이다. 그렇게 하면, 뭔가 숨통이 트이는 기분이라고 했다. 의식 있는 지식인처럼 보이고 싶다. 그는 자신이 읽은 책, 영화, 과거 여행지에서 느꼈던 경험이나 내용도 종종 올린다. 최근에는 흑인 인권운동에 관한 내용을 올렸다. 인스타그램 중심으로 번졌던, #blacklivesmatter 같은 사회 운동에 동참했다. 흑인 인권에 대해서 사실 잘 모른다. 한국 내 이주 노동자 인권이나 노동 처우도 모른다. 별 관심이 없기는 마찬가지다. 그냥 그렇게 보이고 싶다. 의식 있는 서울대 출신 지식인으로.

최근엔 코로나바이러스 창궐 이후, 고생하는 의료진에게 감사하다는 메시지 게시물도 올렸다. #덕분에 챌린지가 그것이다. 그러다 며칠 후에는 느낌이 퍽 다른 사진과 글을 게시한다. "코로나로 인해 세상이 조용해졌고, 때로는 이러한 고요한 멈춤의 시간이 나에게 힘이 된다. 이 시간이 좀 더 천천히 갔으면"이라는 글과 함께 수년 전에 방문한 유럽의 풍광 사진을 올렸다. 수천 명이 넘는 멀쩡한 사람이 안타깝게도 코로나를 앓고 세상을 떠났고,

많은 이들이 육체적 고통과 경제적 고통을 경험하고 있다. 이러한 상황에서 대뜸 개인적인 안식과 평화를 누리겠다고 선언한다. 앞서 올린 #덕분에 챌린지와 성격이 딴판이다. 사회적 대세 추종과 개인적 의미 부여가 뒤섞여서 그가 올리는 게시물은 일관성이 없다. 이렇게 왔다 갔다 하지만, 한 가지 변하지 않는 것이 있다면, 그것은 남들로부터 인정받고 싶다는 심리일 것이다. 그것이 멋져 보인다고 생각한다. 요즘 말로는 '갬성'이다. 서울대 출신 지식인의 갬성은 종잡을 수 없다.

안국역 현대건설 뒤편 이스트빌리지

● ● ●

직장을 그만둔 지 벌써 몇 년, 그의 수중에는 돈이 없다. 사람들 시선을 끌기 위해서는 대개는 돈이 필요하다. 좋은 레스토랑, 핫한 카페, 멋진 호텔. 모두가 돈이 든다. 무전취식할 수는 없지 않은가? 하지만 돈이 많다고 힙한 것은 아니다. 가난하다고 무조건 유행에 뒤떨어지는 것도 아니다. 학력 자본, 문화 자본이 그 틈을 메꾼다. 그런 소소한 요소들이 사람들 관심을 끌 수 있다. 서울대 구내식당에서 파는 '파스타' 내지는 김태희도 맛있어서 줄 서서 먹었다는 학내 카페의 '와플'도 좋은 아이템이 된다. 가성비가 아주 훌륭하다.

그는 30대 중반 나이에도 여전히 부모님과 같이 살고 있는데,

그의 집은 지하철 3호선 안국역 인근이다. 어느 날 네이버 지도를 보다가 경복궁을 기점으로, 자신의 집이 동쪽에 있다는 것에 주목했다. 그래서 그는 자신의 동네를 'East Village'라고 부른다. 뉴욕 맨해튼의 이스트빌리지에서 가져왔다. 물론 뉴욕 맨해튼에 있는, '원조' 이스트빌리지와 안국역은 아무런 관련이 없다. 하지만 꿈보다 해몽이다. 한번은 택시를 타고 가다가, 택시기사에게 "현대건설 사옥 뒤편 이스트빌리지로 가주세요"라고 말한 적이 있다. 나이든 택시기사 아저씨는 갸우뚱한 얼굴로, 별 이상한 손님 다 봤다는 식으로 그를 힐끗 쳐다보았다. 그는 뉴욕의 이스트빌리지를 현대건설 사옥 뒤편에 이식시킨 사람이다.

그가 물질적인 삶에 관심이 없는 것은 아니다. 기환은 사실 물질을 누리면서 살고 싶다. 그럴 수 없으니 지식 및 기타 무수한 의미 부여로 대체한다. 돈이 없으면, 말로 때우는 것이다. 간혹 누가 밥이나 술을 사준다고 하면, '이때가 기회다'며 쾌재를 부른다. 그는 식사 자리에서 벌떡 일어나, 예의 그 익숙한 드론 샷으로 최소 사진 30장은 찍는다. 곧 사라질 이 순간을 기록하고 공유한다. 한번은 대학 선배가 북한산 자락에 있는 음식점에서, '고급' 돼지갈비를 사준 적이 있다. 그는 먹음직스러운 돼지갈비 사진과 함께, '20세기 클래식'이라고 게시물을 올렸다. 20년 전에 유행했던 BOBOS(부르조아+보헤미안) 정신이 「은전 한 닢」에서 등장한 거지의 굶주린 배와 만났다. 피천득 작가가 쓴, 국어 교과서에도 나오는 그 거지는 매우 목표 지향적이었다. 기환은 고급 돼지갈비를 맛있게 얻어먹으면서, 으레 사람들이 지나칠 수 있는 역사적 사실을 덧붙인다. 돼지갈비는 상대적으로 최근에 만들어진 전통이다. 그래서 20세기 클래식이다. 생각보다 우리가 오래되었다고 믿지만, 알고 보니 최근에 만들어진 것들이 많다. 그는 클래식을 입에 한가득 집어넣는다. 소스의 감칠맛이 퍽 고급스럽다.

천조국, 그대를 내 품 안에

● ● ●

그는 기분이 좋다. 미국 남부의 어느 학교에서 인터뷰하자고 연락이 왔다. 한동안 지원한 학교들에서 연락이 없어서 울적했다. 왜 세상은 나의 잠재력을 이해해주지 않는가? 그는 화도 났다. 하지만 서울에서 아무리 구박과 무시를 당해도 천조국의 명문대학에서 인정을 해주면, 그냥 해피 엔딩이다. 비록 GRE 강사에겐 머리가 나쁘다고 한 소리 들었지만, 스탠퍼드 대학의 어느 석학이 그를 뽑아주면, 그는 힘차게 부활할 수 있다. 그런데, 결과는 서류 탈락이었다. 거기뿐만 아니라 그가 가고픈 학교는 그를 계속 거절했다. 흔히들 말하는 '리젝 메일'이 소나기처럼 빗발쳤다.

그는 정말 가고 싶었다. 그는 아쉬운 마음에 인스타그램에 샌프란시스코 위치를 찍고, "Wait for me, SF!"라는 게시물도 올렸다. 그런 그의 갈망이 닿지 않았을까? 천조국의 명문 대학들은 기어코 미국 땅 좀 밟아보겠다는 그에게 정중한 탈락의 메일을 미친 듯이 보냈다. 오지 말라는 말이다. 그렇게 얼마간의 시간이 지난 후, 미국 남부의 학교에서 연락이 왔다. 줌으로 하는 화상 면접 가능 날짜를 알려달라고 한다. '문이 닫혀 있으면, 어딘가 창문이 열려 있으니'라는 잠언이 번뜩 생각났다. 랭킹은 한참 떨어지지만, 그래도 천조국은 천조국이다. 그의 희망이 결실을 보는 듯하다.

면접은 평이했다. 특별한 질문은 없었다. 왜 이 학교 오고 싶냐는 그런 일반적인 것들이었다. 나에게 관심이 없는 건가? 기환은 조바심을 느꼈다. 면접이 끝날 즈음, 교수는 기환의 방 벽면에 걸려있는 엘비스 프레슬리 사진에 관해서 물었다. "그런데…. 너 엘비스 좋아하니?" 순간 아차 싶었다. 엘비스는 호불호가 갈리는 가수다. 이미 엎질러진 물. 그는 그냥 당당하게 이야기했다. "나 정말 좋아해. 그의 팬이야. 그는 백인이지만, 흑인의 애환을 이야기한 음악가지. 마이너리티의 슬픔을 노래했어. 사회의 다양성을 위해 노력한 그가 진정한 예술가라고 생각해." 작정하니, 술술 말문이 트였다. 교수는 말없이 그를 쳐다봤다. 그 표정은 해석하기 어려워서, 이게 좋은 징조인지 나쁜 징조인지 알 수 없었다. 그리고 며칠 후, 합격했다는 메일을 받았다. 이건 분명 엘비스 프레슬리 때문일 거야. 기환은 이 상황이 너무 감격스럽다. 아마 교수도 엘비스 팬이었나 보다. 그는 미국 남부의 그 학교를 향해 절이라도 하고 싶었다. 서부가 아닌 남부가 그의 기도에 응답했다. 이건 다

엘비스 덕분이다. 엘비스 형님! 땡큐!

여기 올 때 퍼스트 클래스 타고 왔어요

● ● ●

드디어 이별의 시간이다. 가족과 인사를 했다. 짐이 40kg이 넘었다. 그는 부모님 마일리지까지 다 끌어다가, 퍼스트 클래스에 탑승했다. "역시 퍼스트 클래스는 달라." 그의 자리는 1A다. 그는 유학 가는 다소 비장하고 심란할 수 있는 와중에도, 퍼스트 클래스 리뷰를 잊지 않는다. 그러다가 갑자기 그는 분개한다. 왜 대한항공은 기내에 와이파이WiFi가 불가한가? 요즘 웬만한 항공사는 다 가능한데 말이다. 그는 자신의 출국 소식을 실시간으로 알려주고 싶은데…. 어렵게 얻은 이 기회를 방해하는 대한항공에 그는 분노했다.

그러나 상공에서의 기쁨과 들뜸은 도착하자마자 가라앉았다. 14시간의 비행 끝에, 〈바람과 함께 사라지다〉의 도시 애틀랜타에 도착했다. 인상 험악한 공항 직원과 눈을 마주치며, 삭막한 입국심사대에 줄을 서니, 그는 벌써 풀이 죽었다. 심사대를 통과, 짐을 찾고, 학교에 들어갔다. 그런데 웬걸, 그는 자신이 3주 일찍 도착했다는 말을 교직원에게서 들었다. 코로나바이러스 때문에, 학교 측이 개강을 연기한 것이다. 누구의 잘못인지는 알 수 없지만, 그는 이 내용을 전달받지 못했다. 아마도 행정상의 실수 같다.

남들보다 3주나 먼저 도착한 것이다. 꽉 채운 이민용 가방 두 개와 함께 말이다. 당장 숙소도 없다. 기숙사도 문을 닫았다. 길거리에서 노숙하게 생겼다.

그는 이 상황의 부당함을 학교 측에 따지기로 했다. 서울에서 이런 일을 겪었다면, 그는 전면 불사한다. 정신적, 물질적 보상을 확실히 해달라고 드러누울 것이다. 인스타에 올리고, 페북에도 올리고, 녹취 파일도 유튜브에 올리면서, 실시간 라이브 방송도 한다. 알고 지낸 사회부 기자에게도 제보한다. “학교 측의 원시적인 행정에 졸지에 거지가 되었다! 진심으로 사죄하고, 그에 상응하는 대책을 내놓아라!!” 그렇게 익숙한 단어들이 꼬리를 물고 떠올랐다. 그런데 그건 한국, 홈그라운드에서나 가능한 이야기. 여기는 미국이니 그런 강경 대응이 불가능하다. 그는 이곳에서 마이너리티일 뿐이다. 지금 할 수 있는 건 학교 행정 직원에게 따지는 거 말고는 없다. 3주간 붕 뜬 그는, 차라리 한국으로 돌아갈 수 있게 항공편을 제공하라고 따졌다. “여기 올 때 퍼스트 클래스 타고 왔어요. 최소한 비즈니스 클래스 타고 갈 수 있게 해주세요.” 그의 당돌한 요구에, 파란 눈의 학교 직원이 그를 불쌍하게 쳐다본다. 뭐 이런 게 다 있나 싶은 눈빛이다. 그 직원 책상 위 스피커에서 문득 레이 찰스의 노래가 흘러나온다. 버림받은 중년 남성의 절절하고 구성진 목소리가 귀를 간지럽힌다. “Keeps Georgia on my mind~.” 그가 한국에서 듣던 익숙한 멜로디다.

돈 없는 취향 부자,
가난한 힙스터의 얄궂은 인생

보편적이고, 대중적이며, 무난한 것은 주류의 것이다. 과감하게 비주류의 길을 걷는 사람들이 있다. 그들은 주류와 확연한 선 긋기를 시도한다. 그런 이들이 주로 머무는 홍대 인근 문화를 통칭하여, '홍대병'이라고 한다. 이들은 유행에 민감하고, 주류와의 차별화를 사수한다. 그들은 보통 내지는 평균이라는 말을 질색한다. 주류에 반기를 드는 이들을 '힙스터'라고 부르기도 한다. 한국의 통상적인 상권이 강남역 일대라면, 이들은 홍대와 연남동, 연희동 등지를 선호한다. "어떻게 강남역에서 뭐를 할 수 있어요?" 자칭 힙스터는 눈을 동그랗게 뜨고 되묻는다. 그들은 보편적이고 일반적인 것에 흥미를 느끼지 못한다. 차별화 그리고 주류와의 거리두기가 삶의 철학이다. 나무위키에서 찾은 힙스터에 대한 정의는 다음과 같다.

"…보통 비주류라는 의미는 '하고 싶은 것을 따르다 보니 주류와 자연스럽게 구별되는 것'을 의미하지만, 힙스터들이 추구하는 비주류는 애초에 목적부터가 주류와 자신들을 구분짓기 위함이다. 이들의 목적은 '구분짓기' 그 자체에 있다. 즉 남들이 빨간색이면 자신은 파란색으로 칠하고, 남들이 파란색이면 자신은 빨간색으로 칠하는 것이다… 심지어 이젠 힙스터라는 단어도 너무 유명해져버려서 자신이 힙스터라 불리는 것조차 싫어한다."

우리가 돈이 없지,
가오가 없냐

힙스터 역시, 정신파의 일원이다. 이들은 자신들의 경제적인 빈곤함, 궁핍함을 문화적 취향으로 대체하려는 경향을 보인다. 이들의 철학을 가장 잘 보여주는 말이, "우리가 돈이 없지, 가오(かお)가 없냐"이다. 그만큼 돈만 추구하는 다수의 사람과는 달리 색다르고, 대안적인 세계를 갈구한다. 이러한 '갈구' 는 물질적 조건의 미약함을 덮으려는 전략적인 시도처럼 보이기도 한다. 마치 어린 시절, "운동은 못 하지만, 받아쓰기는 잘해" 내지는 "당장 떡볶이 사 먹을 돈은 없지만, 우리 집에 브리태니커 백과사전은 있다." 그런 뉘앙스다.

이처럼 정신파의 속성에 힙스터의 문화적 취향이 더해지면, 이런 경향성을 더 강하게 띤다. 이들은 문화·예술 전반에 박식하다. 이러한 지식이 때로는 물질적인 빈곤함을 상쇄하는 일종의 대체재 역할을 한다. 특히 과거 경제적으로 유복했다가 급격히 빈곤해진 사람이나, 뚜렷한 소득 없이 비평에 몰두하는 사람들은 전형적인 정신파 힙스터다. 이들은 과거의 소비 기억을 되살리며, 자신의 취향과 경험을 이야기한다. 지금 당장 돈이 없으니 취향과 지식, 정보를 장황하게 언급한다. 마치 현재 망한 나라의 유민들이 과거의 영광스러운 시절을 그리워하는 것처럼. 그렇게 마음 깊숙한 곳에는 지금의 처지를 비관하고 있다. 물질만능주의, 부유함만을 추구하는 세태에 대해서 비판하지만, 내심 부러워한다. 배가 아파서, 더욱더 정신파 힙스터 역할 놀이에 매진한다는 해석도 있다. "가진 게 많아서 누리고 살면, 굳이 그렇게 손에 잡히지 않는 '취향'에 집착하겠냐?"라고 이야기한 인터뷰 참여자의 의견도 같은 맥락이다.

힙스터들이 부동산 가격 상승을 견인하기도 한다. 새로운 대안 문화를 추구하는 젊은층들이 거친 상권을 정제하고, 일반 사람들이 즐길 수 있는, 받아들일 수 있는 상권 문화로 바꾼다. 그들이 '지뢰를 제거'하는 역할을 맡으면서, 결과적으로 새로운 것을 추구하려는 제도권 문화, 대자본과 맞물려서 부동산 가격이 올라가는 것이다. 그런데 정작 상승한 임대료를 견디지 못한 힙스터들은 시 외곽으로 떠나간단다. 이를 젠트리피케이션gentrification이라고 한다. 대표적인 사례가 뉴욕 그리니치 빌리지, 이스트빌리지 같은 초창기 힙스터 문화의 근거지다. 이곳에 주로 머물던 예술가들 역시 임대료가 미친 듯이 오르자, 많이들 인근 배후지로 옮겼다고 한다.

그들은 배후지로 인근 브루클린, 윌리엄스버그 등으로 거처를 옮겼다. 이들이 이주한 배후지들은 과거 치안이 불안정하고, 교통이 좋지 않은 편이었으나 그들이 유입된 이후 개선된다. 그러면 또다시 부동산 가격이 오르면서, 그곳에 살던 예술가들은 또 다른 배후지를 찾아 떠난다. 미국만의 사례가 아니라, 베를린, 서울 등에서도 유사한 상황이 반복된다. 서울대 입구 샤로수길, 성수동, 연남동 등이 그렇다. 이처럼 가난한 예술가의 문화는 취향의 탁월함, 문화예술에 대한 지식과 안목 전반을 의미하고, 도시의 경제적 발전과 팽창에 이바지한다. 도시 전체적으로 좋은 역할을 맡지만, 개인적으로 '남 좋은 일만 시키는' 꼴이다. 현대 자본주의 사회에서 힙스터는 이용당하고 소진되는 얄궂은 인생이다.

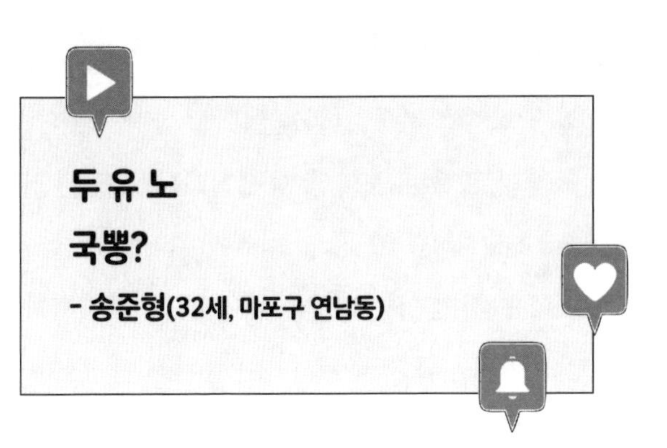

두 유 노 국뽕?

- 송준형(32세, 마포구 연남동)

"이건 국뽕이 아니야, 이건 팩트야!" 그가 회의시간에 자주 하는 말이다. 월요일 아침은 기획 회의시간이다. 공유 오피스 '일하는 우리' 회의실에서 그는 직원들에게 쓴소리 중이다. 그는 '사실에 기반한 내용인데, 알고 보니 국뽕이더라', 그런 자연스러운 국뽕을 원한다. 직원들은 그의 시선을 피한다. 이제 대놓고 국뽕을 이야기하는 시대는 끝났다. 하지만 자연스러운 국뽕이 어디 쉬운가? 그건 마치 지방 소도시 수준 시세로 강남 아파트를 구입하겠다는 심사다. 불가능하고 터무니없는 요구다. 그렇게 오늘도 새로운 아이디어나 아이템이 없다.

회사 대표인, 송준형은 자신이 이렇게 열심히 고민하는데, 직원들은 그가 하는 고민의 절반의 절반도 하지 않는 것 같아, 더욱 열 받는다. 그는 어떻게 해야 사람들 관심을 끌어서 클릭 수를 늘릴지, 그 생각만 가득하다. 앉으나, 서나 국뽕 생각이다. 국뽕은 쉽게 말해, '한국이 세계 최고다'라는 조건 없는 애정이다. 토를 달거나, 비판적으로 바라보는 것이 아니라 한국에 대한 강한 애정과 지지를 보내는, 일종의 마취제다. 애국주의라는 현학적 단어보다, 국뽕이라는 말이 훨씬 어감이 좋다. 농담으로 그는 "뽕 중에 최고의 뽕은 국뽕이다"라고 즐겨 말한다. 그런 그가 요즘 밤에 잠이 안 온다. 자다가도 벌떡 깬다. 어제도 새벽 3시에 일어나 충혈된 눈으로 경쟁 유튜버들은 무엇을 올리는지 살펴봤다. 자연스러운 국뽕을 찾아서. 마치 존재하지 않은 엘도라도를 찾는 스페인 정복자처럼 그의 눈빛이 타오른다.

시련은 있어도 실패는 없다

● ● ●

올해로 서른둘, 준형은 이게 두 번째 사업이다. 처음에는 미래를 고민하는 밀레니얼을 위한 구독 멤버십 사업을 시작했다. 생각보다 반응이 좋았다. 그는 카드 결제를 거부하고, 오로지 자신의 개인 계좌로 돈을 받았다. 회원으로부터 받은 가입비가 그의 계좌에 꽂혔다. 회원 중 누군가, "왜 카드를 받지 않는 거냐?"라고 집요하게 물으면, "전자결제대행업체가 사업의 안정성을 우려해, 계약을 거부한다"라는 신박한 변명으로 응대했다. 대신 앙증맞은 파스텔 색상의 팝업창으로 "카드는 불가능합니다"라고 공지했다. 이렇게 수년간 카드를 거부하고 무조건 개인 계좌에 집착한 것은 세금 때문이다. 이렇게 개인 계좌로 돈을 받으면, 소득이 드러나지 않는다. 일반 제조업과는 달리 재고도 없다. 그간 만 명이 훨씬 넘는 회원들이 오고 갔지만, 장부에는 소득을 누락해서 기록하면 저승사자같이 무시무시한 국세청도 알 수 없다. 아주 깔끔한 비즈니스다.

이렇게 마냥 순항 중일 것 같은 멤버십 서비스에 커다란 시련이 닥쳤다. 멘토라고 불리는 아무개와 여성 회원 사이에 성폭행 사건이 일어났다. 자신을 엘리트주의자라고 소개하는 멘토는 작은 사업체를 운영하는 청년 정치인이었다. 아무개는 검찰에 기소되어, 재판으로 넘겨졌다. 그는 합의에 따른 성관계였다고 성폭행은 아니라고 강조했다. "제발, 믿어줘. 준형아, 성폭행은 아니야." 그의 목소리는 절박했다. 청년 정치인 멘토는 결국 법정에서는 자신의 잘못을 인정했다. 그는 법정 구속형을 받고, 컴컴한 곳으로 사라졌다.

청년 정치인의 롤모델은 체 게바라였다. 그는 온갖 고상한 척, 틈만 나면 유세를 떨었다. 우리 시대 소외된 사람들을 위해서, 자신 같은 청년 정치인을 위해서, 사회적인 관심과 지원이 필요하다고 말했다. 그러니까 제도권의 지원을 받고 싶다는 말인데, 그는 한사코 빙빙 돌려 얘기했다. 대놓고 돈 달라는 말이 내심 부끄러웠을까? 제도권의 파이에 떡하니 숟가락 올리고 싶다는 괴상한 '혁명가'였다. 국고 보조금을 탐하는 체 게바라라니, 참으로 신박하다. 준형은 초장에 그의 정체를 간파했지만, 별 개의치 않았다. 준형 역시 국고 보조금이라면 환장한다. 그저 준형은 그의 '체 게바라 스타일'을 이용하여, 회원 모집에 박차를 가하려 했다. 사업에 도움이 되니깐.

그런데 갑자기 날벼락이 떨어진 셈이다. 체 게바라, 아니 체 게바라 스타일이 알고 보니 성폭행으로 구속되었단다. 그의 '인생 학교 입실' 소식은 빠르게 퍼졌다. 그가 우리 사회에 만연한 불평등과 부의 양극화에 대해 극렬하게 항거하다가 체포된 건 아니다. 무슨 레지스탕스 같은 투사도 아니다. 그는 그저 성범죄 혐의를 받아, 구치소에서 무상 급식으로 당분간 연명한다. 그간 국고 보조금을 그렇게 밝혔으니, 나라에서 주는 '공짜 밥'을 아주 맛있게 먹을지도 모른다. 아무리 그래도 성폭행이라니, 너무 심하지 않나? 그간 호기롭게 내뱉던 정치와 이상, 우리 커뮤니티의 미래는 뭐가 되는가? 그의 언행은 순간 가루가 되어 사라졌다. 준형은 마음의 결정을 내렸다. '더 나은 사회를 위한 지식 멤버십 서비스'는 그날 문을 닫기로 한다. 그는 이렇게 만든 장본인, 자그마치 멘토이자 청년 정치인이며, 사업체 대표인 아무개를 저주한다. "성욕, 그걸 콘트롤 못하나, 들개냐? 산짐승이야?” 준형은 기분이 좋지 않다. 그의 사업을 망하게 한 ‘체 게바라 스타일’의 성적 욕망이 원망스럽다.

그는 이제 과거를 잊기로 했다. 대신 새로운 파이를 발견했다. 국뽕 유튜버로 전직한 그는 예전만큼 벌이가 쏠쏠하다. 돈에 대한 감각은 여전하다. 듣기 좋은 말로 현혹하고, 사회적 가치를 자극하면, 잘 팔린다. 체 게바라 스타일 혁명가 때문에 망했으나, 배운 건 있다. 명분과 실익의 결합. 지난 사업의 교훈을 바탕으로, 국뽕 콘텐츠 전문 사업체로 재기에 성공한다. 유니세프를 표방하는 ‘유사 이타주의’ 아이템은 망했지만, 사회적 가치와 공감대가 돈이 될 수 있음을 경험했다. 국뽕도 마찬가지다. ‘바람직한 사회적 공감대’를 깔고 미친 듯이 위로 쑥쑥 자랄 것이다. 마치 열대우림의 수풀처럼. 그는 이제 체 게바라 스타일 혁명가 같은 부류와 엮이지만 않겠다고 다짐한다.

양념치킨 같은 콘텐츠를 만들래요

● ● ●

국뽕 콘텐츠에 주로 쓰이는 단어는 이런 것들이다. ‘경악에 빠뜨려, 한국을 부러워해, 두려워한 사연, 한국의 비밀, 믿을 수 없는 실체, 전격 공개’…. 최근에 주목 받은 영상은, ‘K-방역, 압도적인 글로벌 넘버원으로 등극!’이었다. 자극적인 단어와 과장은 감칠맛을 높여준다. 일종의 MSG다. 이런 문구를 섬네일에 집어넣으면, 사람들은 반응하기 시작한다. 양념이 많으면 많을수록, 반응은 더 화끈하다. 그는 술자리에서 친구들에게 자신이 하는 일이 "양념치킨 만드는 일"이라고 소개하기도 한다. 양념 없는 순박한 후라이드치킨으로는 높은 조회수를 기록할 수 없다. 최근 구독자 수가 65만 명을 넘었다. 그가 요즘 준비하고 있는 기대작은 '한국, 전 세계 모든 국가의 시샘을 받은 7가지 이유'이다. 제목에서부터 사람들의 궁금증을 살살 낚아챈다. 조회수와 구독자 수만 높으면, 그는 쌍욕을 들어도 상관없다. 돈만 되면 장땡이다. 그는 직원 월급도 줘야 하고, 사무실 임대료도 내야 한다.

사람들은 국뽕 콘텐츠를 욕하지만, 그들도 할 말이 많다. 기본적으로 국뽕 콘텐츠는 나라 사랑 콘텐츠가 아닌가. 나라 사랑하는 사람을 욕한다? 젊은 청년의 충정 어린 마음을 헐뜯어? 국뽕 콘텐츠를 욕하는 사람들이 있다. 무슨 문화 평론가니, 정치 평론가니, 예술 평론가니 같은 인간들이다. 이들은 새로운 것을 만들지 못하니, 남들이 만들어 놓은 것을 열심히 공격한다. 세상엔 이런 효용 없는 '평론'이 참으로 많다. 그리고 그런 사람들을 '평론가'라고 부른다. 준형은 그런 평론가 부류의 인간들을 경멸한다. 스스로 밥벌이하지 못하니, 남들의 결과물에 대해 이러쿵저러쿵 이야기한다. 그들은 태어나서 제대로 된 경제활동을 해 본 적이 있을까? 편의점이나 카페에서 일해본 적은 있을까? 준형은 크리스마스 이브에 시급을 두 배로 올려준다고 패밀리레스토랑에서 아르바이트하다가 거의 죽을 뻔한 적이 있다. 자리에 앉아서 밥 달라고 칭얼거리는 수백 명의 인간을 상대하면서 돈의 소중함을 배웠다. 이렇게 몸을 움직여서 돈을 벌지를 못하니 그들은 입으로만 싸운다. 속된 말로 "아가리파이터"다. 그런 인간들이 중국 문화대혁명 시대에 살았으면 바로 강제노동 0순위로 동원되어, 하방下放 확정이다. 지금 한국에 사는 걸 감사해야 한다. 그네들은 국뽕을 욕하는데, 순수한 마음을 비웃는 사람 같다. 남들이 보면, 지식인 특유의 거드름처럼 느껴진다. 나라 사랑은 부정할 수 없는 거대한 합의 아니던가? 그는 개인주의자니 세계 시민을 지향한다면서 철딱서니 없이 입만 나불거리는 것들을 매우 싫어한다. 너희가 나라 밖에서 살아는 봤냐? 단체 관광으로 동남아 가서 남이 차려주는 팟타이꿍이나 헤벌레~ 퍼먹었겠지.

지금 당장은 아니더라도 이게 시간이 흘러서 그들의 발목을 잡으리라. 온갖 고상한 척 트위터에 요사떠는 말들을 늘어놓던 전직 아무개가 요즘 험한 꼴을 당하고 있지 않은가? 오늘의 망언이 내일의 치명상이 된다. 생명줄도 끊어놓을 수 있다. 준형은 그네들의 일거수일투족을 캡처해 놓는다. 오늘의 캡처가 내일의 몰락을 약속한다. 입만으로 먹고 사는 비열하고 무능한 인간들은 지구를 하루빨리 떠나야 한다. 그들의 공격 포인트는 뻔하다. "미감이 후지다.", "과장이 심하다.", "가짜 뉴스를 뿌린다." 그런데 사실 그런 건 막장 드라마나 아침 드라마나 다 비슷한 거 아닌가? 욕하면서 보는 콘텐츠와 무엇이 다른가? 왜 우리가 만든 콘텐츠만 유독 차별적으로, 지나치게 공격하는가? 형평의 논리에 맞지 않는다. 그는 방어 논리를 만들어 놓았다. '시장이 결정하게끔 내버려 둬라.' 시장주의도 여기에 잘 달라붙는다. 뭐든지 가져다 붙여도 근사하다. 국뽕은 나라 사랑의 충정을 담은 이 시대 사랑받는 콘텐츠다. 조회수가 콘텐츠를 판단한다. 그가 내린 결론이다.

저는 정치는 잘 몰라요

● ● ●

간혹 주변 친구들은 그에게 정치 성향을 묻는다. 성가신 사람들이다. 그는 정치 성향이 없다고 말한다. 국뽕 콘텐츠는 나라 사랑하는 마음이지 특정 정당을 지지하거나 옹호하려고 만든 게 아니다. 물론, 집권 여당에 따라서 조회수와 평가가 달라진다. 갈대와 같은 존재다. 전반적인 사회 여론이 현 정권에 대해서 긍정적이면, 국뽕 콘텐츠도 어엿한 우리 사회 목소리가 된다. 그래서 섣불리 지지 정당을 이야기하지 않는다. 나중에 사업에 불리할 수 있기 때문이다. 정권이라도 교체되면 바로 부메랑이 된다. 차라리 정치에 대해서는 모른다고 말한다. 그는 얼마 전 비슷한 질문을 받았는데, "그런 건 모른다"고 징그럽게 웃었다. 징그럽게 웃으며 대답하는 게 핵심이다.

이처럼 그의 관심은 정치도 아니고, 해외 정세도 아니고, 오로지 돈이다. 그도 매일 다양한 국내외 뉴스들을 읽지만, 주된 관심은 지식이나 정파적 내용보다는 대중의 반응이다. 그의 표현에 따르면, 어떤 콘텐츠에 사람들이 "헤벌레~"하나, 그것이 그의 관심이다. 되도록 많이 "헤벌레~"할수록 좋은 콘텐츠다. "헤벌레~"는 사람들이 넋을 놓고 순간 좀비가 된 것처럼, 영상에 집중하는 상태다. 정신을 쏙 빼놓을 만큼 몰입감과 즐거움을 선사해야 한다. 그는 자신의 콘텐츠가 제임스 본드 007 영화 도입부처럼 강렬한 임팩트를 줄 수 있으면 좋겠다고 자주 이야기했다. 앞부분이 재미있으면, 설사 뻔한 국뽕이어도 사람들은 끝까지 시청한다. 관심이 부의 원천이다. 이러한 기회를 포착하는 사람이 성공을 얻는다. 그러니 성공은 관심에서 출발한다. 명분과 결합하면 더할 나위 없이 완벽하다.

최근에는 중국과 일본을 공격하는 콘텐츠를 만들어서 높은 조회수를 기록했다. 요지는 일본은 무력하고, 중국은 무법자라는 것. 과거 죽창가 운운하면서 반일 정서로 재미를 본 적이 있는데, 중국과 같이 엮어서 공격하면 효과가 배가된다. 외부에 대한 적개심이 내부 결속력을 강화한다. 그는 거의 사회심리 전문가다. 사람들은 설사 국뽕 콘텐츠라고 해도, 거기 어딘가에는 작은 진실이 있을 수도 있다고 기대한다. 그러한 기대 심리, 어떤 순정한 마음이 댓글에서 느껴진다. "우아, 정말 대단해요. 제가 몰랐던 내용을 알려줘서 감사합니다!" 순수한 호기심과 정보에 대한 갈급이 느껴진다. 하지만 그런 건 그의 관심 분야가 아니다. 그의 관심은 돈에 있다. 돈, 큰돈을 벌면 그것으로 상황 종료다. 갑자기 덩샤오핑의 말이 떠오른다. 검은 고양이든, 흰 고양이든, 쥐만 잘 잡으면 된다. 나름 준형은 명문대 출신이다. 여기에서 덩샤오핑이 나오니, 그럴싸한데? 그는 스스로가 대견스럽다. 흑묘백묘와 국뽕은 같은 문제의식에서 태어난 형제다. 학교에서 배운 유식한 말로는 기능주의다. 우리 사회의 어떤 특정한 기능을 담당한다. 그 기능의 수월함이 거의 전부다. 다른 건 중요하지 않다.

국뽕의 뉴 웨이브

국뽕은 성형수술과 같아서 효과는 확실하지만, 자칫하면 '성괴'처럼 보일 수 있다는 우려도 있다. 그래서 더더욱 자연스러운 국뽕 콘텐츠가 필요하다. 한 듯 안 한 듯 자연스러운 성형처럼, 은은한 국뽕이 절실하다. 일방적인 인접 국가 때리기, K-방역만으로는 지속하기 어렵다. '일본 청년들, 곧 반란을 일으킨다' 내지는 '세계 최강 K-배송이 코로나를 정복한다'와 같은 내용도 이제는 뻔하다. 처음에는 사람들 반응이 괜찮았는데, 점차 피로감을 느끼는 거 같다. 게다가 국뽕 채널이 만드는 내용은 신뢰성이 떨어진다고, 소위 '주작'이라는 문제 제기가 그동안 너무 많았다. 새로운 시도와 관점이 필요하다. 궁하면 통하는 법. 그가 요즘 주목하는 것은 외국인들이 말하는 한국의 모습이다. 이제 화면에 등장하는 사람은 우리가 아니라 외국인들이다. 주어가 한국을 접하는 외국인들이다. 그리고 목적어는 한국의 성취, 한국의 밝은 미래다. 그러니까 한국 자국민들이 아니라 외국인들의 입에서 직접 나오는 내용이면 객관성을 얻을 수 있다. 마치 다큐멘터리처럼 말이다. 사람들이 좀 더 객관적으로 바라볼 것이다.

외국인들을 돈 주고 섭외해서, 원고를 읽게 할 것이다. 그동안 그를 괴롭힌 체증이 내려간다. 외국인들이 말하는 국뽕. 이것이 국뽕 콘텐츠의 뉴 웨이브다. 새로운 혁신의 파도가 그를 적신다. 준형은 새벽에 벌떡 일어나 기획안을 정리한다. 기획안 제목은 "두 유 노 국뽕?".

나라 사랑에서 입금 완료까지

"두 유 노 윤여정?" 최근 한국에 머무는 외국인들이 가장 많이 받는 질문이다. 여기서 모범 답안은 "나는 그녀를 아주 아주 잘 알아" 일 것이다. 마치 오래 알아왔던 것처럼 자연스럽게 이야기하는 게 중요하다. 한국을 잘 아는 외국인들은 언제나 환영이다. 이처럼 한국의 세계적 인지도를 높인 사람이나 대상이 되면, 피해갈 수 없는 '두 유 노의 점지'가 뒤따른다. 두 유 노의 선택을 받는 순간, 자랑스러운 한국인으로 등재된다. 윤여정은 이제 외국인에게 자랑스럽게 내보일 모든 한국인의 쾌거이며, 일대 업적을 쟁취한 여배우다. "한국의 자랑스러운 할머니, 오스카 정복기"와 같은 표현이 시선을 강탈한다. 그러니 행여나 그녀를 알고 있다고 답하는 외국인은 한국에 대해서 많이 알고 있는, 좋은 외국인이 된다. 이처럼 자국에 대한 과도한 애정과 관심, 그리고 인정을 원하는 심리의 결합을 '국뽕'이라고 한다. 국뽕은 세계적 유명세와 인지도를 의미하는 주요 근거다. 자랑스러운 한국인을 대표하는 감투와 같다. 게다가 국뽕은 윈도우 노트북 PC처럼 작동한다. 끊임없이 자체 업데이트를 시도한다. 최근에 이러한 국뽕 두 유 노 클럽에 가입한 콘텐츠가 있으니 바로 넷플릭스의 〈오징어 게임〉이다. 전 세계를 휩쓸며 1위를 석권한 〈오징어 게임〉은 두 유 노 클럽의 새로운 일원으로 당당히 자리매김했다.

전 세계가 두려워하는 초초초… 강대국 대한민국의 위상

가장 순화된 국뽕 버전은 아마도 '나라 사랑'일 것이다. 애국심, 충정, 즉 한국과 한국인, 한국적인 것에 대한 강조와 사랑이다. 하지만 지나친 사랑, 맹목적인 관심이라는 자조 섞인 표현이 바로 국뽕이다. 한번 맛을 보면, 잊을 수 없고 헤어나오지 못한다는 의미이기도 하다. 그리고 사람들의 사랑을 이용하여 인기를 얻고 돈을 버는 콘텐츠 크리에이터들을 가리켜, '국뽕 유튜버'라고 한다. 나무위키에 따르면, 국뽕 유튜버에 대한 정의는 다음과 같다.

> "편협하고 극단적인 국수주의, 민족주의적 성향의 유튜브 채널들을 아울러 부르는 명칭이다. 그저 구독자들의 판타지를 만족시키려는 왜곡된 프로파간다를 일삼으며 이를 위해서는 자국을 극단적으로 신격화하는 것도 마다하지 않는다. 이에 따라 후술할 여러 심각한 문제점을 공유하고 있다. 국가주의, 민족주의적 행태를 비판하는 표현이기도 한 국뽕이라는 단어의 사용 빈도가 증가하면서 '국뽕 유튜버'라는 명칭의 인지도가 늘었다. 국뽕채널, 국뽕튜브라고 부르기도 한다."

이들은 한국과 다른 나라를 비교하면서 한국에 우위가 있다는 것을 줄기차게 찾아낸다. 자극적인 섬네일은 필수다. 이를테면, '세계 초강대국 대한민국 예언 실현 중 소름 돋음', '중국, 한국 때문에 피눈물 흘린다', '전 세계는 2019년인데, 한국만 4019년에 있는 이유' 등이 있다. 이들이 이러한 콘텐츠를 만드는 이유는 돈을 벌기 위함이다. 관심과 궁금증이 돈이 되는 시대다. 일부 국뽕 유튜버들은 이러한 관심을 이용하여, 높은 조회수가 나올법한 콘텐츠를 기획한다. 가끔은 확인되지 않은 사실과 극히 일부 사실을 부풀려, 가짜 뉴스와 다름없는 내용을 제작, 한국인의 마음 깊숙이 있는 애국심에 호소한다. 그렇게 울컥한 감성에 젖게 하여, 돈을 챙긴다.

사람들이 듣고 싶은 내용만을 갈무리하는 게 중요하다. 어렵고 심각한 내용은 바로 아웃이다. 쉬운 말과 영상으로 환상과 욕망을 실현해줘야 한다. 이러한 비즈니스의 핵심은 애국심이다. 이들은 사람들이 듣고 싶어 하는 내용을 들려주는 게 무슨 잘못이냐며 되레 항변한다. 그렇게 따지면, 막장 드라마나 판타지물 들도 다 문제 있는 것 아니냐는 주장이다. '나라 사랑'만큼 숭고한 감정이 어디 있냐고 되묻기도 한다. 그런데 이런 반박은 핵심을 비켜간 것이다. 사람들이 국뽕 콘텐츠를 비판하는 주된 요지는 '나라 사랑'이 문제가 아니기 때문이다. 부정확하고 잘못된 내용으로 사람들에게 왜곡된 인식을 전달하는 것이 문제다. 지나친 관심과 사랑을 이용하여, 다른 나라에 대한 부정적인 감정과 편견, 갈등을 조장하는 것이다. 내가 돋보이려고 주변을 깎아내리는 것처럼.

'국뽕 코인'을 탐내는 방송사들

시장에서 잘 팔리는, 수요가 많은 국뽕을 단순히 유튜버만이 이용하는 것이 아니다. 몇 해 년 전부터 한국 가수나 배우 등이 주로 유럽 및 영미권에 방문해서, 노래를 부르거나 식당이나 카페를 차리는 프로그램이 갑자기 인기를 끌고 있다. 조악한 국뽕 유튜브 영상과 달리, 이러한 프로그램은 정상급 한국 연예인이 총출동한다. 메인스트림의 국뽕 콘텐츠라고 할 수 있다. 이를테면, 한국 유명 배우가 갑자기 식당 주방장이 되어 겪는 어려움과 이를 극복하는 과정을 담는다. 그들이 식당을 차리는 곳은 대개 유럽과 영미권이다. 식당에 들르는 영미·유럽권 백인들이 한마디씩 한다. "너무 맛있어요, 한국 음식 너무 좋아요." 그 말에 또 시청자들은 '울컥'할지 모른다. 한 프로그램은 포차에서 소주와 김밥을 먹으며 감동의 눈물을 흘리는 프랑스인의 모습을 담았다. 그는 카메라를 향해 한국에 돌아가고 싶다는 말도 내뱉는다. 한 외국인은 자신이 K-POP 말고, 퇴계 이황의 팬이라고 밝힌 적이 있다. 한국인들도 요즘 잘 쓰지 않는 천 원짜리 지폐에 나온 퇴계 이황을 좋아한다는 프랑스인을 만날 줄이야. 기적에 가깝다. 이렇게 훈훈한 사연으로 끝나는가 싶었는데, 한 네티즌이 그 여성을 서강대학교에서 봤다고 온라인 커뮤니티에 제보했다. 우연히 방문한 손님처럼 보이지만, 사전에 섭외했을 거라는 추측이 힘을 얻었다. 어쩌면 너무 기적 같은, 듣기 좋은 소리는 사전에 만들어진 내용일 가능성이 크다. 흔히들 이러한 과도한 설정을 가리켜, '주작' 또는 '주작질'이라고 부른다.

주류 방송사 국뽕 콘텐츠는 그들이 가진 영향력과 위치를 감안할 때, 더욱 비판받을 만하다. 하루하루 먹고살겠다고 콘텐츠를 올리는 영세한 유튜버의 행동이 아니다. 자본과 네트워크와 노하우를 가지고 있음에도, 창의성이 고갈된다 싶으면 아니나 다를까, 마르지 않는 '흥행의 샘', 국뽕에 손을 뻗는다. 그 과정에서 윤리적인 문제를 저지르기도 한다. 예를 들어, T 방송사에서 만든 한 프로그램에서, 외국인 손님으로 등장한 한 독일 남성이 한국인 배우를 가리켜, 인종차별이 담긴 발언을 했다. 그런데 제작진은 이것을 뜬금없이 칭찬의 의미를 담은 자막으로 바꿔 '의도적 오역'을 하였다. 한국인 시청자는 모르겠거니, 욕을 칭찬으로 둔갑시킨 것이다. 이 내용을 폭로한 지난 2021년 4월 H일보 기사는 큰 반향을 일으켰다. 기사와 함께 걸린 베스트 댓글의 면면도 매우 인상적이다.

"서양인들한테 인정받고 싶어 하는 자조적인 국뽕들의 구미를 맞추는 것 밖에 없음. 그냥 답이 없는 프로그램들 ㅋㅋㅋㅋㅋ"

"한국에서는 유명 스타로 군림하면서

왜 하필 서양에 가서 시중을 드는 프로그램을 만드냐?"

이러한 비판에도, 주류 방송사들이 국뽕 콘텐츠를 만드는 이유는 돈 때문이다. 생계형 유튜버나 큰 차이 없다. 돈이 되니까 계속 만든다. 그래서 혹자는 이를 '빵 굽는 국뽕'이라고 부른다. 흥행성이 보장된다는 뜻이다. 비슷한 표현으로 '국뽕 코인'도 있다. 국뽕은 어쩌면 누구나 좋아하는 양념 소스와 같다. 그 소스를 뿌리면 사람들이 아무런 경계심 없이 먹기 시작한다.

국뽕 코인을 탐내는 콘텐츠가 많으면 그만큼 국뽕에 대한 문제 제기는 쉽지 않다. "잘난 척 그만해라, 혼자서 고고한 척한다"고 면박당하기 일쑤다. '나라 사랑'은 정규 교육 과정에서 익히 들어온, 바람직한 가치이자 사회적 합의다. 그걸 부정하면, 괘씸하고 엉큼한 사람이 된다. 잘난 척하는 재수 없는 사람이 될 수 있다. 오늘도 국뽕 코인은 흥행몰이 중이다. 나라 사랑으로 포장한 확실한 비즈니스 모델이다. 나라 사랑에는 불경기란 없다.

차세대 벨벳 언더그라운드를 찾아서

- 백정현(30세, 강남구 삼성동)

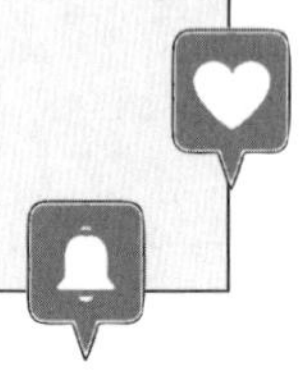

♪♬♩ "잔인한 여자라~, 나를 욕하지는 마~" ♪♬♩ 익숙한 멜로디가 그녀의 귀에 꽂힌다. 주로 교외 할인 쇼핑몰에서 들리는 소비를 촉진하는 빠른 박자다. 하이라이트는 막판에 절규하듯이 내지르는 그 한 마디. "영원히~~~~~"

그녀는 샌드위치를 먹다가 체할 뻔했다. 순간 원망스럽게 가게 사장님 얼굴을 쳐다본다. 사장님은 아무렇지 않게 멜로디를 흥얼거리며, 열심히 샌드위치를 만든다. 유행가가 가진 힘이다. 사람을 근면하게 만드는, 복잡한 생각을 무디게 만드는 어떤 자본주의적 코팅. 마치 초강력 케첩 양념 소스를 확 뿌려서, 맛없는 프렌치프라이도 사람들이 폭식하게 만드는 그런 성실함. 시대의 명곡, '티어스Tears'는 그녀에게 그렇게 다가온다. 그녀는 고개를 절레절레 흔들며, 샌드위치 가게 사장님의 음악 취향이 저질이라고 판단한다. 그나마 이 근방에서 먹을만한 괜찮은 샌드위치 집이었는데, 아쉽다. 여기 연어 샌드위치가 맛있었는데. 이제는 남은 샌드위치를 먹을 식욕도 이곳을 다시 방문할 의지도 사라진다. 그녀는 자리에서 일어나 가게를 나선다. "감사합니다." 중년 사장님이 환하게 웃으면서, 그녀에게 인사한다. 인사를 뒤로하고, 그녀가 읊조린다. "영원히~"

세상에는 음악이 어디를 가나 있는데, 그 음악 수준은 천차만별이다. 지하철에서 글렌 굴드의 골드베르크 변주곡이 흘러나오기를 기대하지는 않는다. 그래도 어느 정도 예상 가능해야 하는데, 갑자기 '티어스'가 치고 들어오면, 그녀는 기겁한다. 그래서 늘 노이즈 캔슬링 이어폰을 세 개씩 들고 다닌다. 애플, 삼성, 보스, 이렇게 3종 세트는 외출 필수품이다. 무선 이어폰은 배터리가 약해서 여러 개를 상시 가지고 다닌다. 오늘은 깜빡하고 하나만 들고 나왔는데, 아니나 다를까 "영원히~"와 같은 절규에 속수무책으로 당했다. '영원히.' 너무 무겁고 결정적인 단어다. 그 어떤 설명과 반론도 제기하지 못하게 만드는 저 한 마디. 영원히.

뭐랄까… 삶에 대한 관조가 느껴진달까?

● ● ●

그렇다. 그녀는 고급스러운 음악 취향을 가진, 컴퓨터 프로그래머 백정현이다. 그녀는 태어나 20년째 삼성동 주택에서 부모와 같이 산다. 그녀의 고급스러운 음악 취향은 아버지의 영향이다. 그는 주택 지하에 자신만의 음악 청음실을 만들었다. 빛이라고는 거의 없는 어두컴컴한 공간. 오래된 음반과 CD, 스피커가 가득하다. 조명은 약한 LED 램프와 오래된 백열전구뿐이다. 아빠는 형광등을 질색한다.

아빠는 1인용 소파에 앉아서 음악을 듣는다. 오늘 그의 선곡은 호로비츠의 모차르트 피아노 소나타 13번 K333. 부담 없는 선곡이다. 그녀는 가끔 아빠와 음악에 대해서 잠깐씩 이야기한다. 아빠는 말수도 적고, 무엇인가를 알려주고 가르쳐주는 사람도 아니다. 그냥 가끔 "이 음반 어때?"라고 묻는 정도. 오늘 그녀는 '티어스'의 습격을 당한 날이라, 아빠와의 대화가 필요했다. 그녀는 아빠에게 말을 건넨다. "아빠, 나는 1악장보다 2악장이 더 좋아요.", "왜?" 그는 언제나 간결하다. "뭐랄까…. 삶에 대한 관조가 느껴진달까? 2악장을 돋보이게 하려고 1악장을 좀 더 가볍게 가지 않았나, 조성이나 리듬도 그렇고…. 그냥 그런 생각이 들어요." 흥미롭다는 듯이 아빠는 그녀를 잠깐 쳐다보다가 대꾸한다. "정말? 그런데 모차르트가 진짜 그렇게 생각했을까?" 아빠는 매번 저런 식이다. 공감보다는 논리적인 비평이 먼저다. 모차르트의 의도를 확인하려고 이런 말을 꺼낸 것이 아닌데 말이다. 자신도 아빠의 그런 모습을 일정 부분 닮았다는 것도 인정하지만, 딸한테까지 저렇게 말하는 건 좀 그렇지 않나? 아빠의 대꾸에 힘이 빠진다. "당연히 그거야 모르죠. 듣는이의 판단이나 해석이 작곡가의 의도보다 중요하지 않나요?" 정현의 설명에 아빠는 살짝 웃고 고개를 끄덕인다. 더 이상의 대화는 의미 없겠다 싶어, 지하 청음실을 빠져나온다. 이미 세상을 떠난 모차르트의 의도를 무슨 수로 알아차린단 말인가? 지금 듣는 사람이 중요하지. 그녀는 자기 방 침대에 누워 음악을 듣는다. 2악장은 안단테 칸타빌레.

내일 당장도 결혼 가능해요

● ● ●

"저는요, 블랙핑크 좋아해요." 소개팅 자리에서 한 남성이 희번덕거리는 눈빛으로 말한다. 이 남자가 나를 싫어하나 싶을 정도로, 자기가 좋아하는 아이돌 얘기만 하고 있다. 정현도 블랙핑크의 제니는 안다. 샤넬의 뮤즈 아니던가. 정현도 샤넬을 좋아하고, 블랙핑크 제니가 예쁜 것도 알지만, 그 사람이 무슨 음악을 하는지는 잘 모르겠다. 그녀를 음악인이라 할 수 있나? 그냥 대형기획사에 속한 엔터테이너 정도라면 모를까. 대기업에 다니는 나이 서른둘 소개팅남은 아이돌 계보를 다 꿰고 있다. 아이돌 누가 인기이고, 요즘 트렌드는 어떻고, 앞으로 누가 기대주이고, 누가 저평가되었다는 말들이 꼬리를 문다. 아이돌을 이야기하는데, 웬 저평가 타령인가? 지금 비트코인 내지는 주식 종목 이야기하나? 그녀는 약간 당황스럽다. 소개팅 여자를 앞에 두고 이런 말을 하는 것을 보면, 내가 '별로'라는 의미인가? 이 남자는 지금 어떤 개인의 판타지를 설파하면서 나의 기를 죽이려는 걸까? 해맑은 웃음을 지으면서, 아이돌에 대해서 30분 넘게 이야기하는 남성은 열정적이나, 과연 그만큼 일반적인 여성과의 만남 내지는 결혼에 대해서 생각을 해봤을까?

그녀의 경험에 따르면, 상대 남성들은 음악 취향에 따라 성격에도 일정한 경향성이 있었다. 테일러 스위프트 같은 음악을 좋아하는 남자는 미감이 떨어진다. 라나 델 레이를 듣는 남자는 다소 내성적인 힙스터였다. 보사노바나 재즈를 좋아하면, 멋을 아는 사람이었다. 만약 아르헤리치의 쇼팽에 관해서 이야기할 수 있다면, 그 남자랑 내일 당장 결혼해도 괜찮을 거 같다. 그런 남자를 한 번도 만난 적이 없어서, 그녀는 아직 미혼이다. 정현은 그렇게 파스타를 먹으며, 그의 이야기가 흥미롭다는 듯이 고개를 계속 끄덕였다. 이미 마음속에 '엑스자'를 그었지만.

그녀가 사는 삼성동 근방에는 아이돌 합숙소가 많다. 청담동 인근에 연예기획사, 메이크업샵, 미용실 들이 허다해서, 연예인들이 그 근처 빌라나 아파트에 사는 경우가 많았다. 이곳을 찾는 팬들에게는 어떤 패턴이 있다. 절대 혼자서는 움직이지 않는다. 대개는 십여 명 정도 우르르 떼로 몰려다닌다. 플래카드, 커다란 가방, 쇼핑백들을 짊어진 모습도 흔히 볼 수 있다. 짐이 많다. 오빠들을 기다리면서 사용할 법한 것들을 상시 휴대하는 모양이다. 언제 오빠들을 만날지 모르니깐. 그러다가 오빠들이 도착하면, 소리를 지르며 웅성거린다. 가끔 괴성도 지른다. 한꺼번에 몰려다니며 발 구르는 소리에 동네가 울릴 정도다. 오빠들이 일정을 마치고 집에 들어가는 그 짧은 찰나를 보기 위해서, 몇 시간씩 기다린 것이다. 그리고 오빠들이 집안에 들어가서, 얼굴도 내비치지 않으면, 다들 아쉬워한다. "한번 손짓이라도 해주면 좋을 텐데…." 탄식 어린 반응이 쏟아진다. "어떡해, 제대로 못 봤어, 힝~." 혹은 아주 가끔 "우리 오빠 정말 멋지지 않아?"라며 짧았던 감동의 순간을 되뇐다. 그러다가 이들이 사라지면, 다시 주택가는 잠잠해진다. 개 짖는 소리가 들리다 적막에 휩싸인다.

정현에게는 익숙한 모습이다. 그들을 무시하지는 않지만, 과연 저게 정상인가, 그런 생각은 한다. 시간과 노력을 생각하면, 고마워하지 않는 오빠들도 문제다. 고마워하지 말라고, 어디서 교육을 받았나 싶다. 게다가 그 애들이 좋아하는 아이돌 그룹 오빠들은 정현이 보기엔 가수도 아니고, 그냥 춤꾼 같다. 가창력은 상관없다. '카메라빨' 잘 받는 이 시대 엔터테이너. 팬들은 음악 그 자체보다는 오빠들이 누리는 어떤 인기, 화려한 춤동작, 외모 등을 좋아하는 것 같다. 그런 모습은 다 대형기획사들이 만들어낸 것이지, 오빠들의 자율적인 행동이나 생각이 아니다. 일종의 마리오네트인데, 그걸 좋아서 저렇게 난리라니. 관심과 애정을 주고 싶은 대상을 찾는 십 대들 마음을 모르는 바 아니지만, 저렇게 잘못된 방향으로 에너지를 낭비하는 것은 안타깝다. 결국, 대형기획사 사장님들이나 좋은 일 시켜주는 건데. 그렇게 번 돈으로 골프장이나 찾아다닐 텐데. 음악을 빙자한 장사꾼들에게 그녀는 환멸을 느낀다. 왜 음악의 이름으로 어린 친구들을 농락해서, 자기 잇속을 챙기는가? 그리고 아이돌을 꿈꾸는 친구들은 거기에 왜 장단을 맞추는가? 이 시대의 독립적인 젊은 음악인은 존재하지 않는가? 그들은 문제 의식이나 자의식도 없나? 영혼 없이 예능에 나와, 해맑게 외치는 그 한 마디. "사랑해요." 정현은 세차게 고개를 젓는다.

나의 루 리드를 찾았다!

● ● ●

아무런 기대도 안 했는데 보석이 될만한 원석을 찾을 때가 있다. 홍대는 너무 애들이 많고, 정신없지만, 그래도 유일하게 한국에서 인디밴드를 제대로 볼 수 있는 공간이다. 집에서 먼 홍대를 방문하기까지는 마음의 준비가 필요하다. 행여나 과하게 별로인 밴드가 나오는 바람에 너무 야박하게 글을 쓰게 될까 봐 염려도 된다. 하지만 어떤 사명감도 있다. 아이돌에 편중된 재롱잔치, 섹시 댄스, 파워 댄스, 윙크 살짝으로 점철된 한국 가요계의 질적인 발전과 균형을 위해서라도 현장에 나가 힘을 실어줘야 한다. 그녀는 인디음악 전문 커뮤니티에서 활동하는 정기 기고자인 데다, 주변에 그 업계에 일하는 사람도 많아서 이런저런 자리에 자주 초대를 받는다.

그날은 조금 늦게 오프닝 무대가 시작되었다. 짙은 갈색 재킷을 입은 삐쩍 마른 키 큰 남자가 훌쩍 뛰어들어와 마이크를 잡았다. 밴드 이름을 'Disturbing Quotes(불안한 인용)'이라고 소개하면서, 뉴욕에서 왔다고 했다. 뉴욕? 그녀가 좋아하는 도시다. 사대주의라고 친구들이 놀려도 할 수 없다. 재즈, 록 등 많은 장르가 뉴욕을 중심으로 발전했으니, 원산지에 대한 '리스펙'이라고 하련다. 다시 무대가 어두워지면서, 전주가 흐르고 그가 노래를 부리기 시작했다. 익숙한 멜로디다. 이거 무슨 노래지? 벨벳 언더그라운드의 'Beginning To See The Light'의 선율이 그녀의 귀에 감긴다. 순간 눈과 귀를 의심했다. 벨벳 언더그라운드의 루 리드가 홍대 무대에 서면 이런 느낌일까? 게다가 과장을 조금 보태, 루 리드는 '로큰롤의 도스토옙스키' 아닌가?

리드 보컬은 원곡에 담긴 허무와 냉소, 그리고 일말의 기대와 작은 희망까지 내지른다. 리드 보컬인 그는 공연 중간에 밴드 멤버들과 눈짓과 손짓으로 계속 호흡을 맞췄다. 한국 인디밴드 보컬들은 그냥 제멋에 빠져 코인 노래방에서 혼자 열창하듯이 부르다가 끝내는 경우가 많다. 에고가 지나쳐서 본분을 망각한 아마추어 예술가의 전형이다. 그런데 그는 확실히 달랐다. 연이어 웅얼거리는 다소 처지는 자작곡에 이어서 데이비드 보위의 'Let's Dance'를 부르는데, 너무 신나서 그녀는 무대로 뛰어나가 밴드랑 어울려 춤출 뻔했다. 이게 정말 인디밴드 맞나? 관객들도 폭발적으로 반응하며, 뉴욕 출신 밴드의 홍대 데뷔 무대를 환호했다. 어쩌면 지금, 이 광경은 스타 탄생의 순간일지 모른다. 그녀는 너무 뿌듯하고 순간 아득해져서 마음을 가라앉힐 수 없었다.

집에 돌아와 정현은 씻지도 않고, 컴퓨터 앞에 앉았다. 그리고 인디밴드 커뮤니티와 페이스북에 밴드 '불안한 인용' 쇼케이스 현장에 대한 글을 작성했다. 제목을 야하게 뽑았다. "루 리드의 환생, 새로운 밴드의 탄생!" 자작곡은 불협화음이 많이 튀고 박자감도 어색했으나, 벨벳 언더그라운드와 데이비드 보위의 음악을 '인용'하는 것을 보면, 음악에 대한 조예가 깊은 듯했다. 세상에 새로운 것을 만들려면 선배들이 해놓은 것들을 잘 곱씹어야 한다. 그것을 소화하고, 그 위에 새로운 것을 쏟아내는 것이다. 이제껏 없었던 완전히 새로운 것을 뚝딱 만들겠다는 야심은 허무맹랑하다. 어디까지나 레퍼런스 위에서 독창성이 빛을 발한다. 그걸 가리켜, 예술계 사람들은 멋있게 말한다. 누구로부터 "영향을 받았다"고.

그녀가 올린 글은 단숨에 화제가 되었다. 사람들은 이제 '불안한 인용'을 한국 인디밴드 기대주라고 치켜세운다. 여기저기서 그날 공연 영상을 유튜브에 퍼다 날랐다. "너도 갔었니? 나도 갔었어.", "신선하고 흥미롭다", "독창적이다"는 반응이 다수다. 사실 대다수 인디밴드는 무슨 콜드플레이, 트래비스 정도를 어설프게 따라 하다가, 그것마저 실패하곤 했다. 깨작깨작하다가 주저앉았달까? 그런데 이들은 달랐다. 정말 뉴욕발 로큰롤 DNA를 오늘날 홍대에 이식할 밴드가 될 것 같다. 그녀는 어쩌면 밴드의 가능성을 최초로 발견한 사람이 아닐까 싶어서 우쭐해졌다. 다들 '불안한 인용'의 데뷔를 이야기하면서 그녀가 쓴 글도 함께 언급했다. 그녀의 명성도 동반 상승했다. 얼마 후 '불안한 인용'의 리드 보컬이 그녀에게 만나고 싶다고 연락해 왔다. 세상에, 리얼리? 그녀는 카톡으로 그와 약속을 잡으며, 한국인 루 리드의 실물을 볼 생각에 마음이 들떴다.

내가 고구려의 평강공주다

● ● ●

그의 한국 이름은 이영욱, 영어 이름은 Ryan Lee. 한국계 미국인, 그녀보다 두 살 어리다. 브루클린 출생. NYU에서 파이낸스를 공부했다. 한국어는 어눌하고, 영어가 익숙한 그. 영어로 대화할 때는 냉소적이고 차가운 뉴요커지만, 한국어로 말할 때는 같은 동네에 사는 영욱이 동생 같다. 날카로운 턱선, 차가운 눈빛, 하지만 가끔 그렁그렁한 눈망울로 사람을 쳐다볼 때가 있다. 그는 한국 메이저 기획사로부터 여러 차례 러브콜을 받았지만, 음악적 간섭과 타협이 싫어서 중간에 그만뒀단다. 기획사 사장이라는 아저씨가 기획사를 떠나는 그에게 "백날 그런 음악 하다가 편의점에서 도시락이나 먹으면서 평생 살아라"라고 저주를 퍼부었단다. 거기서 그녀는 한국인 특유의 냉혹함, 야박함을 느낀다. 장점을 살려줄 프로듀싱은 생각조차 안 했을 것이고, 어디 가서 '섹시 파워 댄스'나 주문할 사람들이다.

영욱이 한국어로 어눌하게 이야기할 때는 한없이 침울하고 상처받은 영혼 같았다. 그러다가 음악 이야기만 하면 눈이 반짝인다. 앞으로 이런 음악을 하고 싶다고 그녀에게 끝없이 이야기한다. 그녀는 그의 그간 행적에 마음이 아팠다. 그를 돕고 싶었다. 자작곡을 들어보니 뭔 소리인지 모르겠으니, 좀 더 쉽게 가는 건 어떻겠냐고 조언했다. 또 적극적으로 샘플링을 활용해서, 사람들의 귀에 잘 걸리게끔 하라고 말해줬다. 차라리 로맨틱한 재즈 선율 같은 걸 따와서 앞단에다가 붙이고, 일렉트로닉으로 화끈하게 반전 매력 주는 것 어떻겠냐고 도움말을 주었다. 어떻게 생각하면, 헛소리고 '아무 말 대잔치'인데도, 영욱은 그녀의 조언에 감화된 듯했다. "한국에서 제게 이렇게 말해준 사람은 누나가 처음이에요." 그의 솔직함에 그녀도 반했다. 내가 그런 존재가 될 수 있다니. 나의 자그마한 비평 권력으로 그가 하고 싶은 음악을 할 수 있도록 돕자. 정현은 자기가 평강공주가 된 것 같았다. 영욱은 뉴욕에서는 사람 구실을 했겠지만, 한국에 와서는 사람들에게 괄시당하고 상처받은 바보 온달이다. 눈떠도 코 베가는, 돈밖에 모르는 기획사들의 야욕에서 그를 구해주고 싶었다.

"누나, 저랑 만나볼래요?"

● ● ●

그와의 첫 만남 이후, 관계는 점점 발전했다. 단순히 팬과 리드 보컬 사이가 아니라, 정현의 바람처럼, 그를 지지하고 북돋아주는 매니저와 같은 역할도 수행했다. 그는 그녀에게 앨범 녹음 내용과 과정까지 세세하게 들려주었다. 뭔가 특별한 사람이 된 느낌이다. 내부인이 된 기분이랄까? 갑자기 그녀는 우쭐해졌다. 마치 벨벳 언더그라운드의 가능성을 처음에 간파한 앤디 워홀이 된 것만 같다. 나는 '불편한 인용' 이영욱의 평강공주이며 동시에 앤디 워홀이다. 평강공주와 앤디 워홀은 모두 좋은 조력자였다. 가능성을 발견하고 힘을 실어주는 역할, 어쩌면 그녀가 가장 잘하는 일 중 하나다. 게다가 영욱은 생각도 어른스럽고, 외모도 멀쑥했다. 삐쩍 마르긴 했으나, 뚜렷한 이목구비와 큰 키는 태생적 부티를 숨길 수 없다. 그녀는 그를 만나면, 상다리 휘어지게 음식을 주문하고 그를 배불리 먹이기 바빴다. 그는 허겁지겁 먹다가 남은 음식은 포장해 가겠다고 했다. 순수하고 배고픈 영혼의 남성을 보니 더욱 그를 보살피고 싶었다. 아직 사귀는 건 아니지만, 그녀는 이제는 그의 여자친구 역할도 했으면 더할 나위 없겠다. 그리고 그의 고백을 기다린다. 솔직하고, 어른스럽고, 착한 영욱이. 그도 그녀에게 조금씩 관심을 보이기 시작했다. 여자의 직감이 발동한다. 그가 조만간 고백할 것만 같다.

정현이 아침 회의 때문에 일찍 잠들었던 어느 날. 자정 너머 그에게서 전화가 왔다. 짜증도 날법한데, 되레 기쁨의 미소가 얼굴에 번진다. 야심한 시간에 전화하다니, 이건 분명 고백일 거야, 본인도 얼마나 생각이 많았겠어. 아마도 그는 진중한 목소리로 이렇게 이야기할 것이다. "누나는 나를 남자로 어떻게 생각하세요?" 내지는 "누나, 저랑 만나볼래요?", "앞으로 너라고 부를게" 같은 말들이 머리를 맴돈다. 그러면 나는 무슨 말로 대꾸를 하지. 정현은 사뭇 긴장한 채, 아무렇지 않은 듯이 전화를 받았다. 라이징스타 인디밴드 보컬과 사귀는데, 심야 전화가 대수랴. 앞으로 익숙해져야 할 부분이다. "영욱이니?" 그의 목소리가 들린다. 유난히 침울하고 가라앉은 목소리다. 그러다가 대뜸 묻는다. "누나, 저 진짜 돈이 하나도 없어서 그런데 돈 좀 빌려주실 수 있으세요? 다음 달에 진짜 꼭 갚을게요."

바스키아의
빠른 성공과 이른 죽음

"나는 미술 학교에 다닌 적이 없어요. 나는 그저 바라봤을 뿐이에요. 그게 내가 예술을 배운 곳이라고 생각해요. 그림을 바라보면서요."

- 〈Boom for real〉(1985년 10월 방송 인터뷰 발췌)-

장 미셸 바스키아. 그는 '흑인 피카소'라고 불린다. 미술 학교 대신 거리에서 그라피티로 그림을 배웠다. 그는 캔버스를 살 돈이 없어서, 문과 벽에다가 그림을 그렸다. 그는 화실이 아닌, 거리에서 영감을 얻는 길거리 예술가다. 그는 정제되지 않은 거친 선과 색으로 흑인 예술가로서 겪은 차별과 배제를 표현했다. 현재 그의 그림은 미국에서 가장 비싸게 팔린다. 2017년 뉴욕 소더비 경매에서 그의 대표작 〈무제〉가 1억 1,050만 달러, 우리 돈으로 1,200억 원에 낙찰되면서, 미국 작가 작품 중 최고가 기록을 경신했다. 그는 스물일곱 살의 나이로 요절, 세상을 떠났지만, 그의 삶은 하나의 전설이 되었다.

성공을 향한 질주,
메인스트림 되기

바스키아는 1960년 브루클린 중산층 가정에서 태어났다. 어릴 적 어머니가 사준 해부학책을 보고, 근처 미술관 아동 회원으로 등록하면서 그림에 관심을 보이기 시작했다. 그 이후 부모의 불화를 비롯 여러 사정으로 십 대부터 그는 거리와 친구 집을 전전하며 '배고픈 예술가'의 삶을 산다. 그 무렵 길거리를 캔버스로 삼는 그라피티 활동을 시작했다. 당시 그의 활동이 바로 SAMO. 그라피티 1세대라고 할 수 있다. 낙서도 예술이 될 수 있다는, 당시로서는 첨단의 시도였다. SAMO 활동으로 그는 당대 미디어로부터 주목을 받는다. 곧이어, SAMO 활동이 크게 의미 없다고 판단, 그는 "SAMO는 죽었다"라는 호기로운 선언과 함께, 홀로 독자적인 작품 활동을 이어간다.

1981년 9월, 미술상 아니나 노세이는 그에게서 큰 가능성을 발견, 자신의 갤러리 지하에 스튜디오를 마련해준다. 그전까지는 소호 인근에서 엽서를 팔며 생계를 유지하던 바스키아는 갤러리 지하에서 다양한 작품을 쏟아낸다. 수수께끼 같은 낙서로 시작한 그의 예술 활동은 주류 미술과는 거리가 멀었다. 하지만 이 무렵, 앤디 워홀과 친분을 쌓고, 그를 통해 메리 분, 브루노 비쇼프버거와 같은 유력 인사의 도움을 받으며 명성을 높여간다. 그리고

1985년 2월, 〈뉴욕타임스 매거진〉은 맨발로 포즈를 취하는 그의 사진과 함께 「NEW ART, NEW MONEY」라는 제목으로 바스키아를 소개한다. 제목에서도 알 수 있듯이, 기자는 그에 대한 세간의 주목이 마케팅 결과이지 않을까 하는 의문도 제기한다. 그 이후 앤디 워홀과 공동 기획전을 진행하지만, 평단의 혹평에 바스키아는 의기소침해진다. "앤디 워홀의 마스코트가 되었다"는 말에 크게 상심한 그는 앤디 워홀과의 관계를 끊고 뉴욕을 잠시 떠나 지낸다. 1987년, 바스키아는 앤디 워홀이 사망했다는 소식을 듣고 더욱 깊이 은둔하게 된다. 한때 스승이자, '성공의 롤 모델'로 여긴 앤디 워홀의 죽음은 그에게 깊은 상실감으로 다가왔다. 그리고 1년 후, 약물 과다 복용으로 짧은 생을 마친다.

급격한 유명세의
슬픈 결말

바스키아는 세상을 떠났지만, 그의 작품은 여전히 생명력을 발휘한다. 그가 전하고자 했던 차별과 배제, 정체성에 대한 고민과 좌절은 오늘날도 현재 진행형이다. 지금도 젊은 사람들의 마음을 뒤흔든다. 그는 당시 가진 자와 가지지 못한 자, 제도권과 비주류의 간극, 소외된 사람들이 겪는 울분을 그렸다. 활동 초창기, 캔버스를 살 돈이 없어서 벽과 문짝에 그렸던 그의 그림은 오늘날 인스타그램의 피드에도 실리며, 여전히 생생히 살아있다. 젊은 층과 여전히 소통하는 단명한 젊은 화가라는 점에서 더욱 시선을 끈다. 그렇게 시간이 흘렀지만, 그가 이야기한 현실은 크게 달라지지 않았으니 말이다.

소외된 사람의 메인스트림 정복기 내지는 인정받기를 갈망하는 젊은 예술가 이야기는 지금도 통하는 인생역전의 서사다. 바스키아는 자신의 재능을 처음 인정해 준 이를 기점으로, 네트워크를 확장, 미디어와 유력자들의 발탁과 도움으로 큰 성공을 얻었다. 혼자 잘나서 혜성처럼 등장하여 업계를 평정했다는 사람은 여간해서는 없다. 환경 같은 제반적 요소는 중요하다. '성공의 풍수지리'랄까. 이 모든 요소가 융합을 일으킬 때, 세상은 그 사람에게 커다란 성공을 안겨준다.

그리고 현재, 정신파들은 자신의 '관점'을 내보이며, 주변의 인정과 관심을 얻는다. 돈과 명성도 얻는다. 때로는 수단과 방법을 가리지 않고, 성공이라는 목표를 향해 질주한다. 하지만 유명세와 성공에 대한 강한 집착이 삶 자체를 넘어서는 경우, 급기야 때이른 삶의 '종료 버튼'을 누를 수 있다. 게다가 성공의 유효기간이 생각보다 짧다는 것과 직면할 무렵, 인생은 더욱 복잡해진다. 한 번 성공도 어렵지만, 이를 계속 유지하는 것은 더욱 어렵다. 바스키아의 때 이른 죽음은 성공에 대한 욕망이 가져올 수 있는 어두운 측면이다. 오늘날 유명해져서 보란 듯이 남들 성공하겠다고 스스로를 다그치는 많은 이들이 되새길 부분이다. 스물일곱에 요절한 바스키아가 오늘날까지 계속 살아있었다면, 그는 예순을 넘긴 노인이 된다.

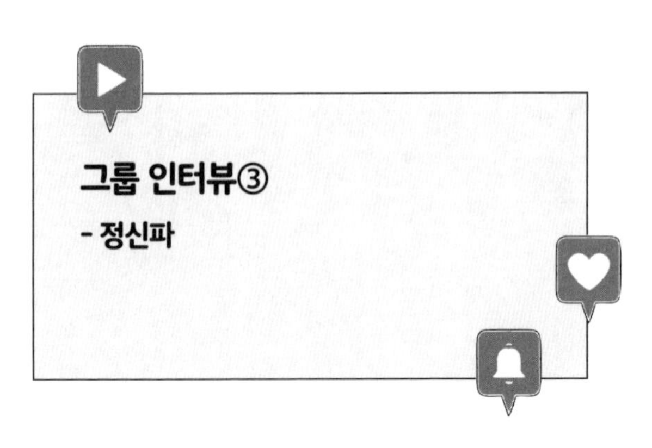

그룹 인터뷰③
- 정신파

애나벨: 현재 음악 전문 블로거로 활동하고 있다. 밥 딜런을 좋아한다. 새로운 음반이나 뮤지션을 찾아서 듣는다. 한국의 인디밴드에도 관심이 많다. 아무도 관심 없을 것 같은 밴드에 대해서 글을 올리는 데도 신기하게 피드백이 온다.

다니엘: 평범한 회사원이다. 학교 다닐 때부터 사진 찍는 걸 좋아해서, 주로 풍경 사진 중심으로 인스타그램에 올린다. 가끔 내 사진이 특별하다는 말을 듣는데, 그때 기분이 좋다.

트래비스: 대학원 석사과정에 재학 중이다. 남는 시간에 주로 온라인에서 사람들과 싸운다. 키보드워리어 경력은 한 10여 년 정도 된 것 같고, 치솟는 '좋아요'에 환장한다.

브래드: 회사원이다. 평일 업무시간에 정치, 경제, 시사 등 다양한 주제로 글을 쓴다. 그렇게 완성한 글을 페이스북에 올리고, 공유와 '좋아요' 내지는 댓글로 드러나는 사람들 반응을 보는 걸 좋아한다.

어둠 속에서 마침내 빛을 보았다

● ● ●

트래비스: 지금도 교과서에 있는지 모르겠는데, 나 학교 다닐 때 「가난한 사랑 노래」라는 시가 교과서에 실려 있었다. 그 요지는 가난하다고 사랑을 모르는 거 아니라는 내용인데, 어린 나이였지만, 가슴이 먹먹하더라. 그때도 대충 가난하다는 게 무엇인지 알고 있었다. 시를 보면, 가난하면 뭐든 할 수 없다는 말인데, 이게 좀 충격적으로 현실적이었다. 시간이 흘러, 이제는 관점을 좀 다르게 가져가고 싶다. 사랑은 모르겠고, 가난하다고 유명해질 수 없나? 돈도 없으니, 좋은 곳에 갈 수도 없고, 외모도 만족스럽지 못하니 사진에 얼굴을 담기도 좀 그렇다. 되레 셀카 올리면, 친구가 끊긴다. 그렇다면 남는 게 뭔가? 아이디어와 생각이다. 난 이것을 가지고 나 같은 사람도 유명해질 수 있다고 믿는다.

애나벨: 뭐든 돈인데, 유명해지기 위해서도 돈이 필요하다. 소위 뜨고 싶으면, 다양한 장치가 필요한데, 그 장치는 다 돈이다. 하지만 생각이나 의견, 해석은 거의 공짜나 다름없다.

좋게 말하면, 아이디어만 좋으면 장땡이다. 나 역시 여기에서 기회를 포착한다.

브래드: 학교 다닐 때, 공부를 잘한 편이었다. 그런데 세상에는 공부 잘하는 사람이 많고, 공부만 가지고 유명해질 수는 없다. 서울대 수석 입학해도, 잠깐 주목받을 뿐이다. 지적 능력을 인정받으려면 계속 자신을 증명해야 한다. 시사에 대한 견해, 세상 돌아가는 것, 앞으로의 변화를 이야기하면, 생각보다 사람들이 좋아한다. 지적 능력도 과시할 수 있다. 나는 이걸 '관점'이라고 부르고 싶다. 관점이 있으면, 세상을 다르게 볼 수 있다. 그 관점이 나를 유명하게 만들어 줄 것이라 믿는다. 비록 내가 얼굴은 못생기고, 돈도 없지만, 아이디어와 생각은 충만하다. 그래서 나 자신을 가리켜, "외모 존못, 정신 존잘"이라고 부른다. 주변에서 재미있어한다. 적어도 난 정신은 '존잘'이다.

다니엘: 얼마 전에, 옛날 폴란드 영화 〈사랑에 관한 짧은 필름〉을 보았다. 내용은 초라한 남자 주인공이 화려한 여자 주인공을 사랑하면서 겪는 이야기다. 이 남자의 접근 방식은 일반적인 남자와는 매우 다르다. 여자가 자신을 기다렸다는 듯이 막 오해한다. 이게 초라한 남자가 세상의 관심과 인정을 받으려고 분투하는 모습으로 읽힐 수 있겠다 싶었다. 마치 내 이야기 같았다. 영화를 보는데 눈물이 찔끔 나

더라. 내 키는 167㎝이다. 남자치고는 작은 키다. 어디 가서 키 이야기 전혀 안 한다. 올해로 삼십 대 꺾이는 나이인데, 벌써 이마선에서 탈모가 감지된다. 배도 슬슬 나와서 하루에 한 시간은 꼭 걷는다. 하지만 외모가 줄 수 없는 다른 부분에 전략적으로 집중하면, 독보적인 콘텐츠가 될 수 있다고 믿는다. 그게 내게는 사진이다. 나는 사진 찍는 것을 좋아하고, 사진 보여주면 주변에서도 좋게 평가한다. 간혹 전문 작가들이 따로 연락도 온다. 인정받는 것 같아서 기분이 좋다. 그렇게 사진은 나의 정체성이자 영혼의 생존 수단이 되었다.

지금은 '뿌잉뿌잉의 시대'

● ● ●

트래비스: 사람들은 모르겠지만, 나는 엄청나게 노력한다. 우선 많이 공부한다. 키보드워리어 경력이 10년도 넘었다. 사람들과 제대로 다투고, 이기기 위해서는 많은 정보와 식견이 필요하다는 걸 배웠다. 그냥 하루아침에 시상詩想이나 멜로디가 떠오르듯, 유레카! 이런 게 아니다. 꽤 많은 시간을 공부에 투자한다. 난 새벽 5시에 일어나서 네이버 뉴스부터 중점적으로 살펴본다. 네이버 베스트 댓글도 많이 참고한다. 이 땅의 키보드워리어들이 '출석 체크'하는 곳이다. 쟁

점이 될 만한 것을 중심으로 내용을 추린다. 대개는 그런 내용을 중심으로 사람들의 이견과 다툼이 생긴다. 나는 사람들이 관심 갖는 사안에 대한 견해를 정리해서 각종 커뮤니티 및 페이스북에 올린다. 그냥 쉽게 막 술술 써서 올리는 게 아니다. 여러 자료를 참고하고, 많이 고민한다.

브래드: 유튜브에 미모가 출중한 남녀가 브이로그라고 기승전결 없는 그런 영상들을 계속 올리지 않나? 그런 거 보고 있으면, 무엇을 말하고 싶은 건지 잘 모르겠다. 그냥 대뜸 "함께해요~" 이런 말을 내뱉는데, 뭘 함께 하자는 건가? 요지도 없다. "내 얼굴이랑 몸매 감상하세요" 같다. 결국, 본인 자랑이다. 나는 거기서 노력하지 않는 사람들의 전형적인 모습을 발견한다. 그냥 카메라 켜놓고 찍은 것을 이것저것 붙인 다음, 브이로그란다. 말은 또 그럴싸하다. 그런데 나 같은 사람이 브이로그 하면, 바로 악플이 달릴 것이다. 우리 사회 외모지상주의를 보여주는 단면이다. 브이로그를 찍고 올리는 사람들, 그들 나름대로 노력한다고 하겠지만, 내가 보기엔 노력하지 않는 것 같다. 내용에 대한 이해도 없고, 무엇을 말할지도 모르는 것 같고, 이걸 보는 사람들에 대한 배려도 전혀 없어 보인다. 난 그들이 한심하다고 생각하지만, 한편으로는 부럽다. 나도 일주일, 아니 한 달 정도만 그런 얼굴과 몸매로 살고 싶다.

다니엘: 고등학교 선배 중에서 키가 큰 사람이 있다. 180㎝가 훌쩍 넘는다. 캘리포니아 인증, 6피트, 183㎝라고 떠들고 다닌다. 한 대 쥐어박고 싶다. 그런데 그 형도 사진을 엄청 많이 찍는데, 잘 찍는지는 모르겠다. 그냥 일반인보다 조금 나은 정도. 게다가 나랑 추구하는 바가 다르다. 스타일이 다르다. 그 형은 인스타에 자기 사진, 그것도 전신이 다 보이게 올린다. 얼굴은 사실 그렇게 잘생기거나 이목구비가 뚜렷하지도 않다. 키는 커서 전신 샷 중심으로 올린다. 그리고 하단에 쓸데없는 말들을 꼭 붙인다. 이를테면, "뿌잉뿌잉, 오늘 너무 힘들었죠?" 내지는 허공에 대고 혼잣말도 한다. "오늘도 공부하느라 너무 힘들었다. 오늘도 화이팅, 나를 위한 힐링." 이런 느낌의 초딩 그림 일기식 짜증 나는 말들을 계속 도배한다. 선배라고 하지만, 나잇값 너무 못한다. 남사스럽고 덜 떨어져 보인다. 웃긴 건 그런 사진에 '좋아요'가 엄청나게 달린다는 거다. 이게 말이 되나? 나같이 고민해서 사진 찍고, 고심 끝에 올리는 '정제된' 사진은 그런 '뿌잉뿌잉' 류의 사진이 받는 '좋아요'의 4분의 1도 못 받는다. 지금은 '뿌잉뿌잉의 시대'다. 정말 세상이 망할 것 같다. 미감이 너무 떨어지는 시대인데, 사람들이 전혀 문제의식을 느끼지 못한다. 통탄할 수밖에.

애나벨: 듣기 어려운 음악을 들으려면 인내와 참을성이 필요하다.

그냥 듣기 편한 것만 들으면, 음악을 피상적으로 소비하는 사람에 지나지 않는다. 여기서 많은 사람들이 포기한다. 듣고 싶은 것만 듣기 때문이다. 식견을 쌓기 위해서는 듣기 싫고 다소 불편해도 참고 들어야 한다. 상업적으로 실패한 음반도 창작자의 의도와 시도를 음미할 필요가 있다. 생전에 대박 나지 않았지만, 여전히 영향력을 미치는 뮤지션 음악도 듣는다. 그리고 생각한다. 왜 대박 나지 않았을까? 그걸 파고드는 거다. 여러 가지 음악을 골고루 들어야 한다. 아이돌 음악도 배울 부분이 있다. 하지만 그것만 듣지는 않는다.

너, 실존주의 공부하게 생겼다 (feat. 얼굴도 못생긴 게)

● ● ●

애나벨: 학교에서 불문학과 수업을 들으면서 사르트르 얼굴을 보고 충격을 받은 적이 있다. 그에게는 미안하지만, 그 외모로는 정말 실존주의를 파고들 수밖에 없었을 것이다. 그의 연인 보부아르는 정말 그를 사랑했을 것이다. 그러지 않았다면, 어떻게 그걸 참고 살 수 있겠나? 같은 여자로서 정말 존경한다. 나도 남자 얼굴 많이 보지 않는 편인데, 아무리 계약 결혼이었다지만, 그녀의 비위가 대단한 거다. 어떻게 그럴 수 있나? 행여나 사르트르가 누구인지 모르겠

다 싶으면 구글 이미지에 검색해보면 바로 확인할 수 있다. 동시대 배우로 활동한 알랭 들롱도 같이 확인해보는 것도 추천한다. 극명한 차이를 직접 확인할 수 있다. 안구가 제발로 걸어서, 냉탕과 온탕을 오가는 것 같은 시각적 충격을 선사한다.

다니엘: 외모는 한 사람의 커리어를 결정하는 중요한 지점을 찍는다. 이 좌표는 삶의 반경을 결정하는 효과가 있다. 나는 친구들에게도 간혹 말하는데, "중력을 거스르는 듯한 노력"을 하지 않으면, 삶을 바꿀 수 없다. 아니면 그냥 내가 서 있는 지점 근방에서 살 수밖에 없다. 그런 면에서 사르트르는 엄청난 동시에 전략적 노력을 한 사람이다. 나 같은 사람에게는 인생 스승이자 대선배라고 할 수 있다. 지속 가능한 유명세는 오래가는 콘텐츠 보유 여부에 달려있다. 콘텐츠가 오래가면, 그 사람도 오래간다. 외모는 중요하지 않다. 시시껄렁한 내용은 잠시 주목을 받더라도, 그 이후를 기대할 수 없다. 그래서 나 같은 사람들은 '오래가는 콘텐츠'를 사명으로 여긴다. 흔히들 인생은 짧고 예술은 길다고 하는데, 사실 모든 예술이 특별히 긴 것 같지는 않다. 그저 지속 가능한 예술만이 진정한 예술이다. 사르트르 보고 못생겼다고 구박하는 사람이 요즘도 있나? 사람들은 그의 외모와 상관없이 그의 실존주의를 기억한다.

기본적으로 우리는 썰이다

● ● ●

트래비스: 지식과 정보는 은은하게 침투해야 한다. 너무 직접적이면, 부담스럽다. 쌍꺼풀 수술을 과도하게 하고 나온 의욕에 찬, 중년 남자 배우를 QLED 8K 화질의 65인치 TV로 보면 기분이 어떨까? 질린다. 과도한 발성과 오버 연기를 보고 있으면, 자연스레 채널이 돌아간다. 마찬가지다. 집요하지만 '은은하게' 말과 글로 풀어야 한다. 기본적으로 우리는 썰이다. 이미지와는 거리가 멀다. 잘생기고 예쁘면 별도의 설명이 필요 없지 않나? 나는 설명을 엄청나게 해야 한다.

나 같은 사람들은 15초짜리 틱톡은 절대 할 수 없다. 했다 하면 바로 망한다. 그래서 '브런치'같은 플랫폼을 택한다. 브런치의 인터페이스나 전반적인 느낌을 보면, 저자의 외모를 의도적으로 막아 놓았다는 인상을 받는다. 얼굴을 볼 수 없는 것이다. 대단한 얼굴이라서 안 보여주는 게 아니라, 얼굴을 보여주면, 글에 대한 평가가 달라지기 때문일 것이다. 이게 중요한 지점이다. 글에 집중하라는 의도다. 인본주의적 배려다. 브런치는 저자의 외모가 아닌 그가 쓰는 글이 매력적으로 보이게끔 살펴준다. 그래서 나 같은 사람들이 많이 활용한다. 요즘 출판계에서도 브런치에서 작가를 많이 찾는다고 하더라. 그런데 그거 아냐? 못생긴 작가 지망생들이 잔뜩 거기에 모여있다. 물론 나 역시 틱톡이 아닌 브런치에서 자아 실현한다.

브래드: 앞서도 비슷한 이야기를 했지만, 유명해지는데 돈이 든다. 그런데 내 방식은 가성비 킹왕짱이다. 저렴한 유명세다. 돈이 거의 들지 않는다. 인터넷 요금 정도? 들이는 시간? 그 정도다. 그냥 썰을 풀면 된다. 세상이 예쁘고 잘생긴 사람들에게만 마이크를 몰아줄 것 같지만 꼭 그런 것도 아니다. 나 같은 사람에게도 기회를 준다. 틱톡은 어쩌면 가장 짧고 감각적인, 금방 휘발되는 매력의 소유자들이 모인 플랫폼이다. 사르트르가 틱톡에 나온다고 생각해 봐라. 하는 사람도 괴롭고, 보는 사람은 더 괴롭다. 그러니 나 같은 사람은 틱톡 근처도 얼씬거리지 않는다.

대신 나는 페북이 좋다. 페북에 썰을 푸는 거다. 주로 평일 시간에 말이다. 회사 업무에 대해서는 크게 고민하지 않지만, 정부의 대일 정책이나 캘리포니아 산불 확산에 대해서는 고민을 많이 한다. 아니 정확히 말해 고민을 많이 한다고 페이스북에 이야기한다. 그래야 의식 있어 보이기 때문이다. 그렇게 사람들에게 전달되는 순간, 목적은 달성된다. 관심을 받고 '따봉'을 많이 받으면 기분이 좋아진다. 좋은 기분을 누리는 게 잘못인가? 훔친 사과가 맛있다는 말이 있는데, 일과 시간에 페북하는 게 재미가 쏠쏠하다. 월급을 쉽게 버는 느낌이랄까. 물론 팀장님은 내가 업무 시간에 페북하는 걸 모른다. 보고서 열심히 쓰는 줄로만 알 거다. 참고로 주말에는 페북 안 한다. 주말에는 휴식에 집중한다. 그래야 평일에 더욱 집중해서 페북할 수 있다.

애나벨: 온라인을 통해서 사람들에게 이해를 받고자 하는 사람은 딜레마를 경험한다. 그 딜레마란 많은 사람에게 이해받고자 하는 것과 유명해지고 싶은 욕구가 충돌한다는 것이다. 두 가지가 매우 다르다. 먼저, 상대방에게 이해받는 것은 훨씬 복잡하고 다층적이다. 여러 가지 사안에 대해서 알고 있어야 하고 다양한 측면을 동시에 고려해야 한다. 하나의 측면만 존재하는 것은 아니지 않나? 그런데 유명세, 사람들의 지지와 관심은 즉각적이고 원초적이다. 즉 이것저것 따지면 임팩트가 떨어진다. 아이돌 가수에 대한 사랑은 무조건적이고, 그 자체로 완결적이다. 그냥 게임 끝이다. 묻지도 따지지 않는다. 그만큼 빠르고 명확하고, 다른 내용이 끼어들 틈이 없다. 그런데 세상 사는데 하나의 관점만 존재하나? 이런저런 관점을 두루두루 살펴야 하는데, 그 부분을 다 말하면, 팬들은 떠나간다. 임팩트를 얻는 데 실패한다.

test

나도 혹시 정신파?

당신은 정신적인 매력으로 세상의 인정을 받기 원하는 사람인가? 아래 내용은 정신파 지향성을 테스트할 수 있는 대표적인 내용이다. 아래 질문에 대한 대답이 7개 이상 "예"라면, 정신파에 해당한다. 삶의 태도에서 자연스레 드러나는 건 숨길 수 없다. 그것은 가릴 수 없는 본능과 같다. 당신의 방향성은 어디로 향하나? 도서관인가? 갤러리인가? 아니면 예술 영화만 상영한다는 조그만 극장에 있나? 지금 바로 확인해보자.

문항	
1. 책이나 음악, 미술에 대한 관심이 많다.	☐
2. 시사 또는 정치 현황에 관심이 많고, 자신의 견해를 가끔 올린다.	☐
3. 가진 돈이나 육체보다는 가지고 있는 지식과 정보를 신뢰한다.	☐
4. 주변에서 지적인 사람이라는 이야기를 종종 듣는다.	☐
5. 힙스터들이 종종 가는 카페나 공간에 가서 시간을 보낸다.	☐
6. 미술관이나 음악회에 가면 꼭 인스타그램 사진을 올린다.	☐
7. 인권이나 불공정 등 사회 구조적 문제에 대해서 비판 의식이 있다.	☐
8. 주변 사람 중 자신이 가장 똑똑한 편이라고 생각한다.	☐
9. 주변의 친구들도 자신처럼 지적인 내용에 관심이 많은 편이다.	☐
10. 주로 팔로잉하는 계정이 지적인 사람들이며, 그들의 이야기를 경청한다.	☐

헤비 유저가 말하는 유형별 사례 "SNS에 나를 푹 적셔라"

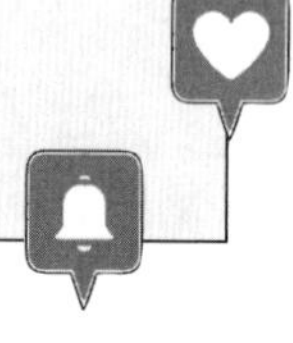

주로 게임을 많이 하는 사람을 가리켜, 헤비 유저heavy user라고 말한다. 게임을 적게 이용하는 사람을 라이트 유저light user라고 하는데, 이와 상반되는 개념이다. 이러한 정의를 소셜 미디어SNS를 이용하는 사람들에게도 적용할 수 있다. 즉 많은 시간과 높은 빈도로, SNS를 사용하는 사람을 가리켜, SNS 헤비 유저라고 한다. 물질파, 육체파, 정신파 모두 유명해지기 위해서, SNS를 적극적이고 전략적으로 활용한다. 인터뷰 참여자들에게 하루 SNS 사용 시간과 빈도를 물었다. 또한, 스마트폰에 표시 가능한 시간과 빈도를 확인하여, 될 수 있으면 정확한 시간을 계산했다. 이 연구는 하루 SNS 사용 4시간 이상,

100회 이상 접속하는 사용자들을 헤비 유저라고 정의했다. 이 연구는 심층 인터뷰를 통해 이들이 왜 SNS에 몰입하는지, 그리고 SNS를 통해서 무엇을 얻는지를 물었다. 또한, 세 가지 유형별 차이점을 비교하여, 각 유형의 특징을 심층적으로 파고들었다.

물질파 :
동굴에 사슴 그리듯, 언박싱 콘텐츠를 올린다

원시인이 동굴에 벽화를 남긴 것처럼, 현대인은 소셜 미디어에 자기 욕망의 흔적을 남긴다. 원시인이 사냥감인 사슴의 모습을 그리며, 배부른 저녁을 상상했다면, 원시인은 자신이 가진, 또는 앞으로 갖고 싶은 상품 사진을 인터넷에 올린다. 이처럼 긴 시간이 지났지만, 욕망을 표현하는 그 자체는 큰 변화가 없다. 물질파 SNS 헤비 유저들은 소유에 대한 표현에 집중한다.

질투는 나의 힘!

● ● ●

물질파 SNS 헤비 유저들은 스포츠 경기에 참여하는 선수들이다. 이기기 위해 경기에 참여한다. 그래서 그들은 다른 사람이 누리지 못한 유명 레스토랑과 카페, 쉽게 살 수 없는 물건들을 전시한다. 한 물질파 헤비 유저는 "지고는 못 산다. SNS를 통해서, 상대방보다 내가 더 잘나가고 있음을 알려야 한다"라고 강조했다. 그들은 수시로 상대방 게시물을 확인하고, 관찰한다. 이것을 가리켜, '염탐'한다고 표현한다. 주로 쓰는 본 계정으로 살펴보기는 좀 조심스러워서, 염탐용 계정을 따로 만들었다는 사람도 있었다. 다른 사람들의 게시물을 많이 의식한다는 뜻이다. 자신이 지켜보는 사람이 특정 제품이나 서비스에 대한 콘텐츠를 올리면, 해당 제품과 서비스에 관심이 생긴다고 했다. 경쟁 상대라고 생각하고 있는 누군가가 내가 가고 싶은 곳을 먼저 갔다면, "밤에 잠이 오지 않는다"라고 말한 인터뷰 참여자도 있었다. 그만큼 승부욕이 강하고 경쟁적 스포츠로써, SNS를 소비하고 있음을 말해준다.

진입장벽은 무조건 높아야

● ● ●

육체파나 정신파와 달리, 이들은 남들이 다 올리는 게시물에 대해서 다소 박한 평가를 한다. 남들이 다 올리는 것, 올려봤자 별 의미 없다고 본다. 물질파는 남들과는 차원이 다른, 정말 희소하고 좀처럼 경험할 수 없는 비싼 제품과 서비스에 관심이 많다. 그들은 그렇게 해서 높은 진입장벽을 친다. 예를 들어, 비행기 일등석 리뷰나 에르메스 백 언박싱같이 일반적으로 쉽게 경험할 수 없는 내용을 선호한다. 비싸더라도 이런 제품과 서비스가 일반화되어, 크게 감흥을 일으키지 못한다고 판단되면, 이들은 미련 없이 다른 내용을 찾는다. 한 인터뷰 참여자는 "개나 소나 다 에르메스면, 그만큼 흔해졌다는 증거"라면서, "차라리 강원도 산골에 있는 최고급 리조트 사진을 올린다"라고 말했다. 경험이 크게 희소하지 않으면, 그만큼 가치가 떨어졌다고 평가한다. 진입장벽이 사라진 것이다.

우리 제발 소통하지 말아요~

● ● ●

이들은 불특정 다수와 소통을 원하지 않는 경향이 있다. 댓글 창을 막아 놓는 경우도 많다. 물질파 헤비 유저들이 가장 선호하는 SNS 서비스는 인스타그램이다. 그에 비해 가장 활발한 상호작용이 일어나는 유튜브는 좀처럼 사용하지 않는다. 직접 콘텐츠를 올리지 않고, 그냥 남들이 올린 영상을 잠깐씩 참고하는 정도다. 이처럼 관계에 소극적인 모습은 여러 가지로 해석할 수 있다. 먼저 그들은 타인의 삶에 큰 관심이 없다. 그저 소유와 전시에 대해 관심이 많을 뿐 인간적인 소통이나 친분에 대한 필요성을 크게 느끼지 않는다. 굳이 서로 소통하면서, 공감대를 만들 필요가 없다는 뜻이다.

그들은 오프라인 삶과 온라인 삶에 대한 경계를 확실히 그으려는 경향도 있다. 이는 육체파, 정신파와 커다란 차이를 보인다.

육체파와 정신파는 온라인의 다양한 활동을 오프라인에 긍정적인 효과를 얻기 위한 수단으로 삼는다. 더 좋은 경력과 지위, 더 많은 돈을 얻으려는 방편으로 온라인을 활용한다. 하지만 이미 오프라인 영역에서 부족한 게 없는 물질파는 그저 온라인은 온라인의 삶이라며 경계를 뚜렷하게 긋는다. 또한, 온라인에서 자신의 구체적인 신변이나 위치를 밝히지 않는다. 이미 배부른 그들은 온라인에서 생계에 관련된 활동을 하지 않는다. 이는 다른 두 유형과 매우 큰 차이를 보이는 부분이다.

육체파 :
나의 몸은 생계의 최전선이다

좋은 몸은 좋은 자산이다. 육체파는 자신의 몸이 가진 경제적 가치를 알리기 위해서 SNS를 활용한다. 매력적인 포트폴리오이자, 1인 광고판이고, 돈을 벌기 위한 일터이기도 하다. 그래서 육체파 SNS 헤비 유저들은 될 수 있는 대로 긍정적인 인상을 주기 위해서 노력한다. 타인에 대한 부정적인 이야기나 갈등은 피한다. 서로서로 지지하고 응원한다. 하지만 이들의 콘텐츠에는 큰 차이가 없고, 몸으로 표현할 수 있는 콘텐츠에 한계를 느낀다고 한다.

의리에 죽고 의리에 산다

● ● ●

이들은 의리파다. 온라인에서도 주로 긍정적인 말로 상대방을 칭찬한다. 그들에게는 온라인에서의 갈등 따위는 없다. 같이 운동하는 육체파라고 판단하면, 그들은 서로 응원과 지지를 보낸다. 학교 다닐 적, 운동하는 친구들이 성격 좋다는 말이 있듯이 이들은 험담이나 갈등을 일으킬 메시지를 보내지 않는다. '좋아요'도 관대하고, 칭찬도 낯뜨거울 정도다. 물질파나 정신파 헤비 유저들의 경우, 경쟁자라고 생각하면, '좋아요'를 잘 누르지 않는다. 남 좋은 일 시켜줄 수 없다는 말이다. 하지만 이들은 너무나 관대하다. "좋아요 누르는데, 돈이 드나요? 서로 사이좋게 지내는 거죠." 트레이너로 일하는 한 인터뷰 참여자가 말했다. 그들은 매너도 좋다.

육체파는 서로의 몸 상태나 외모에 대해서 긍정적인 표현으로 일관한다. 앞선 물질파의 질투와 질시 내지는 정신파의 갈등이나 험담은 전혀 찾아볼 수 없다. 같이 만나서 운동하고 사이좋게 사진 찍어서 올린다. 운동을 잘하기 위한 다양한 정보와 조언도 공유한다. 외모가 매력적이면, 성격도 좋을 수 있다. 괜히 스포츠 정신이 아니다. 올림픽 정신을 이야기한 쿠베르탱 형님도 이 사실을 이미 간파하셨나?

저, 얼마 주실 거예요?

● ● ●

이들은 자신의 몸을 통해, 부에 접근하기를 원한다. 그래서 적극적으로 광고 모델로 활동한다. 외형상 사람들에게 긍정적인 감정을 불러일으키기에, 광고주들은 육체파를 선호한다. 이들은 거의 모든 상품의 모델로 활동한다고 해도 과언이 아니다. 식품, 가구, 패션, 화장품, 전자제품까지 전문성이 없어 보이는 영역까지 폭을 넓히고 있다. 그들 역시 훌륭한 몸이 돈을 벌 수 있는 좋은 수단이라는 것을 잘 안다. 그래서 더 적극적으로 높은 금액을 요구한다. 한 육체파 SNS 헤비 유저의 경우 "광고주로부터 전화를 받으면, 모델료 얼마 이하는 하지 않겠습니다"라고 딱 잘라 말한다고 한다.

이들은 운동과 관련 없는 다른 직업을 가져본 적이 없다. 주로 트레이너 또는 스포츠 강사로 일한다. 그래서 소위 팬들과 가장 적극적으로 소통하며, 좋은 관계를 만들려고 노력한다. 사람들이 댓글을 남기면, 열심히 답글을 남긴다. 이러한 사소해 보일 수 있는 노력이 수익에 지속적인 영향을 미치기 때문이다. 광고주들은 성격이 긍정적이고, 팔로워들과 사이가 좋아 보이는 사람을 모델로 쓰고 싶어 한다. 그래서 육체파에게는 특히 인스타그램은 생계의 최전선이다. 유튜브는 인스타그램에서 큰 성공을 거두면 진출하는 심화 과정쯤으로 여긴다. 유튜브는 채널 관리도 어렵고, 촬영과 편집에 많은 시간과 비용이 들기 때문이다. 그래서 많은 육체파 SNS 헤비 유저들은 주로 인스타그램을 이용한다. 인스타그램은 들이는 활동에 비해서 벌이가 좋다고 말한다.

소프트웨어도 중요하다

육체파들은 콘텐츠 구상 및 제작에 어려움을 호소했다. 자신의 몸을 가지고, 이제는 어떤 콘텐츠를 만들어야 하나 싶은 거다. 운동하는 사진도 사실 한두 번이고, 비슷한 내용이라서, 이 내용을 어떻게 새롭게 전달할 것인지 많은 고민을 한다고. “결국, 그 몸이 그 몸이라서, 차별화가 어렵다”라고 한 육체파 인터뷰 참여자는 말했다. “좋아요를 얻기 위해서는 노출이 효과가 제일 확실하다. 그런데 매번 맥락 없이 헐벗을 수는 없다. 너무 헐벗고 다니면, 좀 이상한 사람처럼 보인다”고 덧붙였다. 하드웨어로 사람들의 시선을 끌지만, 그것만으로 마냥 어필하기에는 제약이 따른다는 말이다. 그들도 소프트웨어가 중요하다. 덧붙여 노출 말고는 딱히 다른 콘텐츠가 잘 없다는 어려움도 있다. 특히 육체파들은 자신의 몸을 전시하고자 하는 목적이 강한데, 추운 겨울이나 코로나 같은 국가적 재난 질병 창궐 시점에는 위축될 수밖에 없다. “사람들이 죽어나는데, 계속 벗은 몸으로, 해맑게 나 건강해요, 행복하세요”라고 말할 수 없단다. 비슷한 맥락에서, 코로나 시국이 어느 정도 안정되어야 육체파의 생계가 좀 나아진다고 했다.

그들이 가장 사랑하는 계절은 만물이 활력으로 넘치는 여름이다. 봄에서 여름으로 이어지는 시기가 극성수기다. 이때 사람들이 집중적으로 운동하는 시기다. 하지만 대한민국은 사계절 구분이 확실하고, 만년 여름만 있는 것은 아니니, 비수기에 그들은 창작의 고통에 시달린다. "운동하는 사람들도, 아이디어가 중요해요. 무조건 벗을 수만은 없거든요. 보는 사람들도 다 알아요."

정신파 :
돈 안 되는 인정 투쟁, 그래도 버티련다

정신파는 가장 SNS에 과몰입한 사람들이다. SNS에 강한 집착을 보인다. SNS에서 쌓은 인기와 명성, 주변의 관심을 중요하게 생각한다. 하지만 이러한 관심과 유명세가 지금 하는 일이나 위치와 큰 관련이 없는 경우가 많다. 그래서 온라인에서 쌓인 유명세를 온라인으로 전환하려고 노력한다. 아무리 온라인에서 포인트를 많이 쌓아도 오프라인에서 쓰지 못하면 '말짱 꽝'이기 때문이다. 유명세 코인의 가치는 실제 교환이 이뤄지는 오프라인에서 결정된다. 오프라인 네임드가 진짜 네임드라고 믿는다. 물질파나 육체파와는 달리, 소프트웨어에 특화되어 정치, 경제, 사회 시사 이

슈에 대해서 집중하는 경향을 보이며, 타인의 반응에 가장 민감하다. 종종 인기를 얻으려고 일부러 갈등을 일으키기도 한다. 전문용어로, '어그로'라고 한다. 그렇다고 온라인 활동이 경제적인 기회로 쉽게 연결되지는 않는다.

우린, 갈등 없이는 못살아

● ● ●

정신파 헤비 유저들이 가장 많이 쓰는 SNS 서비스는 페이스북이다. 유튜브, 트위터도 좋아한다. 이들 미디어는 주로 정치적인 논쟁이나 이견을 성토하는 장이 된다. 여기서 얻은 주목과 인정을 가지고 소위 네임드가 결정된다. 그래서 갈등이 없는 태평성대는 심심하고 무익하다. 그들은 갈등과 충돌이 있어야, 주변의 인정을 받는다. 혼자서는 싸울 수 없으니 같은 정치 성향에 따라서, '단체 경기'로 커지는 경향이 있다. 예를 들어, 나와 정치 성향이 유사한 사람이 정반대 측의 누군가로부터 공격당하는 경우, 참전하여 판을 키운다. 하루에 페이스북 300번 접속에, 최소 5시간을 보내는, 자칭 키보드워리어는 "평화로운 상태가 우리 같은 사람에게는 안 좋은 일"라고 말했다. 그래서 갈등이 없으면, 없는 갈등이라도 만들어서, 적개심을 고취하는 게 좋다고 덧붙였다. 각종 캡처 및 뒷이야기, 예전에 누가 했던 말을 끄집어내서 궁지에 몰아넣는다. 한 과학인 모임은 보수 일간지 기자 출신 여성 회원을 쫓아내기 위해, 그가 10여 년 전에 썼던 신문 기사 링크도 찾아서 보란 듯이 공유했다.

이러한 갈등 과정에서 자신이 입은 타격을 보란 듯이 전시하는 사람도 있다고 한다. 일종의 '포인트 적립'이다. 특히 상대편 진영에 있는 유명한 누군가에게 공격당하면, 그 내용을 캡처해서, 보란 듯이 자신의 계정에 올린다. 페이스북에서 한 국회의원이 자신을 공격하는 어느 게시물에 동조하는 듯한 반응을 보였다. 그러자 키보드워리어 P는 '이때다' 싶어서, 속으로 쾌재를 부리며, 스스로를 캡처하여, 보란 듯이 자신의 계정에 올렸다. "일반인을 공격하는 글에 라이크나 누르는 실없는 국회의원 ○○○는 각성하세요!"라고 국회의원을 비난했다. 이왕 맞는 거면, 적의 장수에게 두들겨 맞는 것이 낫다. 묵직한 포인트 적립의 순간이다.

타인의 반응에 한없이 예민한 그들

● ● ●

정신파 SNS 헤비 유저들은 타인의 반응에 매우 민감하다. 그냥 무시하는 물질파, 가급적 긍정적으로 응원하는 육체파와 달리, 정신파는 서로를 인색하게 대하면서 동시에 상대 반응에 민감하다. 행여나 상대방이 자신을 비판하지는 않는지, 댓글로 자신을 공격하지는 않는지, 늘 주시한다. 유튜브 중심으로 활동하는 한 정신파 헤비 유저는 "악플이 달린 날에는 밤에 잠도 오지 않는다"고 털어놓았다. 악플이나 조롱하는 댓글이 달리면 불특정 다수에게 두들겨 맞는 느낌이라고 한다. 누구보다 소신을 분명히 밝히며, 자기 의견에 확신이 있는 듯하지만, 이들은 타인의 반응에 한없이 예민하다. 그래서 소위 멘탈이 약한 사람들이라고 평가받으며, 타인의 반응에 따라 널뛰기하듯 감정의 편차를 겪는다. 한 정신파 헤비 유저는 "누가 나를 칭찬하면, 세상을 다 가진 것 같지만, 친했던 누가 나를 험담하는 것을 들었을 때, 하늘이 무너지는 줄 알았다"라고 말했다.

특히 정신파 헤비 유저들은 오프라인에서 외로운 사람들이거나, 소외된 사람들, 딱히 오프라인에서 관계를 맺지 않는 사람들일 가능성이 크다는 해석도 있다. 그래서 더욱 온라인에서 얻는 외상, 부정적인 감정이 오래간다는 말도 힘을 얻는다. 오프라인에서 인기가 많고, 잘생기거나 예쁜 사람은 온라인의 부정적인 반응에 그냥 코웃음 치고 만다. 하지만 그렇지 않은 사람들은 세상을 잃은 것 같은 출혈을 입는다. 시뻘건 피를 철철 흘리면서 고통을 호소한다. 그들에게는 온라인 경험이 삶의 거의 전부다. 그러니 외상을 입으면 쉽게 주저앉는다.

깜빡이 켜고, 경력 전환 대기 중

● ● ●

인터뷰에 참여한 정신파 헤비 유저의 경우, SNS에 과몰입되어, 일상적인 업무나 생활에 어려움을 겪는 사람도 있었다. 그들은 업무에 집중할 수 없고, SNS에 접속해서 사람들이 말하는 것을 계속 보고 싶다고 한다. 한 인터뷰 참여자는 SNS를 많이 하니, 주의력과 집중력이 현격히 떨어졌다고 말했다. 자연스레 업무에서 낮은 성과를 보이거나, 현실 회피, 간혹 무능력하다는 평가를 받는 일도 있다. 이들은 일상에서도 비협조적인 성향 때문에 관계에 어려움을 겪는다. 자신도 SNS 과몰입이 문제인 것을 알지만, 이것 말고는 스트레스를 해소할 방법이 없어서 어쩔 수 없다는 안타까운 속내를 내보이기도 했다.

앞서 육체파가 자신의 매력과 전문성 강화를 위한 수단으로써, SNS를 활용하는 것과 정반대의 결과다. 물론 언론이나 미디어 내지는 관련 산업에 종사하는 사람에게는 자신의 영향력 확대를 위한 수단이 되지만, 그렇지 않은 일반 회사원 또는 대학원생들에게 이러한 과몰입은 큰 짐이 된다. 하지만 간혹 정신파 헤비유저들은 SNS를 통해 경력을 전환하거나, 자신이 원하는 일을 하기 위한 수단으로 활용하기도 한다. SNS나 브런치에 쓴 글을 통해서 작가로 데뷔하는 예도 종종 있다. 또는 유튜브에 자신이 가지고 있는 정보와 전문성을 드러내는 사례도 적지 않다. 자신의 개인성을 발견하고, 이를 생산적으로 활용하는 경우다.

나가며

유명세의 기쁨과 슬픔

"음… 유명해지면 제일 먼저 흰색 포르쉐를 사고 싶어요. 911 카레라 모델 봐둔 게 있거든요." 스물아홉 살 인플루언서 K에게 유명해지면 가장 먼저 무엇을 하고 싶냐는 질문을 해서 얻은 대답이다. 그는 포르쉐 매장에 가서, 원하는 모델을 몇 번 본적이 있다고 했다. 자동차 커뮤니티에 수백 번 들어가서 시승기도 꼼꼼하게 다 읽었단다. 아직은 경제적인 여력이 안 되지만, 곧 구매할 날만을 기다린다. 그에게 포르쉐는 '드림카'다. 그리고 그 꿈을 실현해주는 것이 바로 유명세다. 유명해지기만 하면, 그렇게 손에 넣고 싶은 자동차부터 구매할 테다.

"도산공원에 있는 에르메스 매장에 가서 현찰로 버킨백을 사고 싶어요. 그걸 인스타에 라이브로 올릴 거예요. 사람들이 엄청나게 부러워하겠죠?" 스물네 살 대학원생 L의 답변이다. 아직 에르메스를 들고 다닐 나이는 아니지만, 좀 시간이 지나면 꼭 손에 쥐고 거리를 활보할 예정이다. 그 순간을 위해 열심히 유명해지겠다는 결심을 다진다. 에르메스를 현찰로 사는 것은 그만큼 성공했다는 상징이다. 유명세는 재력 확보를 위한 실탄이다. 유튜버로 활동하는 그녀에게 구독자 수, 좋아요, 댓글은 그녀의 꿈을 현실로 만들어줄 보증 수표다.

"갑자기 유명해지면, 무엇을 할래요?" 행복한 상상이다. 꿈이 이루어지는 순간을 떠올리자, 긴급하고 중요하며 절실한 대상이 저절로 튀어나온다. 가장 많이 나온 답변으로 사람들은 무엇을 사고 싶다고 했다. 구매하려는 대상은 다소 달랐지만, 공통으로 그동안 가지고 싶었으나 가질 수 없었던 것을 사고 싶다고 말했다. 이처럼 유명세는 물질적인 보상을 주는, 어마어마한 기회이다. 우주의 기운이 엄청난 돈을 몰고 와, 누군가에게 미친 듯이 살포한다. 어르신들은 이것을 가리켜, '복福'이라고 한다. 이렇게 '유명有名 자본'의 대표적인 쓰임새는 바로 재력이다. 한 인터뷰 참여자는 생각만 해도 행복하다며, 연신 웃음을 흘렸다. 마치 어릴 적 읽은 알라딘의 요술 램프 같은 이야기 같단다. 램프의 요정이 그동안 누리지 못하고 살았던 것을 모두 손에 넣을 수 있게 만들어줄 것이다.

돈 말고는 무엇이 있을까? 네트워크를 만들고 싶다고 했다. 유명한 사람들이 나의 존재를 인정해줬으면 좋겠단다. 유력 정치인, 예술가 등이 자신의 이름을 언급해서 더 유명해지고 싶다는 것이다. 사회적인 지위 상승을 위한 네트워크 역량이다. 유명세는 권력, 영향력을 제공한다. 미국에서는 달러를 쓰고, 한국에서는 원을 쓴다. 영향력 역시 화폐 단위처럼 소속 사회의 산물이다. 그 사회의 상층부, 높은 사람들에게 인정받는 순간, 누추한 삶에서 벗어나 새로운 삶을 부여받는다. 이미 유명한 누군가로부터 인정받기 시작하면, 수직 상승을 기대할 수 있다. 유명인과의 네트워크는 지속적인 지위 향상을 위한 '안전망'에 해당한다. 이어지는 내용은 유명세의 기쁨과 슬픔을 대표하는 인물들의 사례다.

혼자 할 수 있는 건 사실 별로 없어요

● ● ●

인스타그램에서 패션 인플루언서로 활동하는 S는 "자신을 스스로 고용했다"라고 소개한다. 사람들의 관심과 그에 따른 영향력을 바탕으로 회사나 기업에 속하지 않고 독자적으로 활동할 수 있었다는 뜻이다. 6만 9천 명의 인스타 팔로워를 보유하고, 유튜브에서 콘텐츠 크리에이터로 활동하는 그녀는, "나 혼자 잘난 덕분에, 잘나가는 게 아니라, 주변의 관심과 노력의 결과"라고 말했다. 자신을 봐주는 사람들 덕분에 성장했다는 겸손한 대답이다. 그녀의 말처럼, 유명세는 커다란 파이 같다. 그 파이는 혼자 만드는 것이 아니다. 여러 사람의 관심과 노력, 당시 분위기 등이 섞이면서 함께 만들어진다.

그리고 그 파이는 운이 좋으면, 점점 부풀어 오른다. 요즘 뜨는 아이디어나 관심사, 불특정 다수의 갈망 때로는 운도 중요하다. 그렇게 커진 먹음직스러운 파이는 아이디어를 최초로 제안한 사람이 많은 몫을 챙긴다. 하지만 혼자서 한 것은 아니다. 그녀는 팔로워들을 가리켜, "같이 성장한 관계"라고 했다. 상하 관계가 아니라, 서로 응원하는 관계를 지향하고 싶단다. 삶이 살만해지니 다른 사람에게도 자신의 영향력을 나눠주고 싶다고 했다. 그녀는 요즘 다양한 관심사나 흥미를 콘텐츠로 만들어서, 사람들의 주목을 얻는 방법을 가르친다.

내가 무슨 에르메스 자판기냐?

● ● ●

#플렉스와 #하울은 그녀에게 공기와 같은 존재였다. 일상을 함께하는 필수품처럼 그녀는 럭셔리를 소개해왔다. 그녀에 따르면, 의식적인 자랑이나 과시는 결핍을 위장하기 위한 억지에 가깝다. 스물일곱 살 럭셔리 전문 인플루언서 J는 그렇게 만든 자연스러움을 지향한다. 그리고 인터넷에 올리고 사람들 반응을 주시한다. 비싸고 좋은 것, 쉽게 구할 수 없는 것, 누구나 갖고 싶지만, 가

질 수 없는 제품을 소개할 때, 가장 좋은 반응이 온다. 그녀는 결론을 내린다. 사람은 대리만족을 찾는 존재다. "직접 살 수 없지만, 얼마든지 구경은 할 수 있잖아요."

하지만 사람들의 구경과 관심이 버거울 때가 있다. 거의 맨날 댓글에다가 "에르메스 언박싱 빨리 올려주세요.", "이번에 샤넬 크루즈 컬렉션 SSUL 좀 풀어주세요." 내지는 "구찌 이번 새로 나온 신상 가방, 아직 구매 안 하셨나요?"와 같은 반응을 접할 때 특히 그렇다. 물론 남들이 자신을 그렇게 봐주기를 의도했으나, 정도가 지나치니 의식을 안 할 수가 없다. 행여나 콘텐츠 업로드가 뜸해지면, 구독자 수가 줄어들지 않을까 걱정도 된다. 구독자 수가 늘었다고 방심은 금물이다. 자신과 비슷한 콘텐츠를 올리는 사람들이 자신보다 더 비싸고 좋은 것을 올리면, 구독자들이 다 그곳으로 몰릴 것만 같다. 인기를 얻는 것도 중요하지만, 유지하는 것 역시 그 이상으로 중요하다. "아무리 그래도 그렇지, 제가 에르메스를 편의점 생수 사듯이 살 수는 없잖아요?"

타인의 기대에 부응하는 것이 '지속 가능한' 유명세의 행동강령이다. 그러니 더욱 의식하게 된다. 이는 물질파, 육체파, 정신파 모두 동의하는 내용이다. 사람들의 관심과 흥미를 계속 끌기 위해서, 여러 기획을 시도한다. 기가 막힌 아이디어가 연이어 필요하다. 경제적인 지출도 커진다. 최근 유튜브 '뒷광고' 사건이 연이어 터지면서, 사람들은 정말 '내돈내산' 콘텐츠가 맞는지 눈에 불을 켠다. 그러니 언박싱을 위해서 수백만 원어치 전자제품을 사고 심지어는 수천만 원이 넘는 명품도 직접 구매한다. 구매하면서 홀로 흘리는 눈물은 본인의 몫이다. 이처럼 남들이 보고 싶어 하는 이미지에 맞추려다 보니, 실제 모습과 거리가 생긴다. 상황이 심각해지면, 자아 분열도 경험한다. 유명해지기 전에는 사람들의 관심이나 흥미에 대해서 별 관심이 없었지만, 한번 사람들의 관심을 얻으면, 상황이 달라진다. 일희일비한다. 열과 성을 다해 운영한 인스타그램 계정을 닫아버린 H. "한번 유명해지면, 그 관심을 계속 묶어두고 싶어 해요. 그게 저를 괴롭히더라고요."

카메라를 보고 반말하지 말았어야…

● ● ●

서른하나 남성 K는 자신의 일상을 자연스럽게 보여주는 브이로그로 사람들 관심을 끌었다. 처음에 그는 계정을 크게 키울 생각이 없었다. 공들여서 관리할 생각도 아니었다. 외국 유학 생활을 마치고 돌아와서 딱히 주변에 친구도 없었다. 아는 사람이나 만날 사람도 없어서 남들은 뭐 하나 보고 싶은 마음에 유튜브에 접속했다. '브이로그'라는 기승전결 없는 영상도 콘텐츠로 대접받는 모습이 신기했다.

생각보다 어렵지 않겠다 싶어서 그도 유튜브를 시작했다. 오늘 먹은 점심, 잠깐 들린 서점, 여행 가는 모습들을 담아서 가볍게 편집해서 올렸다. 사람들 반응이 화끈했다. 그는 친구에게 말을 걸듯 카메라를 보고 말했다. 이를테면, "오늘 날씨, 너무 좋은데, 만날 친구가 없는 거야, 그래서 그냥 유튜브에 올릴 영상이나 찍으려고." 가식 없고 자연스러운 모습에 사람들이 반응했다.

소박하게 시작했던 유튜브 속 삶이 그의 일상을 집어삼킬 만큼 커졌다. 그는 어디에 가서 뭐를 해도, '이걸 유튜브에 담으면 좋겠는데?'라는 생각이 제일 먼저 들었다. 오프라인에서 친구들이나 가족들이랑 밥을 먹을 때도, 그는 골몰한다. '이 모습을 담으면, 온라인에서 어떤 반응일까?' 그들이 얼마나 좋아할지에 따라서 삶의 성취가 결정되는 느낌이었다. 이처럼 잘 모르는 타인의 반응을 시시각각 의식하기 시작했다. 마치 파블로프의 개가 종소리에 침이 고이듯 말이다. 그런데 그 종이 너무 자주 울린다. 너무 자주, 너무 크게 종소리가 울리니, 일상의 흐름이 깨지고 혼란스러워졌다.

구독자 수가 올라가는 재미에 잠깐 기쁘기도 했다. 국내 대기업 전자 브랜드에서도 협찬을 제안해 왔다. 그렇게 팔자에도 없는 광고 모델을 한다는 생각에 들뜨기도 했다. 사람들 반응이 더 달아오르자, 모르는 사람들이 자신의 삶에 이런저런 말을 걸기 시작했다. 그건 귀찮고 성가신 일이기도 했다. 그러다가 원래 유튜브를 시작한 동기가 생각났다. 돈 벌려고 유튜브 시작한 게 아니었다. 사람들에게 무슨 참견을 듣고자 시작한 것도 아니었다. 그냥 소박하게 일상을 소개하면, 괜찮은 사람, 자신을 이해해 줄 수 있을 법한 동네 친구 같은 사람들을 얻을 수 있을 것만 같았다. 그런데 처음 의도와는 달리, 판이 지나치게 커진 것 같았다. 그리고 술을 좀 마신 날, 집에 돌아와서 유튜브 계정을 삭제했다. “카메라를 보고 반말하는 게 아니었어….”

풍요 속의 빈곤, 유명세의 헛헛함

● ● ●

인간적인 친밀함을 얻고자 하는 것과 유명세를 얻고자 하는 욕망은 서로 다르다. 그런데 이 둘을 혼동하거나, 유명해지면서 동시에 인간적인 친밀함을 기대할 경우, 상황이 복잡해진다. 여기서 고충을 겪는다. 친밀한 유대관계를 내심 더 갈망했던 사람이라면, 유명세도 공허하게 느껴질 수 있다. 돈을 벌겠다고 작정하거나, 생계형으로 절박하게 운영한다면, 이런 심적인 갈등이나 충돌을 전혀 느끼지 않는다. 좀스럽게 그런 것에 신경 쓰냐는 반응이다. 목구멍이 포도청이라, 돈 벌면 그만이지, 관계의 깊이나 내밀한 감정을 원하지 않는다. 빨리 해치워야 할 여름 방학 숙제 같다. 그저 경제적인 수단으로써, 쓰임새를 다하면, 그것만으로도 훌륭하다.

하지만 사람이 밥만 먹고 살 수는 없듯이, 때로는 개인적인 감정이나 친밀함을 통해서 이해받고 싶어 하기도 한다. 유명세의 목적이 돈이라고 작정한 사람도 '가끔' 이러한 관계에 갈증을 느낀다. 그들도 외로운 것이다. 스스로에게 질문을 던진다. 사람들의 환호와 높은 관심에 진정성이 있는 것일까? 이런 고민이 깊어지면, 관심이나 주목마저 의미 없는 소음처럼 느껴진다. "그냥 사람들의 눈요깃거리로 가볍게 처분되는 느낌"이라고 말한 맛집 리뷰어 C 역시 같은 심정이다. 어느 순간 구독자들이 차갑고 냉정하고, 한편으로는 무례하게 느껴지더란다. 정말 친한 친구도 잘 하지 않는 농담을 댓글로 거리낌 없이 하는 사람도 있다. 한번은 누가 진지하게 댓글로, "이렇게 잘 먹고 잘사니까, 이번 세금 신고는 분명 잘하겠죠? 제가 지금 세무서에 확인해볼래용~."

미친 듯이 달콤하고, 죽을 만큼 쓰디쓴

● ● ●

유명세의 기쁨이란 이처럼 삶의 보상이자 성취와 같다. 사회적 지위, 경제적인 부, 주변의 인정은 달콤하다. 이 맛을 경험하고 싶어 사람들은 안달이다. 이제 목표는 정해졌으니, 이를 달성하기 위해서 수단에 골몰한다. 그 노력 끝에 어떤 사람들은 성공한다. 할리우드 영화에서나 나올법한 해피 엔딩도 손에 쥔다. 흠결 많은 주인공이 무적에 가까운 존재로 변신하는 인생역전처럼 말이다.

그런데 정말 행복하기만 할까? 한편으로는 심적인 부담이 되기도 하고, 누군가에게는 커다란 고통이다. 뚜렷한 목적성 없이 유명해지기 위해서 행하는 기행들도 심신을 피폐하게 만든다. '지나친' 목적 의식으로, 주변 관계를 이용하겠다는 발상도 마음의 짐이다. 그들은 사람과의 관계를 믿지 못한다. 인간적인 신뢰를 주지 말아야 '안전한 거래'라고 생각한다. 목적 달성을 위해, 관계는 전략적인 수단일 뿐이다. 그렇게 막상 유명해지면 실망감과 공허함을 느낀다.

이처럼 유명세는 축복이고, 우주의 기운이며, 인생 보너스와 같다. 평생 일해서 벌 수 있는 돈과 노력해서 얻을 수 있는 명성을 한꺼번에 획득할 수 있는 '치트 키'다. 하지만 남발하거나 지나치게 몰입하면, 인생의 쓴맛을 강렬하게 경험하고 영영 삶의 궤도에서 이탈할 수 있다. 이 시대 유명세는 미친 듯이 달콤하고, 죽을 만큼 쓰다.